應用心理學的經典、為人處世的典範！

披著羊皮的狼

方東野　校訂

前言

「披著羊皮的狼」指的是狼披上了一張羊皮，把自己裝扮成羊，而混入羊群中趁機把羊給吃了。在人類社會中，被引申為表面一套、背後一套，表裡不一的做人方式；在政治上則是奸詐狡猾之輩，為了利益，剷除異己者，往往也是披著羊皮的「狼」！

厚黑學是一部瞭解人性的哲理書，除了假道學之流故作清高外，國學大師林語堂、南懷瑾都對它讚譽有加。遺憾的是很多人都知道它，卻未能體會它。其實，《厚黑學》是厚重的黑色科學，它意味著我們為人處世應該厚重而無形，因此，《厚黑學》是處世的基石，二十一世紀的新定律！

在人生的航行過程中順風、逆風只不過是兩種不同的航行狀態，而且我們不能奢望一路順風，也不至於總處在逆風狀態，這兩種狀態總是交替著出現，才讓我們的人生呈現出不同的姿態。而我們面對這樣的人生，就要做到得意時淡然，失意時坦然。成熟地面對它，才能活得優雅。

在人世間，難免會有得失的情況，失意是不能避免的，就像在大海中航行的船，是不可能不帶傷口的。但我們不能因為一時的失意而把自己的整個人生變成灰色。

很多時候，你覺得人生不順，逆境難行，或許不過是你主觀感覺而已，或許情況並沒有你想像地那般惡劣，不過是因為你的心情不好，然後產生了悲觀的折射。這時候需要自我調節，無論是通過傾訴、還是通過心理輔導，這些作用都是次要的，關鍵是自己幫助自己。轉轉念頭、重新思考，一定可以幫助你撥開雲霧、重現藍天！

英國大文豪蕭伯納年輕時，特別喜歡出鋒頭，說話也尖酸刻薄，誰要是跟他說話，便會有受到奚落之感。有一次，一位老朋友對他說：「你出語幽默、風趣，但是大家都覺得，如果你不在場，他們便會更快樂。因為他們比不上你，有你在，大家便不敢開口了。你的才幹確實比他們略勝一籌，但過於鋒芒畢露，但這麼一來，朋友將逐漸離開你。這對你又有什麼益處呢？」老朋友的話，使蕭伯納如夢初醒，他感到如果不收斂鋒芒，徹底改過，社會將不再接納他，又何止是失去朋友呢？所以他從此以後，再也不講尖酸的話了，要把自己的天分發揮在文學上。這一轉變，不僅奠定了他後來在文壇上的地位，同時也成為世界級的大師人物！

雖然老祖宗說「好漢不吃眼前虧」，但現代人卻要懂得「好漢要吃眼前虧」。

因為在有些情況下。不吃眼前虧，未來可能要吃更大的虧！

「好漢要吃眼前虧」的目的是為了留得青山在，要以吃眼前虧來換取其他的利益，如果因為不吃眼前虧而蒙受巨大的損失或災難，甚至一敗塗地，那還有什麼意義呢？

人生就是戰鬥，戰鬥必有權謀，所有的權謀都離不開歷史的教訓。可以說，每個人每時每刻都站在自己的戰鬥序列中，每一行事都處在明爭暗鬥之中，稍一疏忽便會被人擠倒。歷史就是歲月疊積而成的，只要讀懂了其中的道理，就會成為一種高明的智慧。

這智慧如同一把無形刀子，深深隱藏在每個人的腦子裡，捨之則藏，用時便會閃閃地伸出刀尖兒。政治家利用它縱橫捭闔，軍事家利用它運籌帷幄，生意人靠它發財致富，讀書人靠它飛黃騰達……

「厚黑學」一直以來，都被衛道人士認為是大逆不道的邪魔妖言怪論，不能登大雅之堂。「厚黑學」被誤解是因為有人斷章取義，說成此書鼓勵人們，做人要「臉皮厚、心要黑」。其實這是不讀書的人的荒謬之言！如今我們用歷史的典故來證明，厚黑學蘊含著五千年來的為人處事之人生智慧，如果您能擺脫厚黑學的意識形態，好好地探討為人處世的深刻哲理，相信會為您日後的人際關係及成功運作，產生極大的幫助！

第1章 我應該做壞人嗎？／011

第2章 不要被狼的話感動／055

第3章

越聰明越要懂得糊塗／095

第6章

第7章 當斷則斷，不要留下遺憾／287

第 I 章

我應該做壞人嗎？

現代社會是反傳統的，男人的老實就是無能；
正經八百就意味著呆板、沒有情趣；
認真則與犯傻畫上等號。
因此，男人「好」會受人尊重，
而男人「壞」才會有人愛。
古龍小說裡最受歡迎的陸小鳳、
楚留香和那傾倒了無數少女《上海灘》中的許文強，
不正是因為「壞」得出奇，才如此嗎？

在現實社會中，不遵守道德規範，別人會說你「壞」；過分拘泥於道德規範，別人又覺得你「傻」。男人並不總是憑藉其勇敢而成為勇士，女人亦不是憑其貞節而成為聖女。可以說，一個人如何生活與他應該如何生活，這兩者之間相去甚遠。因為誰若拋棄自己正做著的事情，去從事於他應該做的事情，其結果總是只能走向自毀而非自全。

一個人，如果只想在任何方面都做好事，其結果就注定會做了很多傻事，或做了一些莫名其妙的壞事。

君不見，在待人處世中，一個人即使做了好事，有時也會好像他做了壞事一樣地為人所憎恨。而且，誰也難免偶爾會順應時勢而被逼著去使一點點壞。因為，有些壞事，如果你不去做就難以擺脫你所面臨的困境，所以你就絕不能因為做壞事會招來誹謗而心有餘悸。如果你好好思索一下，很可能就會發現好些事看起來完全合乎道德規範，最後的結果卻使你走向敗亡；另外一些事看起來不怎麼冠冕堂皇，甚至還是有些罪惡的壞事，但最後的結果卻會使你獲得較大的安全空間。

1．武則天與曹操

在歷史上，不論是「吳起殺妻」求官也好，還是李世民「玄武門之變」殺兄弟逼父親退位也罷，都比不上武則天移屍嫁禍的「黑心肝」。她為了陷害皇后，竟不惜殺了自己親生女兒作為賭注。

武則天十四歲就入宮，先承太宗，後侍高宗。當時的皇后王氏、良娣蕭氏都與武則天在高宗面前爭寵，兩人聯合起來讒毀武則天，但形勢仍難分上下，這時武則天生下一個女兒，很得高宗與皇后的喜歡，他們常來看這位小公主。於是，武則天就謀劃了一場陰謀。一次，皇后來看孩子，武則天藉故躲避，皇后獨自一人逗孩子玩了一會兒離開了。皇后一走，武則天馬上進屋，把自己親生女兒扼死，再用被子原樣蓋好。

隔了一會兒，高宗來看孩子，武則天假裝與他說說笑笑，等皇帝要她抱孩子時，她掀開被子，假裝驚叫一聲，立刻大哭起來。高宗上前一看，原來這小公主手足冰涼，早已死去多時了。高宗龍顏大怒，叫來宮女、太監詢問有誰來過此地，他們只說皇后不久前來過。高宗於是認定是皇后因與武則天不和，而下此毒手。

這時，武則天又把平時蒐集的皇后過失，一一向高宗陳訴，高宗就有了廢黜皇后的打算。後來，也果然廢掉了王皇后而改立武則天。

曹操，字孟德，小名阿瞞。沛國譙縣（今安徽亳縣）人。自幼博覽群書才智過人，鑽研兵法，而又善用計謀。少年時的曹操喜歡打獵，「飛鷹走馬，遊蕩無度」。他的叔叔對此很看不慣，幾次三番在曹操的父親曹嵩面前告他的狀。曹操很討厭他叔叔的這種做法。

有一次曹操在路上遇見叔叔，他就假裝歪臉歪嘴的樣子，他叔叔問他怎麼回事，曹操說：「突然遭到一陣惡風。」叔叔把這事告訴了曹嵩，曹嵩很是驚慌，趕緊把曹操找來，見他的面貌和平時一樣。曹嵩關心地問道：「你叔叔說你中風，已經好了嗎？」曹操說：「我可從來沒有中風，只是因為叔叔不喜歡我，所以才巴不得我快快中風呢！」

曹嵩於是對弟弟所說的話開始大打折扣。從此，他在背後說曹操什麼不好的話，曹嵩便不再相信了。於是曹操就更隨心所欲，無所顧及。其實曹操的叔叔是擔心他將來不能繼承家業，爭列名門，甚至給曹氏家族帶來禍患，所以才幾次三番希望他父親管教他，不想卻引起曹操反感。曹操略施小計，便回擊了他的叔叔。

曹操三十五歲那年，趁討伐董卓之機起兵，開始了他的政治生涯。作為政治家，曹操一生足智多謀，工於心計，成為中國古代政治家中，精通厚黑之道的大師。以下幾個例子，足以說明曹操「心子之黑」。

東漢末年，統一的帝國已經無法維持。東漢王朝的統治，在西元一八四年爆發了震撼全國的黃巾大起義中，分崩離析，州郡牧守和地方豪強形成割據勢力，在鎮壓農民起義的同時，相互之間展開了錯綜複雜的兼併戰爭。

出身於四世三公大貴族的袁術，因遭曹操、袁紹夾擊，率餘眾退屯壽春（今安徽壽縣），割據揚州（今長江下游與淮水下游間），並於建安二年（西元一九七年）稱帝，自號仲家。當時稱霸兗州的曹操，以漢室丞相的身分，率軍征討袁術。

由於袁軍堅持，戰爭相持了很長時間。曹軍糧食告急，軍心渙散。曹操心生一計，在典倉吏（負責糧食供應的官員）身上打開了主意。他把典倉吏叫來說：「現在我軍糧食緊缺，軍中議論紛紛。我發現你身上有一樣東西，可以消除這些不滿情緒，不知道你願意獻出來嗎？」典倉吏馬上討好地說：「只要是能替丞相解憂分愁，我什麼都捨得拿出來。」於是曹操惡狠狠地說：「我要借你的項上人頭來派用場！」話音剛落，還沒等典倉吏反應過來，曹操即揮刀將典倉吏的腦袋砍了下來。

隨後令人到軍營中四處散佈：「典倉吏剋扣軍糧，證據確鑿，丞相已把他殺了。」兵士們聽後都大罵典倉吏，同時讚揚丞相鐵面無私。這樣，軍中的怨恨情緒很快就煙消雲散了。

曹操這個人疑心很大，自從把持漢室朝政以後，無時無刻不在提防別人暗算他，即使是親信和貼身侍衛，曹操也都懷有戒心。曹操曾對侍衛們說：「在我睡覺的時候，你們不要隨便走近我，如果有人靠近我，我就會在夢中跳起來殺人，你們服侍我的人，可千萬要注意。」

一天，曹操躺在床上假裝熟睡，且故意把被子掉在地上。一個侍衛想要為他蓋上被子，可是剛走到床前，曹操猛然跳起來把他殺了，接著又躺下睡了。等到醒了的時候，曹操又故做驚訝地問道：「是誰把我的侍者殺了？」從此以後，曹操睡覺的時候，再也沒有人敢走近他了。

還有一次，曹操對別人說：「如果有人要謀害我，我會有預感，我的心會顫動。」於是，曹操對一個平時他所親信的侍者說：「你懷裡藏著一把刀，悄悄地走到我身邊，我說心動，衛士們會把你綁赴刑場，到時你什麼話都別說，我保證你不會出什麼問題，而且我還要好好地報答你。」那個侍者信以為真，按他的話做了。

結果，侍者一句話沒說就被砍掉了腦袋。侍者至死都不知道，這是曹操用的計謀，而左右的人還都以為侍者是真正想要謀害曹操的人，因為他到臨死之前仍然相信曹操的承諾，連一句冤枉都沒喊。

曹操屢次大行其黑心之道，都成功地達到了預期的目的。

藉人頭穩軍心，是當曹操知道軍中糧食匱乏，軍心浮動時，曹操明知道糧食緊缺，是因軍糧沒有及時運到，他也明知道典倉吏忠心耿耿。可曹操假裝不知，且利用典倉吏的忠心，誘他上當。不僅殺了他，而且還散佈他剋扣軍糧，嫁禍於人。藉人頭來穩定軍心，消除不滿情緒，同時還為曹操自己樹立了威信。

為了保護自己，提防別人謀殺他，曹操故意假佈迷陣，說他夢中會起來殺人，殺了人又故做驚訝，其實他根本就沒有睡。更有甚者，他說如有人謀害，他會有預感，心必顫動。為進一步使人堅信不疑，他假戲真做，讓一親信按他的指示做，並許諾事後給他好處。其實曹操是存心要藉親信侍者的人頭，保護自己，懾服部下，不惜讓親信侍者背黑鍋。由此可見，曹操心黑的程度，世上有幾人能及呢！

2．唐高祖的孫子是個糊塗蛋

當你的仕途發展需要通過犧牲別人的利益來換取時，你會如何做呢？表面上堂而皇之的說法，肯定是捨己為人，但有些方法雖然上不了臺面，卻肯定最實惠。那就是把別人的肩膀當梯子，踩著別人的肩膀往上爬。管他別人怎麼看呢！只要自己過得舒服、活得瀟灑自在就行了。

王君廓本來是個盜賊頭子，投降唐朝後，憑藉高超的武藝和勇猛作戰，出生入死，立下了不少戰功。然而真要謀取大官，更需要的是政治資本，所以王君廓的戰功只換來一個不起眼的小官——右領軍。王君廓不滿現職，希望能在政治上找一個「肩膀」當升遷的梯子，但這個「梯子」該到哪兒去找呢？

十天後，機會終於來了。原來唐高祖有個孫子叫李緩，無謀無斷，不但無功可述，還為李唐家族鬧過不少笑話，但高祖因顧念本支，不忍心加罪，僅僅把他的官位一貶再貶。這一次高祖調任李緩為幽州都督。因為怕李緩的才智不能勝任都督之位，便特地命右領軍王君廓同行輔政。李緩見王君廓武功過人，心計也多，便把他當作心腹，許嫁女兒，聯成至親，一有行動，便找他商量。王君廓卻自有打算，他心想：無勇無謀卻手握兵權的李緩，稍稍加工，不就是自己升遷之途最理想的「通天梯」嗎？於是，王君廓開始加工他的「通天梯」了。

李世民發動「玄武門之變」，殺了太子李建成、齊王李元吉，自己坐上太子之位。不少皇親國戚對此事雖不敢公開議論，但私下卻是各有各的看法。特別是對於李世民做了太子之後，還對故太子、齊王家採取了「斬草除根」的做法，更是認為太過殘忍。李世民對此，當然也是心裡有數。王君廓為撈政治資本，對這一政治情形更是清清楚楚。

於是，當李緩來問他「現在該不該應詔進京」時，他便煞有介事地獻計道：「事情的發展我們是無法預料的。大王奉命守邊，擁兵十萬，難道朝廷來了個小小使臣，你便只能跟在他屁股後面乖乖地進京嗎？要知道，故太子、齊王可是皇上的嫡親兒子，卻也要遭受如此慘禍，大王你隨隨便便地到京城去，能有自我保全的把握嗎？」說著，竟做出要啼哭的樣子。

李緩一聽，頓時心裡「明朗」了，憤然道：「你的確是在為我的性命著想，我的意圖更堅定不移了。」於是，李緩糊里糊塗地把朝廷來使拘禁了起來，開始徵兵發難，並召請北燕州刺史王洗為軍事參謀。

兵曹參軍王利涉見狀馬上對李緩說：「大王不聽朝廷詔令，擅自發動大兵，明明是想造反。如果所屬各刺史不肯聽從大王之令，跟隨發兵起義，那麼大王到時如何成功呢？」

李緩一聽，覺得也對，但卻又不知該怎麼辦？

王利涉進一步獻計道：「山東豪傑，多為竇建德部下，現在都被削職成庶民。大王如果發榜昭示，答應讓他們統統官復原職，他們便沒有不願為大王效力的道理。另外，又派人連結突厥，由太原向南逼進，大王自率兵馬一舉入關，兩頭齊進，那麼過不了十天半月，中原便是大王的領地了。」

李緩得計大喜，並非常「及時」地轉告給了心腹副手王君廓。王君廓清楚，此計如果得以實施，唐朝雖不一定即刻滅亡，但也的確要碰到一場大麻煩，自己弄得不好真會偷雞不成蝕把米，便趕忙對李緩說：「王參軍的話實在是迂腐得很。大王也不想想，拘禁了朝使，朝廷哪有不發兵前來征討之理？大王哪有時間去北聯突厥、東募豪傑呀？如今之計，必須趁朝廷大軍未來之際，立即起兵攻擊。只有攻其不備，方有必勝把握呀！」

李緩軟耳根一聽，覺得這才是真正的道理，便說：「我已把性命都託付給你了，內外各兵也就都託你去調度吧！」

王君廓迫不及待地索取了信印，馬上出去行動了。

王利涉得此消息，趕忙去勸李緩收回兵權。可就在這時，王君廓早已調動了軍馬，誘殺了軍事參謀王洗。驚惶失措的李緩又接二連三得到關於王君廓一系列行動的報告：朝廷使臣，已被王君廓放出；王君廓暗示大眾，說李緩要造反；王君廓率大軍前來捉拿李緩……李緩幾乎要嚇昏過去，回頭再想求救於王利涉，誰知王參軍見大勢已去，早跑了個無影無蹤。

李緩已無計可施，只好帶了一些人馬出去見王君廓，希望能用過去的交情，使王君廓回心轉意。沒想到，王君廓與他一照面，便立刻把他給抓了起來，且不容分說就把他送回了朝廷。

詔旨很快下來了，李緩被廢為庶人，王君廓踩著廬江王李緩的肩膀，接替了李緩的原職位——幽州都督。

3．春秋美女驪姬的陰謀

春秋時期，晉獻公征服驪戎，驪戎獻出二女，年紀大的叫驪姬，年紀小的叫少姬。驪姬長得非常漂亮，多機智，把晉獻公給迷住了，兩人日夜形影不離。

不足一年，驪姬就生下一子，起名奚齊。晉獻公因受惑於驪姬，愛妻及子，便想立奚齊為太子，他把此意對驪姬說了，她心裡很高興，又想到晉獻公已立申生為太子，而且太子與另外兩個兄弟重耳、夷吾又那樣友愛，這三人雖不是親生的，但在名義上也是母子關係。

今一旦無故變更，恐群臣不服。不僅自己的兒子當不成太子，說不定還會遭不測之禍，乃跪在晉獻公面前哭起來：「太子申生並無大過，據說諸侯沒有一人說他的壞話，若是為了我母子而將他廢了，人家必說我迷惑於您，我寧可死了也不負這個罪名！」晉獻公聽她說得通情達理，大讚其賢淑美德。

驪姬表面上做得光明磊落，暗地裡卻日夜想著如何陷害申生等兄弟，好奪取太子之位。不久，驪姬便對晉獻公說：「申生是我挺心愛的兒子，他在曲沃幾年了，我也挺惦念他的，還是把他請回來吧！」

晉獻公是個色迷心竅的人，還以為驪姬是一片真心，便同意派人往曲沃，叫太子立即回來。

中生是個知書達理的孝子，他回來拜見過父親，又入宮參見驪姬。驪姬設宴擺酒招待，言談甚歡。第二天中生入宮叩謝，驪姬又留他吃了飯。沒想到，當晚她便跑到獻公面前哭哭啼啼編起謊話來了。

「怎麼了，是誰侮辱了我的美人兒？」

「都是您的好兒子！」

「是中生？他怎麼啦？」

「不是他，還有誰？」她哭得聲音更大了，邊哭邊說著：「我一片好心叫他回來見面，留他吃一頓飯。沒想到他喝了幾杯酒就開始調戲起我來，還說：『我爸年老了，妳又年輕！』我當時很生氣，本想教訓他一頓，可他嘻皮笑臉地說：『這是我家祖傳的先例了。我祖父去世的時候，我爸爸就接受了他的小妾，現在我爸爸老了，不久就要歸天了，按常理妳不歸我又歸誰呢？』說著還想把我摟住親嘴，幸虧我躲得快，不然的話……哎呀！我不想做人了！」說罷，撲到晉獻公懷裡亂捶亂打撒起嬌來。

「豈有此理，這畜生竟如此無禮，真是可惡至極！」晉獻公怒氣不打一處來。

「唉！他還說明天約我去花園呢！如果您不相信，到時去看一下就明白了？」

第二天，驪姬又召中生入宮，帶他去花園看花。打扮得格外漂亮，全身香噴噴的，把糖沾滿頭髮，一路上引來許多蜜蜂、蝴蝶，在她頭上飛繞。驪姬叫申生過來幫她驅散這些狂蜂浪蝶。申生從命，在她後面手揮袖舞。

此情此景，晉獻公在樓上看得是清清楚楚。他怒不可遏，立即叫人綁起申生推出斬首，嚇得申生滿頭冷汗，莫名其妙。

驪姬又跪在晉獻公面前說：「您明白真相就行，切不可處決他，因為他是我叫回來見面的，若殺了他，群臣定會說我下的毒手。何況這是家事，家醜不可外揚，傳出去多不好聽。請您饒他這一回吧！」

晉獻公於是下令：「讓這畜生回曲沃去！」還派人跟蹤偵察他的所作所為。

沒過多久，晉獻公出城打獵去了。

驪姬就又派人去對申生說：「我做了個夢，夢見你媽媽齊姜向我哭訴，說她正在地府裡挨凍受餓，十分淒涼，你做兒子的應該去祭祀她一番。」

申生是位孝子，自然聽話。齊姜的禮祠在曲沃，他前去拜祭，並且照例把胙肉和禮酒送給他的父親晉獻公，以盡人子之禮。晉獻公打獵還未回來，這些胙肉和禮酒全都留在宮中。

過了六天，晉獻公才回來。驪姬在酒肉裡早加了毒藥，送給晉獻公，告訴他：「我曾夢齊姜在地府受苦，現在申生把胙肉、禮酒送來了，給您嚐嚐！」

晉獻公拿起酒要喝，驪姬卻說：「酒肉是外來的，不可大意，試一試才可！」

「對！」晉獻公順手把酒潑在地上，地上頓時冒起一股白煙。

「咦！怎麼回事？」驪姬假裝不信，又割了一塊肉給狗吃，狗吃了連叫都沒叫出一聲，馬上就四腳朝天死了。又拉過來一個小內侍，要他喝酒，小內侍不肯，硬灌下去，頓時七孔流血而死。

「天呀！天呀！」驪姬呼起冤來：「誰料到太子這麼狠心，要毒殺父親了。國君的位置早晚是要傳給太子的，多等一、兩年都不行了。」說著說著便跪在獻公面前，淚流滿面，嗚咽著說：「太子此舉，無非是針對我和奚齊，請把此酒肉給我吧，我寧可替您去死。」說完，一把搶過酒來，做出欲倒進口的姿勢。晉獻公立即把酒搶過來，憤然摔落在地上，氣得說不出話來。

晉獻公即刻升殿，告訴群臣，大數申生罪狀。並派大批軍隊威風凜凜地殺到曲沃。申生聞訊，不聽群臣勸諫，既不擁兵抗拒，又不逃往外國，吊頸而死。接著，驪姬又故技重施，加禍於重耳、夷吾，逼他們逃往他方。就這樣，驪姬的陰謀一步步地進行著，最後，終於將親生兒子奚齊推上了晉國太子的寶座。

4．秦檜的宰相之路

在待人處世中，如果你與競爭對手同為一個上司的手下，而且該競爭對手是你晉升發展最大的絆腳石，那麼你便可以採用「瞎子告黑狀」的手法，搞點挑撥，使上司逐漸對你的競爭對手產生厭惡感，最終在你們之間的競爭中，站在你這一方。

秦檜施用種種陰謀詭計逼使張浚離開相位後，又阿諛奉承新上任的宰相趙鼎，實際上是為自己重新篡相奪權踢開絆腳石，鋪平道路。以後他就等待時機。不久，這樣的時機到來了。紹興八年三月，高宗果然把秦檜從樞密使升遷為右相。秦檜的下一步，就是排擠和他同居相位的左相趙鼎了。

趙鼎復相之後，對抗金不太積極，支持高宗的求和政策，因而助長了投降派。雖然如此，他也主張在議和時要加強防守，這樣才能保住和鞏固偏安的南宋政權。這和以秦檜為一方的投降派還是有區別的。

正是由於趙鼎堅持了這些主張，秦檜才覺得不把趙鼎排擠出朝，對於他自己的投降活動始終是一個莫大障礙。於是，秦檜暗施詭計，一方面，他推薦蕭振為侍御史。蕭振一上臺，就上奏章彈劾參知政事劉大中，說他「不以孝聞於中外，乞賜罷斥。」實際上「其劾大中，蓋以搖鼎也。」蕭振彈劾劉大中後，又四處放出風聲：「趙丞相不待論，當自為去就。」

一時之間，議論紛紛。今天有人說趙丞相要求辭職，明天又有人說趙丞相行李已搬上船去了。其實，這些謠傳都是——「秦檜之屬，以此撼之。」

另一方面，秦檜又施用兩面派的手法，使高宗對趙鼎產生了惡感。高宗有個兒子，小時因病夭逝。金兵南侵，高宗敗逃，在揚州因驚恐過度發生了生理病變，喪失了生育能力。此後，他選了宋太祖七世孫趙伯琮、趙伯玖入宮撫養。伯琮先封為建國公，原想選他作為未來皇位的繼承人，高宗命趙鼎「專任其事」。

趙鼎曾請建資善堂（皇太子讀書的地方），後來趙鼎一度罷相，攻擊趙鼎的人必「以資善為口實」。趙鼎復相後，高宗又下御札要封伯玖為吳國公，當時宰執大臣商議，都認為不妥。趙鼎認為，伯琮所封的建州，只不過是一郡之地，而伯玖所封的吳國，卻是一個大都會，「恐弟之封不宜壓兄」。樞密副使王庶也認為，並后匹嫡，此不可行。他們的用意，是要高宗取消這一決定。

當時趙鼎就對秦檜說：「過去議論我的人，都以『資善』為藉口，今天我為了避免嫌疑，公專面納此御筆如何？」秦檜裝得非常正經的樣子回答趙鼎說：「公專首相，檜豈敢專？公欲納之，檜當同敷奏。」於是，趙鼎就約定秦檜、劉大中等人一起將札子進呈，但到時秦檜卻不肯參加。趙鼎又對秦檜說：「札子還是共同呈上為好。」秦檜再次表示：「公為首相，檜不敢專，明日進呈。」

第二天朝見高宗時，趙鼎先奏說：「建國公雖然沒有正式立為太子，可天下都知道陛下有子矣，今日禮數不得不異。」此時秦檜「無一語」。

在高宗退朝、群臣下殿時，樞密副使王庶對秦檜的奸詐行為非常氣憤，他對趙鼎說：「公錯了。」秦檜怕因此會遭到群臣的非議，自己又有見不得人的陰謀，於是，就說：「檜明日留身敷奏。」

次日，單獨朝見高宗時，他卻說：「趙鼎欲立持太子，是待陛下無子也，宜俟親子乃立。」陰險的秦檜明知高宗喪失了生育能力，卻故意說這些話來刺激高宗，使他遷怒於趙鼎。果然，趙鼎因此事「拂上意」，而「檜趁間擠鼎」，趙鼎被迫上奏章辭職。

高宗再次起用趙鼎為相，本來就出於不得已。在議和問題上，趙鼎所唱的調子和他也不完全合拍，在「儲位」這一有關朝廷的「根本」大事上，又引起了高宗的反感。於是在紹興八年（西元一一三八年）十月，高宗便把趙鼎罷相，令他出任紹興府。

和張浚一樣，趙鼎原先也是輕信了秦檜，和秦檜打得火熱，經過這一段時期，他對秦檜的為人才有了解，但為時已晚。趙鼎既去，「檜獨專國」，南宋的朝政大權完全由秦檜一人獨攬了。他既得到高宗的特別寵信，又有金朝主子作為後盾，到紹興二十五年（公元一一五五年）秦檜死時為止，他都一直竊據著相位，專政持續了十九年之久。

5・王安石、呂惠卿與顏真卿

王安石在變法的過程中，視呂惠卿為自己最得力的助手和最知心的朋友，一再向神宗皇帝推薦，並予以重用，朝中之事，無論巨細，全都與呂惠卿商量之後才實施，所有變法的具體內容，都是根據王安石的想法，由呂惠卿事先寫成文及實施細則，交付朝廷頒發推行。

當時，變法所遇到的阻力極大，儘管有神宗的支援，但能否成功仍是未知數，在這種情況下，王安石認為，變法的成敗關係到兩人的身家性命，並一廂情願地把呂惠卿當成了自己推行變法的主要助手，是可以同甘苦共患難的「同志」。然而，呂惠卿千方百計討好王安石，且積極地投身於變法，卻有自己的小心眼，他不過是想通過變法來為自己撈取個人的好處罷了！

對於這一點，當時一些有眼光、有遠見的大臣早已洞若觀火。司馬光曾當面對宋神宗說：「呂惠卿可算不了什麼人才，將來使王安石遭到天下人反對的，一定都是呂惠卿幹的！」又說：「王安石的確是一名賢相，但他不應該信任呂惠卿。呂惠卿是一個地道的奸邪之輩，他給王安石出謀劃策，王安石出面去執行，這樣一來，天下之人將王安石和他都看成奸邪了。」

後來，司馬光被呂惠卿排擠出朝廷，臨離京前，一連數次給王安石寫信，提醒說：「呂惠卿之類的諂諛小人，現在都依附於你，想藉變法為名，作為自己向上爬的資本，在你當政之時，他們對你自然百依百順。一旦你失勢，他們必然又會以出賣你，而作為新的進身之階。」

呂惠卿的厚臉果然是大見其效，王安石對這些話半點也聽不進去，他已完全把呂惠卿當成同舟共濟、志同道合的變法同伴，甚至在呂惠卿暗中搗鬼被迫辭去宰相職務時，王安石仍然覺得呂惠卿對自己如同兒子對父親一般忠順，真正能夠堅持變法不動搖的，莫過於呂惠卿，便大力推薦呂惠卿擔任副宰相職務。

王安石一失勢，呂惠卿被厚臉掩蓋下的「黑心」馬上浮上臺面，不僅立刻背叛了王安石，而且為了取王安石的宰相之位而代之，擔心王安石還會重新還朝勢政，便立即對王安石進行打擊陷害，先是將王安石的兩個弟弟貶至偏遠的外郡，然後便將攻擊的矛頭，直接指向了王安石本人。

「凶字上面定要蒙一層仁義道德」，呂惠卿的心腸可謂黑得出奇，當年王安石視他為左膀右臂時，對他無話不談，一次在討論一件政事時，因還沒有拿定最後主意，便寫信囑咐呂惠卿：「這件事先不要讓皇上知道。」

就在當年「同舟」之時，呂惠卿便有預謀地將這封信留了下來。此時，便以此為把柄，將信交給了皇帝，告王安石一個欺君之罪，他要藉皇上的刀，為自己除掉心腹大患。在封建時代，欺君可是一個天大的罪名，輕則貶官削職，重則坐牢殺頭。呂惠卿就是希望徹底斷送王安石。雖然說最後因宋神宗對王安石還顧念舊情，而沒有追究他的「欺君」之罪，但畢竟已被呂惠卿的「軟刀子」刺得傷痕累累。

另外，提起顏真卿，大多數人都知道他是歷史上著名的大書法家，其實顏真卿還是唐代最為傑出的忠貞大臣。安祿山起兵叛亂時，河北二十餘郡望風而降，唯有他以一座小小的平原郡城，孤軍抵抗，誓不降賊，成為抗擊叛軍的中流砥柱，贏得唐玄宗極大的讚歎。此後，他歷經唐肅宗、代宗和德宗數朝，官至太子太師，德高望重，天下景仰。然而，這樣一位名震天下的顏真卿，卻面對「同舟」的宰相盧杞卻是一點辦法也沒有。

本來，顏盧兩家曾是世交，父輩曾攜手並肩浴血沙場，為刎頸之交，但即使如此，盧杞在自己羽翼豐滿之後，卻再也容不下這樣的老前輩。最初，盧杞想把顏真卿擠出朝廷，便問他：「想安排你去外地任職，你看哪兒對你比較合適？」

顏真卿在朝堂中當眾回答道：「我這個人由於性情耿直，一直被小人所憎恨，遭到貶斥流放也不是一次兩次了。如今我老了，希望你能有所庇護。當年安祿山殺害了你的父親，將首級傳到我那裡以威脅我投降，我見到你父親臉上的血跡，不敢用衣巾擦試，而是用舌一一舔乾淨的，難道你還不能容下我嗎？」

幾句話，說得盧杞臉色緋紅，心中卻更加痛恨了。

不久，割據淮西的節度使李希烈正起兵反叛朝廷，自稱天下兵馬都元帥，其勢洶洶，很快便攻下了汝州，引起朝野很大的震動。德宗問盧杞如何平息叛亂，臉厚心黑到了極點的盧杞，決心利用這個機會除掉顏真卿，便對德宗說：「李希烈是個年輕的悍將，恃功傲慢，他的部下不敢阻止他。如果朝廷能派出一位儒雅重臣，向他宣示陛下的恩德，陳述逆順禍福的道理，李希烈必然會革心悔過，這樣就不必大動干戈而將他收服。顏真卿是四朝重臣，忠直剛強，名重海內，人人敬服，他去最為合適。」

表面上這番話說得冠冕堂皇，完全是為了迅速平叛，絲毫也沒有陷害顏真卿之意。因而不辨忠奸的德宗皇帝完全聽從了他的意見，朝中有識之士無不為之震驚。有人勸告顏真卿說：「你這一去必然會遇害，最好暫且留下來，看一看朝廷會不會有新的平亂措施。」

顏真卿慨然道：「國君之命，怎麼能夠不從？」

還有人甚至上書朝廷說：「讓一位元老重臣去送死，這是國家的恥辱！請將顏真卿留下吧！」

顏真卿義無反顧，受命即行。到了李希烈那裡以後，李希烈使出各種手段，用盡威逼利誘之能事。時而派出一千多名士兵，拔出匕首，圍著顏真卿張牙舞爪，似乎要將他一刀一刀地割碎生吃；時而又在顏真卿住的館舍挖個大坑，聲言要將他活埋；時而又架起乾柴，澆上油，點燃起熊熊烈焰，威脅要燒死他；時而又勸他擁戴李希烈為天子，並許願封他為宰相。

對這一切，顏真卿均不為所動，大義凜然，最後終於被殺害。

待人處世中，特別是權力場中，不乏這樣的人，當你得勢時，他恭維你、追隨你，彷彿願意為你赴湯蹈火；但同時也在暗中窺伺你、算計你，搜尋和積累著你的失言、失行，作為有朝一日打擊你、陷害你並取而代之的祕密武器。公開的、明顯的對手，你可以防備他，像這種以心腹、密友的面目出現的對手，實在令人防不勝防。王安石、顏真卿就是活生生的例子。

6．賈允「軟刀子」殺人不見血

有這麼一種厚黑高手，他們在與自己的競爭對手相鬥時，絕不說對方一句壞話，當面不說，背後也不說，不只不說壞話，而且還盡說好話，在上司面前替對手說好話。因此，對手在失敗後可能始終都蒙在鼓裡，看不出在他們甜言蜜語掩蓋之下的「黑心」。

賈充是魏晉時期司馬氏家族的心腹，當年司馬昭發動政變時，就是他指使人殺掉魏國皇帝曹髦。司馬昭的兒子司馬炎稱帝以後，對他格外寵愛，授予他侍中、尚書、車騎將軍等高官顯位。賈允則對上獻媚邀寵，厚臉討好巴結，對下拉幫結夥，對不肯服從自己之人打擊陷害，朝野正直人士對他無不十分厭惡。

侍中任愷有治國之才，日理萬機，有條不紊，而且秉性忠正，以社稷為己任，深為司馬炎所賞識和器重，遇有軍國要事大政，經常同他商量。任愷對賈充十分反感，這使賈充很是不安，因為侍中這個官職雖然不大，卻是皇帝身邊的近臣，可以直接向皇帝反應大臣的善惡、朝政的得失。賈充總擔心任愷會在皇帝面前揭露他的真面目。便想將任愷從皇帝身邊擠走。

可是司馬炎對任愷十分敬重，說他的壞話必然不信，怎麼能夠做到既不像是攻擊任愷，又能將他調離皇帝身邊呢？

賈充冥思苦想，終於找到了一個兩全其美的辦法：推薦任愷去給太子當老師。按照封建朝廷的制度，太子的老師不許過問朝政，只能留在東宮陪太子讀書，而太子司馬衷是個白癡，根本不可能接受任何教育，給他當老師肯定是勞而無功。這樣一來，不但使任愷離開了皇帝，還會使他因為教育失敗而失去司馬炎的信任。

於是，賈充便向司馬炎極力誇讚任愷如何忠貞正直，如何才學過人，是給太子當老師的最佳人選。司馬炎倒是接受了這個建議，任命任愷為太子少傅，但原來所任侍中一職，依舊保存不動。賈充枉費心機，懊惱不已！

對於賈充的「好心」，任愷自然明若洞火，他決定如法炮製，以其人之道還制其人之身，用「好心」回敬賈充的「好心」。恰巧此時西北少數民族襲擾邊境，司馬炎十分著急，決定派人前去平亂，任愷便說：「這是一件重任，應當派一名有威望、有地位、有智謀的朝廷重臣前去鎮撫。」司馬炎問：「卿看誰可擔當此任？」任愷說：「賈充！」司馬炎同意了。

這一來，賈充的同夥全都慌了神兒，麻了爪兒，賈充一走，他們失去了後臺，在朝廷可就沒地位了，賈充自然更是不願意離開。就在赴任之前，在夕陽亭舉行的餞別宴會上，他們還在商量對策。最後終於想出了一個好主意：賈充同皇帝聯姻：將他的那個又黑又醜的女兒賈南風，許配給又呆又傻的白癡太子司馬衷。這樣一來，任愷的計謀不僅未能實現，反而給西晉的歷史留下了一個禍根。

賈充、任愷這兩個司馬炎都信任的人還是都留在皇帝身邊，但賈充不肯善罷甘休，他的同夥又給他出主意說：「讓任愷去幹選拔官吏的差使吧，這件事情工作繁重，需要經常去全國各地巡視，就不可能留在皇帝身邊了。而且所選之人三教九流，龍魚混雜，是一件費力不討好的事，想挑他的毛病也容易得很。」

於是賈充故伎重演，又一次在司馬炎面前稱讚任愷如何如何地公正無私，如何如何地知人善任，為朝廷選拔官吏之事由他主持最為合適。這一回司馬炎覺得賈充說得有理，相信了，便任命任愷為吏部尚書。

毫無疑問，任愷當吏部尚書是再合適不過了，可接近皇帝的機會也少了。於是，賈充便整天在司馬炎身邊伺機誹謗，造謠誣陷，終於使任愷丟掉了官職。

「軟刀子殺人不見血」，厚黑高手殺人不僅不見血，甚至連刀子也看不到。因為他們在仁義道德之外，又多塗了一層油漆，這就是借刀殺人。

7・蘇秦六國封相

西方有句名言：「沒有永久的朋友，也沒有永久的敵人，只有永久的利益。」這句話既是國家關係相處的準則，更是待人處世中，人與人之間打交道時必須要時刻注意把握的基線。史家一致認為：一切明爭暗鬥的焦點，無非就是利益兩字。因為如果離開了利益，人們還會爭什麼呢？為此，在待人處世中「合眾弱而攻一強」，與對方建立合作關係，能否成敗的核心就是利益。戰國時的蘇秦之所以能夠憑藉一張嘴，將互不相屬的六國聯合在一起，共同對付強大的秦國，就是用最簡潔的語言，讓各國認清了「合縱」

與自己國家的利害息息相關。

戰國中期，著名縱橫家鬼谷子的學生蘇秦，開始時企圖推行連橫政策，鼓動秦惠王用武力兼併天下。由於秦國尚處在整頓內政、養精蓄銳時期，秦惠王沒有接受他的建議。蘇秦懷著忿恨和不滿，轉而到關東六國組織合縱反秦。

周顯王三十六年（西元前三三三年），蘇秦到達燕國，求見燕文公，向文公獻策：「燕國之所以長期不受別的諸侯侵犯，能夠避免戰爭災害的原因，是因為有趙國在南面遮蔽著。秦國當然是不敢攻打燕國的，因為秦國若向燕國出兵，要到千里之外作戰。但是，如果趙國要襲擊燕國，那就是百里之內的事，這是十分令人擔心的。大王現在似乎害怕千里之外的秦國，而不擔心百里之內的趙國，這是很不明智的。因此，我建議大王趕快與趙國結盟，改善關係，並進而與關東各諸侯國團結一心，燕國就可以真正長治久安了！」

燕文公採納了蘇秦的意見，配給蘇秦一批車馬，送他到趙國遊說。

蘇秦到了趙國，對趙肅侯說：「目前，關東諸侯中最強的是趙國，秦國最忌恨的也是趙國。但秦國為什麼遲遲不敢攻打趙國呢？主要是害怕韓國和魏國襲擊它的背後。秦國若是先攻打韓國和魏國是很方便的，這兩個國家沒有什麼名川大山作為險要的屏障，秦國可以逐步蠶食，直搗它們的都城。那時，韓國和魏國支援不住，必然會降服秦國。

秦國一旦沒有了韓國和魏國的威脅，對不起，趙國的戰禍就在眼前了。我根據天下的地圖測算，關東諸侯的土地是秦國的五倍，各國的軍事力量是秦的十倍。假使六個大諸侯國團結起來，合力西進攻打秦國，秦國必破無疑。現在有一些主張連横的人，誘惑大家把土地割給秦國，做它的附庸。秦國強大了，這些人從中取得高官厚祿，一點也不顧及別國由此而招致的損失，所以他們日日夜夜誇大秦國的力量，威脅關東諸侯依附秦國，這一點希望大王要百般慎重地加以考慮。我認為最好的辦法，不如把韓、魏、齊、楚、燕、趙等國家聯合起來，一致對付秦國。具體的做法，是召集各國的將領和國相，在洹水（今河南北部，當時屬趙國）上會談，互相交換人質，締結盟約，其內容是：『秦國不論攻打誰，其餘五國必須一起派出精銳部隊，或直接攻打秦國，或奔走援救盟國。如有不履行諾言的，五國共同加以討伐！』諸侯們這樣攜手對付秦國，秦國肯定不敢再走出函谷關來損害我們關東諸侯的利益了！」

趙肅侯覺得蘇秦說得很有道理，打心眼裡高興，立即優厚地款待蘇秦，賜給他大量財物，作為他去聯絡其他諸侯的費用。

蘇秦到了韓國，見到韓宣惠王，針對韓國的形勢分析說：「韓國的領地方圓九百多里，擁有幾十萬軍隊，集中了天下的強弓、勁弩和利劍。韓國的士卒跳起來射箭，能連續百發而不感到疲勞。以他們這樣的勇氣，披上堅固的鎧甲，背著勁弩，帶著利劍，一個人對付一百個敵人是毫無問題的。可是大王如果追隨秦國，秦國一定會把宜陽（今河南宜陽西）和成皋（今河南滎陽）這些險要的地方割去。今年割了，明年還要繼續割。到一定的時候，再給吧，已經沒有地方可給；不給吧，以前的代價就會變成白費，災禍會隨之而來。大王的土地是有限的，而秦國的需求是無限的，以有限的土地，去對付無限的需求，這簡直是拿錢去買禍害，不經過戰爭就悄悄地把土地消耗光了。民間有這麼一句俗語：『寧為雞口，毋為牛後。』就是說寧做雞的嘴喙，也不去做牛的尾巴。以大王這樣的才幹，率領韓國這些強兵，如果只做了一條別人的尾巴，我真是為大王感到羞愧！」

韓宣惠王把蘇秦的話琢磨了一陣，也決定參加合縱。

蘇秦到了大梁，激勵魏王說：「大王擁有方圓千里的土地，地方似乎不大，但是房屋遍佈，人煙稠密，幾乎找不到什麼荒地。從城市到郊野，一天到晚人喊馬嘶，車聲隆隆，就像部隊在行軍一般。我估計大王的國力不在楚國之下。現在我聽人說，大王的士卒有武士二十萬、用青巾裹頭的戰士二十萬、敢死隊二十萬、一般士兵二十萬，還有六百輛戰車、五千匹戰馬。現在，竟然要聽信身邊一些傾向秦國的大臣的意見，向秦國稱臣，這實在是很不明智的，希望大王詳細地斟酌。我今天奉趙王的命令，來向大王提出六國同盟、合力抗秦的方針。是否可行，請大王給予明示！」

魏王聽了之後，也採納了蘇秦的方針。

蘇秦繼續到臨淄活動，向齊王發表了長篇的說辭。蘇秦說：「齊國四面都有險要的地勢，土地方圓達二千多里，有幾十萬軍隊，存糧堆得像山一般。加之兵源廣泛，素質優良，進攻時有如鋒利的飛箭，戰鬥時挾帶著雷霆萬鈞的氣勢，撤退時如風停雨止，任何一次戰役都沒有能迫使他們離開泰山，渡過清河，遠涉勃海；他們總是牢牢守護著自己的本土。僅以臨淄一地而言，人口達七萬戶，我估計每戶人家不少於三個壯男；一旦發生戰事，就地即可以徵集到二十萬人，這種實力是很強大的。臨淄人民富裕而且殷實，群眾文化生活豐富，到處可以看到鬥雞、走馬、博弈和踢球的活動。臨淄街道上車輪磨著車輪，人肩擦著人肩，袖子舉起來能連成一片帷幕，滴落的汗珠彷彿在下雨，真是一個繁榮的地區啊！」

齊王聽了不禁讚揚蘇秦對齊國觀察的細緻和了解的準確。

蘇秦接著指出：「對韓國和魏國來說，它們害怕秦國的原因是與秦國接壤，秦軍一旦壓境，不要十天功夫，就面臨著存亡的抉擇。即使他們戰勝了秦國，也得犧牲一半的力量，剩下來的人甚至不夠守護邊防；假使戰敗了，跟著就是亡國。所以，韓國和魏國不敢輕易與秦國作戰，且很容易就向秦國屈服。但是，秦國攻打齊國就不那麼容易了。它要把韓國和魏國留在背後，越過衛國的險道陽晉和要塞亢父，戰車不能齊驅，馬隊不能並行，那裡如有一百人把守，一千人也難以通過。秦軍雖想深入也不能不瞻前顧後，因為他還要擔心韓國與魏國在背後打它的主意，所以不得不猶豫、遲疑、空做姿態不敢邁步。老實說，秦國是無論如何也損害不了齊國的，這是明擺著的事實。你們不徹底分析和掌握秦國對齊國無可奈何的弱點，竟然要到西方去做它的附庸，完全是齊國大臣在策略上的錯誤啊！」

齊王聽到這裡，頓時有所醒悟，急著向蘇秦請教今後的方針。蘇秦果斷地說：「你們還沒有淪為秦國的附庸，並且有著自己的地位，因此，我建議大王參加六國同盟，互相支援，使秦國根本不敢跨進關東半步。」齊王連連答應。

蘇秦最後來到南方的楚國，對於這個在土地數量和實力等方面與秦國並駕齊驅的強國，蘇秦採取一種利誘的方式，說服楚威王加入合縱集團。他對楚威王說：「楚國是天下的強國，土地方圓六千多里，軍隊達百萬，有千輛戰車，萬匹戰馬，存糧能夠供應十年的需求，真是霸王的資本。秦國最怕的就是楚國，楚國一旦強大，秦國就要被削弱；反之，秦國一旦強大，楚國就要被削弱。雙方勢不兩立。今天，為大王著想，最好的辦法不如加入關東各國的合縱，孤立秦國。我可以動員關東各國諸侯，四季向大王呈獻禮物，擁立大王為聯盟的領袖。大王可以整軍經武，發號施令，強化權力，鞏固國家。所以說，大王加入合縱，可以讓諸侯們向楚國割地依附；而參加連橫，就要向秦國割地稱臣。這兩條道路相差很大，不知道大王究竟要做何選擇呢？」

楚威王邊聽邊點頭，也同意加入合縱大集團。

關東六國聯盟建立以後，蘇秦擔任了合縱集團的主持人，同時接受了六國國相的封號。當他回歸北方向趙肅侯彙報的時候，他的車馬儀仗和資財，已經多到可與王侯相比擬了。

8．子貢搬石頭砸別人的腳

如果你留心的話，可以經常見到這樣的情況：一個單位裡三個同事，當出現一個空缺時，能夠得到晉升的往往並不是各方面較強的那兩個，反而是能力只是很一般的一個。表面上看似乎很不可思議，但如果你明瞭其中的奧妙也就沒什麼好奇怪的了。原來背後搗鬼之人，恰好是能力最差的那一個。他左右煽風，挑動兩個強者爭得不可開交，令主管上司無法擺平，最後只好起用雖然能力一般，但卻老實聽話，而且沒什麼爭議的差者。

在待人處世中，一個弱者要想在兩個強者之間謀得生存的空間，甚至還要比強者活得更好，最直接的辦法就是使兩個強者產生矛盾，讓他們鬥起來。一方面雙方可能會兩敗俱傷，這種結果自然對你有利。另一方面也可以使兩個強者認識到你存在的價值，直言之，也就是讓兩個強者認識到在他們之間存在一個弱者緩和局勢，休養生息，積聚有生力量，獲得最終勝利的必要條件。

吳王夫差滅越之後，為爭奪中原霸主，聯合魯國去攻打齊國，引起了齊國內亂。齊國人殺了齊悼公，歸附了吳國，立齊悼公的兒子為國君，是為齊簡公。齊簡公拜陳恒為相國，讓他掌握齊國的大權。

剛剛出任相國的陳恒立功心切，對齊簡公說：「小小的魯國，竟敢跟著夫差來欺負咱們，這個仇不能不報。」

齊簡公也覺得堂堂一個昔日的霸主大國，竟然在魯國的攻擊下認輸了，實在是太丟面子，就命陳恒發兵去攻打魯國。於是，陳恒派國書和高無丕兩位將軍領兵，前來攻打魯國。

這時候，孔子正在魯國編書，聽到這個消息後十分吃驚，說：「魯國是我的父母之邦，哪兒能讓人家滅了吶！」於是就派他的弟子子貢去見陳恒。

陳恒一見子貢，迎頭就說：「先生是替魯國說話的嗎？」

子貢說：「不，我是來替齊國說話的。可有一樣，我不能隨便說。」說著就往四下裡張望一下。

陳恒明白他的心意，命跟前的人全部退下。然後心平氣和地向子貢拱了拱手，說：「請先生多多指教！」

子貢說：「相國執掌著齊國的大權，難道就沒有大臣跟你爭位嗎？就拿你這次派來的國書和高無丕來說吧，他們來打軟弱無能、國小兵寡的魯國，包準能馬到成功。但他們的功勞一大，勢力也就大了，總有一天要與您爭奪相位。要是您叫他們去攻打強大的吳國，把他們牽制住，相國治理齊國可就方便多了。」

一番話把陳恒說得連連點頭。他就按照子貢所說的去做，把人馬駐紮在漢水邊按兵不動，派人去探聽吳國的動靜。

接著，子貢又去到吳國，面見了吳王夫差。

那夫差早有稱霸的野心，一向驕傲自大，並且特別喜歡人家奉承他。

子貢一見面就對吳王說：「上回貴國聯合魯國去打齊國，齊國認為這是個挺大的恥辱，老想著報仇。如今齊國的大隊人馬已經到了漢水，他們打算先把魯國滅了，然後再跟貴國報仇。要讓我瞧，大王倒不如先發制人，派兵去攻打齊國的軍隊。您要是把蠻橫的齊國打敗了，不光是救了魯國，中原的霸主您還不是包準當上了嗎？」這話句句說到夫差的心窩兒裡，他立即派兵向漢水進發。

等子貢回到魯國向孔子報告時，吳國已經把齊國打敗。就這樣，子貢憑著自己的一張巧嘴，左右煽風，挑起兩個強國之間的矛盾，保住了魯國的安全。

子貢的成功，從一個側面證明了「左右煽風，自己坐收漁利」厚黑招術的功效，但行厚黑者心裡一定要明白，無論怎樣去說，怎樣去做，弱者畢竟是弱者，這種手段只能姑且行之，前提還是要仰強者的鼻息。

所以，要改變自己的命運，最根本的解決方法，還是要設法使自己由弱者變成強者。像那位得到晉升的能力最差者，在原來兩個壓在自己頭上的強者面前，就由弱者變成了強者，成了兩個昔日強者的頂頭上司。

9．濟世堂與萬壽堂藥舖

二十世紀二、三〇年代，在舊天津的商埠上，有兩家老字型大小的藥店。他們同處一條街上，一個名字叫濟世堂，另一個名字叫萬壽堂藥店。本來他們相互之間井水不犯河水，各做各的買賣，倒也相安無事。

誰知到了三〇年代初，劉可發繼承父業，做了萬壽堂的老闆之後，他的經商思路和其父親大相徑庭，他看不慣先父那種保守的經商之道，從價格、品種等方面對濟世堂藥店展開了全面的攻勢，勢在一舉打垮濟世堂，使萬壽堂成為獨一無二的壟斷藥店。

生意世家出身的劉老闆畢竟身手不俗，憑著自己年輕、敢想敢幹，經營上有世家的功底，出手幾招，就把「濟世堂」搞得非常被動。在「萬壽堂」組織的強大攻勢下，「濟世堂」經營每況愈下，雖然很快就反應了過來，採取了一些補救措施，但已無法挽回敗局，終於宣告停業。

劉老闆大獲全勝，自然趾高氣揚，打算大幹一場，稱雄天律衛。他哪裡知道，「濟世堂」並未被徹底擊敗，也沒有到非關門不可的地步，憑實力，「濟世堂」也完全可以再與「萬壽堂」較量一番。但「濟世堂」的老闆卻沒有那樣做。他不願直對「萬壽堂」那奪人的鋒芒應戰，弄個兩敗俱傷，而是避開「萬壽堂」的正面進攻，自己採取以退為進的策略迎接挑戰。

既然不能與「萬壽堂」同街經營，走遠一點總可以吧？不久，「濟世堂」在遠離「萬壽堂」的一條街上重新開張了，但鋪面已比原來的門面遜色多了。昔日大藥店的氣派已蕩然無存。

消息傳到「萬壽堂」劉老闆的耳朵裡，他不禁喜形於色：「濟世堂，你已經被我打垮了，再也別想回到這條街上來與我抗衡、爭地盤、搶顧客了。」得意之餘的劉老闆，心還不夠黑，沒有進一步施展厚黑殺招，而是放了「濟世堂」一馬。

過了一些日子，「濟世堂」的又一家分號開業了，自然是小鋪面，也仍然躲著「萬壽堂」。有人把這一消息告訴劉老闆：「老闆，『濟世堂』又開了一家分號，我看買賣不錯，沒準是想東山再起，我們不能不防啊！」

此時的劉老闆仍然做出不以為然的樣子：「怕什麼，那種小藥店成不了氣候，藥店靠的是信譽，大藥店才能讓顧客放心大膽地買藥，我看他們是在一個地方混不下去了，不得已而為之，不用怕。」

往後的很長一段時間內，「濟世堂」頻頻開了幾家類似的小藥店，而「萬壽堂」的生意也差不多，兩者相安無事，以前搶奪「地盤」的恩怨，似乎已經過去。不料想，三年之後，「濟世堂」突然一招「回馬槍」，將平靜的水面攪渾。「濟世堂」出人意料地宣布，自己將在老店舊址重新開業。此前，他們已暗暗從買主手中買回了店址的產權。

經過一番維修、裝飾，「濟世堂」在鞭炮聲中重新殺回了「萬壽堂」的旁邊。「萬壽堂」的劉老闆聽到這一消息，驚駭不已，他沒想到被自己已經打趴下的「濟世堂」還會捲土重來，給自己造成了放虎歸山之患。

劉老闆想重新組織力量，再像三年前那樣發動一次商戰，趁「濟世堂」立足未穩，把它再一次趕出去。可他很快便發現，這已是不可能了。

到這時他才真正了解到「濟世堂」在三年中，已經開發了一批分號，形成了一個完整的體系，而在其內部採取統一的經營方針，集中進貨，分散經營銷售，自然銷量大得多。同時，令劉老闆吃驚的是，在自己的周圍，早已佈滿了「濟世堂」的分號，「萬壽堂」已處在「濟世堂」的重重包圍之中。

自從「濟世堂」總店恢復之後，買賣熱鬧非凡，十分紅火，顧客絡繹不絕，接踵而至，再加上分號的銷售，每年盈利不少。而「萬壽堂」的生意較以前清淡了許多，自有門前冷落車馬稀之感。

上述例子不難看出，當初，萬壽藥店的劉老闆，心黑臉厚，在各方面針對自己的多年夥伴「濟世堂」展開進攻，使「濟世堂」處於劣勢之下，似「窮寇」已逃，然而在對手被打倒之後卻心慈面軟，沒有緊緊地跟蹤追擊，痛下殺手，且對於得到的一些消息，自己也沒能正確分析出「濟世堂」新的經營方針，而最終導致失利。

在戰場上，兵家們運用「窮寇勿追」的策略，有時意在假示敵人一條生路，使對手不再抱定決一死戰的決心，而使其抱僥倖的心理逃跑，期望不戰而求生。由其鬥志怠盡，造成對我方有利之戰機。在待人處世中，當你與對手的相互利益發生直接衝突時，必須千方百計地用厚黑術戰勝對方，迫使對手永遠放棄競爭。

待人處世不敗哲學告訴你：對於已經被「趕走」的競爭對手，並不是放任不管，也不是放虎歸山，而應該緊緊地尾隨其後，稍鬆一些，不過分緊逼罷了。而不緊逼的目的是為了「累其氣力，消其鬥志」，進而滅退其勢，達到最後消滅的目的。如果你對已經被「趕走」的競爭對手，不能跟隨其後，就等於放虎歸山，後果將不堪設想，對手往往等喘過氣之後還會反咬一口，而這反咬的一口，很可能就是你的致命傷！

10．不吃掉上司難成大器

在待人處世中，下屬要想求得發展，必須時時抱上司的大腿，至於拍馬屁更是不可少。但是，千萬要記住，在抱大腿、拍馬屁的時候，可別假戲真做，弄成了對上司的偶像崇拜，那可就大錯特錯了。

因此，在待人處世中，既然要放手一搏，就要做到厚如城牆，黑如煤炭。李宗吾認為：真正的大厚黑是前無古人後無來者的，是「天上地下唯我獨尊」的，怎麼可以在「偶像」之前，甘心做個搖頭擺尾的奴才呢？

在取代上司的整個過程當中，不好的上司還是好的上司，都可以成為我們的「肉」，我們的「血」，使我們成長壯大起來。換句話說，都可以被我們所取代。

在與上司相處中，並不是只有好的上司，才能使你進步。好的上司，如同是良師益友，這實在是很重要的。可惜現實社會中不可能都是良師益友，難免會有一些惡友。如果你在與惡友交往的過程中，能夠確保自己不被感染，那就盡可跟他交往。同時你必須擁有制伏惡友的能力，跟他交往後，你起碼可以了解惡的一面，將來才不會輕易地受騙上當。

壞的上司跟惡友一樣，雖然你覺得特別令人討厭，但你又避不開他，如果你具有不被壞上司踩倒的能力，相反的又具有踩倒對方的本事，對方一定會低頭認輸，並在你的面前服服帖帖。當然，在與壞上司打交道中，為了不給對方有發揮壞的一面的機會，你的「壞」應該比他的「惡」更強才行。

待人處世不敗哲學認為：不論你的上司是好是壞，你都必須能夠超過他、取代他。就像孩子必須將父親所擁有的一切優點完全吸收，即使一滴水都不放過的孩子，才能夠真正的有能力向父母報恩。若只依靠父親，能力無法超越父親，這種孩子只是徒然增加他更多的心理負擔。

在摔跤的世界，也有所謂的「報恩」。即借用師父的胸脯拼命擊打做練習的師弟，到了比賽場上，能夠將對方擊倒，就是對師父最好的「報恩」。藉著父親胸脯而長大的孩子，長大後可以真正的壓倒父親，這個孩子才是在真正的在「報恩」。同樣的道理，因為上司而出人頭地的你，一旦壓倒了上司，也才是真正地報答了上司的恩惠。

古時候修煉武功的弟子，住在師傅家裡，也要做與武功完全無關的清掃工作，再經過苦心慘澹的鍛鍊，拿起竹刀或木刀，接受師父徹底的訓練，這樣才能慢慢地進步，學到種種武功。等功夫學成，師父會說：「我已經沒有什麼可以再教給你了，今後你到全國各地、江湖上去歷練，與名人比賽，多學習一些其他門派的奧妙武功。」於是，弟子就出外旅行，此時的弟子等於已經吃掉了師父，因為他已學會了師父所有的武功了。

此時，師父或父親，以及上司，都會對這位弟子、孩子或部下說：「這樣我就放心了，我再也沒有東西可教你了。」他們反而會因為被對方吃掉而放心和高興。

「青出於藍而勝於藍」，一個人要想長得健壯，就應把自己所接觸到的一切人物之優點吸收，甚至將他吃乾抹淨更好。在此過程中，上司會說：「好！看你要怎樣吃就儘量吃吧！我是不會輕易被你吃光的，並且你也無法吃光。我為了積蓄這麼多工夫、經歷，曾花費了好幾十年的時間，難道你只花幾年，就能把我全部吸光嗎？來吧！不必客氣！」能夠這樣挺起胸膛來挑戰的上司就是偉大的上司，也是很難得的上司，你必須要發揮全力與之對抗下去。

不肯努力，也不願意用功，更不多方考慮工作的方法，只一味地批評上司不好，再加上自己本身實力又不充足，根本就甭想超越上司。你既不能吃掉他，又不能吸盡他，總有一天反會被他壓倒。此時，你就步入了落伍者的行列，到頭來終會被淘汰的。

將上司所擁有的一切優點、特長，以及工作上的技能，完全接收過來，每天下工夫去研究，如此持續數年，上司就會覺得沒什麼可教你了，並委託你來接他的權杖。此刻，你才算是真正地吃掉了上司。

總之，在待人處世中，為了使自己早獨立，成為真正的實業家，首先應該把上司吃掉、吸盡，使自己營養充足。如果你遇到了很偉大的上司，你甚至可以垂涎地說：「這個人吃起來味道可能不錯！」因為他可能使你更偉大。

11．漢元帝的太監頭子石顯

「厚黑學這門學問，等於學拳術，要學就要學精，否則不如不學，安分守己，還免得挨打。若僅學得一、兩手，甚或連師父的門也未拜過，一點皮毛都不懂，只是遠遠望見有人在習拳術，自己就出手伸腳打人，焉得不為人痛打？」

具體來說，就是當你將競爭對手打趴下，自己春風得意的時候，一定要防止對手東山再起，反咬一口。最好的辦法就是要心狠手辣，落井下石，使對手有理沒處說，根本沒有反手的機會。

漢元帝儒弱無能，寵信宦官石顯，一切唯石顯是聽。朝中有個郎官，名京房，字君明，東郡頓丘人。他精通易學，擅長以自然災變附會人事興衰。鑒於石顯專權，吏治腐敗，京房制訂了一套考課吏法，以約束各級官吏。元帝對這套方法很欣賞，下令群臣與京房討論施行辦法。但朝廷內外多是石顯羽翼下的貪官污吏，考核吏法，就是要懲治和約束這些人，他們怎能同意推行呢？

京房心裡明白，不除掉石顯的話，腐敗的吏治不能改變。於是他借一次元帝宴見的機會，向元帝一連提出七個問題，歷舉史實，提醒元帝認清石顯的面目，除掉身邊的奸賊。可事與願違，語重心長的勸諫並沒有使元帝這隻弱雞醒悟，絲毫沒有動搖元帝對石顯的信任。

既然考核吏法不能普遍推行，元帝就令京房推薦熟知此法的弟子做試點。京房推薦了中郎任良、姚平二人去任刺史，自己要求留在朝中坐鎮，代為奏事，以防石顯從中作梗。石顯早就把京房視為眼中釘，正尋找機會將他趕出朝廷。於是，乘機提出讓京房做郡守，以便推行考核吏法。

元帝不知石顯用心，任京房為魏郡太守，在那裡試行考核吏法。郡守的官階雖然高於刺史，但沒有回朝奏事的權利，還要接受刺史監察。京房請魏郡太守不隸屬刺史監察之下和回京奏事的特權，元帝應允。京房還是不放心，在赴任途中三上密章，提醒元帝辨明忠奸，揭露石顯等人陰謀詭計，又一再請求回朝奏事。元帝還是聽不進京房的苦心忠諫。一個多月後，石顯誣告京房與其岳父張博通謀，誹謗朝政，歸惡天子，並牽連諸侯王，最後京房被處死。

京房死後，朝中能與石顯抗衡的唯有前御史大夫陳萬年之子陳咸。此時的陳咸為御史中丞，總領州郡奏事，負責考核諸州官吏。他既是監察官，又是執法官，可謂大權在握。況且陳咸正年輕氣盛，無所畏懼，才能超群，剛正不阿，曾多次上書揭露石顯奸惡行為，石顯及其黨羽皆對他恨之入骨。在石顯指使下，群奸到處尋找陳咸過失，要乘機除掉他。

陳咸有一好友朱雲，是當世經學名流。有一次，石顯同黨少府五鹿設壇講《易》，仗著元帝的寵倖和尊顯的地位，沒有人敢與他抗衡。有人推薦朱雲，朱雲因此出名，被元帝召見，拜為博士，不久出任杜陵令，後又調任槐里令。他看到朝中石顯專權，陳咸勢孤，丞相韋玄成阿諛逢迎，但求自保。朱雲便上書彈劾韋玄成懦怯無能，不勝任丞相之職。

石顯將此事告知韋玄成，從此韋與朱結下仇恨。後來官吏考察朱雲時，有人告發他譏諷官吏，妄殺無辜。元帝詢問丞相，韋玄成當即說朱雲為政暴虐，毫無治績。此時陳咸恰好在旁，便密告朱雲，並代替他寫好了奏章，讓朱雲上書申訴，請求呈交御史中丞查辦。

然而，石顯及其黨羽早已控制中書機構，朱雲奏章被仇家看見並將其交給石顯。石顯批交丞相查辦。丞相管轄的官吏定朱雲殺人罪，並派官緝捕。陳咸聞知，又密告朱雲。朱雲逃到京師陳咸家中，與之商議脫險之計。石顯密探查知，馬上報告丞相。韋玄成便以執法犯法等罪名上奏元帝，終將陳、朱二人拘捕下獄，判處服苦役修城牆的刑罰，石顯從此除掉了兩個心腹大患。

第2章

不要被狼的話感動

古人將具有這種欲感動狼特性的愛，
統稱之為「婦人之仁」！
雖然「婦人之仁」有時可以發揮很大的感化力量，
但在待人處世中，
「婦人之仁」有時會成為一個人很大的負擔，
甚至是致命傷！

有這樣一則寓言：一匹狼跑到牧羊人的農場，想撲殺一隻小羊來吃，牧羊人的獵犬追了過來，這隻獵犬非常高大凶猛，狼見打不過也跑不掉，便趴在地上流著眼淚哀求，發誓再也不會來打這些羊的主意了。

獵狗聽了牠的話，看了牠的眼淚，非常感動與不忍，便放了這匹狼，想不到這匹狼在獵犬回轉身的時候，縱身咬住了獵犬的脖子，幸虧主人及時趕來，才救了獵犬一命，但獵犬也流了很多血，牠傷心地說：「我原不該被狼的話感動的！」

獵犬因為「婦人之仁」而差點丟了小命，假如一個人在待人處世中有「婦人之仁」時，也很容易給自己帶來危險。比如面對不懷好意的借債者，由於你的「婦人心」而在他的哀求之後借給他錢，結果卻一毛錢也要不回來；一個人的惡行因你的「婦人之仁」而獲得了寬宏，但有時你的「婦人之仁」不但沒有感化他，反而讓他重新有機會犯下惡行，對別人造成傷害。

此外，你的婦人之仁會成為你的弱點，成為人人想利用的目標，在眼淚、溫情、請求、孩子似的無辜與可憐之下，你將成為最大的受害者！

1．韓信與劉邦都是厚臉皮的高手

中國人最講究「臉皮」，做什麼事都特別在意面子，有時臉皮似乎比命還要緊。許多含辛茹苦將兒子培育成人的父母，看到兒子能夠「光宗耀祖」，即使自己吃糠嚥菜，心裡也是美得很，因為兒子給他們在鄉親之前掙得了臉皮——面子。這種對臉皮的觀念，其實就是指別人如何看待你，怎樣對待你。說穿了，特別在意臉皮的人並不是為自己活著，而是在為他人而活著。

西方人認為，皮膚厚、對別人的責難和非議無動於衷者為最佳之人。這種思想近乎厚臉皮這一觀念：一種保護自己的自尊心免受別人惡言惡語傷害的盾牌。

古代有一則關於韓信年輕時的佳話。韓信是一位家喻戶曉、婦幼皆知的人，有一天，他在自家居住的城鎮街道上行走，被幾個地痞無賴攔住。這幾個人要與他決一死戰。韓信婉拒挑戰，誰知他們硬纏著不讓他離去，執意要他要麼廝殺，要麼就像狗一樣從領頭人的胯下鑽過去。結果，韓信選擇了鑽褲襠，放棄了決戰，儘管對於一般人來說，這是一種難以言表的恥辱。

關於韓信蒙受凌辱、膽小如鼠的流言不脛而走，迅速傳遍全城。在大庭廣眾面前，他遭人恥笑，可是他一次也未向任何人提及個中原委，也沒解釋自己表面看來喪失骨氣行為的理由。在日後的人生旅途中，他展示了自己的才華，成為中國歷史上赫赫有名的戰將。

對他來說，那幾個目不識丁的痞子毫無威脅可言，他們壓根兒就不是他的對手。他心中明白自己是個天不怕地不怕的戰將，毫不在乎別人對他怎麼想。韓信的厚臉皮在於表面上是一個溫順膽小之人，這是為了使自己勿殺害那兩個微不足道的惡棍，而惹來不必要的麻煩。

雖然說韓信的臉皮已經夠厚的了，但他還不算頂尖高手。在劉邦與項羽爭戰相持不下之時，本來可以乘機三分天下的韓信，卻為了報答劉邦的「知遇之恩」，毅然率兵打敗項羽，成就了劉邦的帝業。反而為自己埋下了「狡兔死，走狗烹」的悲慘下場。

在早先多次征戰勝利中，有一次項羽生擒了劉邦。擺明的，王位已經落入了項羽的掌心之中了，誰知他竟然讓它溜掉了。由於他害怕殺劉邦落下「不義」之名，不僅沒有處死這位與自己爭天下的敵人，反而賜封他漢王。可以說項羽為了「面子」，給劉邦提供了重整兵力、東山再起、打敗自己的機會。

表面上看來，項羽的寬恕似乎是一種高尚的舉動。可是，真正的高尚之舉應該是驅使劉邦，一旦有機會，就置其於死地。假如他這樣做，他自己就會一統天下。此外，項羽遭受唯一一次失敗之後，正是覺得「無顏見江東父老」的面子，阻止了他返回故鄉重整旗鼓，自刎身亡。劉邦的三軍統帥韓信形容項羽的弱點時說，他具有婦人之仁，匹夫之勇。戰場上項羽毫不留情地殺人，坑殺數十萬降兵，可是當他面對被自己打敗的敵人時，卻拋棄了自己的目標，竟然拉不下殺人時的臉皮。

劉邦雖然不具備項羽的武功造詣，但是他也未受到項羽任何自尊心的妨害。在他們發生衝突的年月裡，劉邦一次又一次地敗在項羽的手下，可是他從不為自己重返家鄉徵兵募馬而感到恥辱。他的臉皮比項羽要厚得多。他可以做任何實現自己的雄心壯志所需要的事情，毫不顧忌給別人造成的損失。

據《史記》記載，項羽謂漢王曰：「天下匈匈數歲，徒以吾兩人耳，願與漢王挑戰決雌雄。」漢王笑謝曰：「吾寧鬥智不鬥力。」劉邦的厚從他為躲避項羽的追殺，而將親生兒女推到車下即可見一斑。

面對劉邦這個超級厚顏無恥之士，實在無能為力的項羽，感到勝利在最後一場戰鬥中悄悄失去的時候，他下令將成為他階下囚多年的劉邦的父親押上來，綁在一鍋燒得滾開的油鍋前面。劉邦被喝令撤回自己所有的將士，否則他將眼睜睜地瞅著自己的父親被油鍋活活地煮死。劉邦揚鞭催馬來到陣前，大聲喊道：「項將軍，我們曾經是歃血為盟的把兄弟。我的父親也是你的父親。倘若你要煮我們的父親，請給我留一杯肉湯。」

哇！世上還有如此臉皮厚之人嗎？這樣厚臉皮的人如果不成功，豈不是太對不起厚

2．孫臏與龐涓

縱觀古今，不難發現，在待人處世中，那些能夠在危難中保全自己的厚顏無恥之士，全都懂得這個道理。以退為進，以忍為攻，固然是待人處世中的最妙法則，但當你的對手是個中高手時，即使正人君子也只好以厚對厚，以黑制黑，換句話說，就是對方臉皮厚你要比他還要厚，對方心黑你要比他更要黑！

戰國時有一位忍辱負重、奮鬥不息，以厚對厚，以黑制黑的傑出軍事家，他一生坎坷不平，甚至連真實姓名都沒留下，只因其曾遭陷害而受過臏刑（砍掉兩塊膝蓋骨的刑罰），故史書上稱他為孫臏。據說孫臏是大軍事家孫武子的後代子孫。

孫臏少年時便下定決心學習兵法，準備做出一番大事業。成年後，他出外遊學，到深山裡拜精通兵法和縱橫捭闔之術的隱士鬼谷子先生為師，勤奮地學習兵法陣勢。鬼谷子把《孫子兵法》傳授給孫臏，而沒有傳給龐涓。不到三天，孫臏便能背誦如流，且根據自己的理解闡述了許多精闢獨到的見解。鬼谷子為他奇異的軍事才能而興奮地說：「這下子，大軍事家孫武子後繼有人了！」

孫臏有個同學叫龐涓，是魏國人，此人可說是厚黑大家。他對孫臏的才能十分嫉妒，更想得到《孫子兵法》這部軍事奇學，但表面上卻裝作和孫臏很要好，並且相約以後一旦得志，彼此互不相忘。

後來，龐涓先行下山。回到魏國不久，便得到魏王的重用，被拜為元帥。龐涓帶領魏國軍隊先後打敗衛國、宋國等小國，且打敗強大的齊國，名聲大振。魏惠王非常高興，請龐涓同食可口的蒸羊，說：「寡人得龐元帥，猶如周文王得姜太公。」志得意滿的龐涓心裡暗想：天下只有孫臏是我的敵手，有孫臏在，自己怎麼能夠無敵於天下呢？

於是，為了讓忠厚的孫臏為己所用，龐涓特意派人帶著黃金和親筆信邀孫臏下山共同輔佐魏王。孫臏到來之後，他先是虛情假意地熱烈歡迎，可當魏王要重用孫臏時，龐涓卻暗中耍手腕讓魏王封孫臏為沒有實權的客卿。善良忠厚的孫臏自然對不忘舊日同窗之情的龐涓感激萬分。然而半年後龐涓卻玩弄陰謀手段，捏造罪名，誣陷孫臏私通齊國，對他施以臏刑，臉上也刺上字，目的在於從精神上消蝕孫臏的意志。

對龐涓所做的一切，孫臏起初毫不知情，後來當他知道使自己成為一個不能行走的廢人的元兇，就是自己的師兄弟龐涓時，下定決心要報仇雪恨。如何擺脫智謀奇高、臉厚心黑的龐涓，實在讓孫臏犯難。經過慎重考慮，孫臏決定以厚對厚，以黑制黑。

具體說來，就是先裝瘋騙過龐涓，設法逃回齊國，然後再報仇。當天晚上，孫臏就裝成得了瘋魔病的樣子，一會兒嚎啕大哭，一會兒嘻皮笑臉，做出各種傻相，或唾沫橫流，或顛三倒四，又把辛辛苦苦抄寫的《孫子兵法》竹簡翻出來燒掉。

然而，龐涓畢竟非等閒之輩，要想騙過談何容易！剛開始，龐涓無論如何也不相信孫臏真瘋，為了看看孫臏真瘋還是假瘋，他讓人把孫臏拖進豬圈。孫臏躺在豬圈的爛泥中，弄得滿身污穢不堪。看著孫臏在豬圈裡爬行，毫不在意的樣子，龐涓又讓士兵送上酒食給孫臏吃，並欺騙說：「吃吧，相國不知道。」孫臏怒目而視，罵不絕口，說：「你們想毒死我嗎？」隨手便把酒食倒在地上。龐涓又讓士兵給孫臏送去乾糞便和泥塊，孫臏反倒當成好東西而吃得津津有味。

即使這樣，龐涓仍不相信孫臏真瘋，故意放孫臏出去，然後暗中派人監視。滿臉污垢，一身髒兮兮、臭烘烘的孫臏在大街上伸手向路人乞討，東遊西逛，與真瘋子毫無二致。龐涓盯了好幾天，沒有發現絲毫可疑之處，便相信孫臏是真瘋了，疑心稍有解除。

就這樣，孫臏終於以超常的厚，騙過了厚黑高手龐涓。這裡，龐涓的一念之差，便給自己留下了後來的殺身大禍。假如當時龐涓管他孫臏真瘋還是假瘋，將其宰掉了事，哪裡還會有後來的麻煩？可見，龐涓的「心子之黑」還不到家。

不久，齊國使者來到魏國，暗中探訪孫臏把他藏入車中帶回齊國。在一次王公貴族的賽馬活動中，大將田忌將足智多謀的孫臏推薦給齊威王。在齊威王面前，孫臏暢談兵法，盡敘平生所學，受到齊威王的賞識，被任命為齊國軍師。從此，孫臏開始在戰國風雲齊聚的軍事舞臺上大顯身手。此時的孫臏，在等待著機會，準備以黑制黑，將龐涓這個黑心小人置於死地。

西元前三五四年，魏國派龐涓率大軍圍攻趙國都城邯鄲，企圖一舉消滅趙國。孫臏與田忌商量，提出「圍魏救趙」的作戰方針。不但解了邯鄲危急，並且在次年的桂陵之戰中以逸待勞，大破魏軍。此戰，魏軍幾乎全軍覆滅，龐涓僅率少數兵士倉皇逃脫。

桂陵之戰後十三年，魏王又派龐涓率兵攻韓。齊王答應救援，派田忌為大將，孫臏為軍師，攻魏救韓。孫臏冷靜分析了敵我雙方的具體情況，根據魏軍悍勇輕敵和急於求成的心理，提出退兵減灶的作戰方針，忍一忍魏軍狂妄之氣，誘敵深入。而後齊軍故意做出怯戰的樣子，減少鍋灶表示齊軍已大多逃亡，以此來麻痹敵人。魏軍果然中計，窮追猛趕，齊軍卻一味退卻，最後在山高路窄，樹多林密的馬陵道設下埋伏。同時，孫臏還命人把路旁一棵大樹的樹皮刮去並寫上——「龐涓死於此樹之下」八個大字，並吩咐士兵說：「夜裡發現紅光，就一齊放箭！」

天黑之後，龐涓率兵馬不停蹄地追到馬陵道。但見路上橫七豎八地扔著許多木頭，便命士兵下馬下車準備開路追擊，卻忽然看見路邊的白色樹幹上隱隱約約有幾個大字。龐涓疑心特重，便命人點火觀看，沒等看完就連叫不好。但為時已晚，齊軍亂箭齊發，魏軍頓時大亂，四面被圍。箭如雨下，既無法抵抗又無路可逃。龐涓自己也身負重傷，眼見敗局已定，絕無挽回的餘地，只好垂頭喪氣地拔劍自刎，齊軍大獲全勝。這就是歷史上著名的「馬陵之戰」，而孫臏則從此名揚天下。

孫臏的確是位傑出的軍事家，同時也是一個深知忍字祕訣的厚黑頂尖高手。面對命運的不公，面對「朋友」的誣陷，他不僅忍隱不發，潛心等待時機的到來，而且還能夠以厚對厚，以黑制黑，擺脫困境，置對手於死地。這不但需要一份驚人的耐力，同時更需要有一種過人的厚黑功夫。

3．連皇帝都對付不了的大將軍

東漢大將軍梁冀是東漢所有掌權者中最惡毒、最張狂、控制朝廷時間最久的一位。《後漢書》中概括梁冀「在位二十餘年，窮極滿盛，威行內外，百僚側目，莫敢違命，天子恭己而不得親豫。」即是說，梁冀在朝中掌實權長達二十餘年，無所不用其極，欲壑填滿，狂妄橫行於朝廷內外，百官只能用眼色表示畏懼和不滿，但誰也不敢違抗梁冀的命令，就連皇帝也只能恭敬束手，政事不得親自決定。

那麼，做為東漢很有名的忠臣，梁冀的父親梁商在臨終之前，為什麼會把大將軍之職交給了並無德才、而且從小就為所欲為的兒子梁翼呢？像梁商這樣小心謹慎對朝廷忠心耿耿的人，為什麼會犯這麼大的錯誤呢？是他來不及做出安排嗎？

原來是梁翼的臉皮實在太厚，心腸黑得過人，竟然瞞過了經驗豐富的老父親。梁翼在很長的時間裡，為了矇騙父親，耍了許多手段，用謊言和假象掩蓋了自己的劣跡。

青年時期的梁翼受到父親的庇護，仕途一直十分順當。他由黃門侍郎開始，先後做到侍中、虎賁中郎將、越騎步兵校尉、執金吾將軍。永和元年（西元一三六年），又出任河南府尹。這期間梁商已拜為大將軍，父與女在內，子在外，梁氏一門，聲威赫赫，炙手可熱。

然而，梁翼與父親的為人正好相反，不僅行事無法無天，而且還非常貪婪，他用卑鄙的手段塞人之口，因此他所做的許多害人勾當，梁商都不知道。梁商有一好友名叫呂放，時任洛陽令，曾多次向梁商說起梁翼的過錯，梁商為此責問梁翼，梁翼矢口否認，並派人將呂放刺死，許多人都明白呂放的死因，只是梁商這位老兄始終被兒子瞞著，而不知情。

梁翼為了騙過父親，決定嫁禍於人。他聲言呂放被仇人所殺，向朝廷請求，由呂放的弟弟呂禹接任洛陽令，以表示對殉難大臣的優恤，然後授意呂禹捕殺兇手。呂禹對梁翼感恩不盡，毫不懷疑梁翼的用心，加上為兄報仇心切，結果使與呂放有仇怨的人及其宗族、親朋一百多無辜者慘遭屠戮。

梁商還以為兒子秉直無私，以德報怨、提攜呂禹，一心為呂放雪冤，此後即使有人委婉透露一點兒梁翼的惡行，他也絕不相信了。史書中說梁商「性慎弱無威斷」，以他的性格，溺愛偏信在所難免。梁翼正是看準了父親的弱點，肆意為非做歹，事後巧加掩飾，以致越來越無所忌憚。

梁翼憑著家族的聲望和他本人的陰險，爬上了公卿的顯位。梁商剛死，「未及安葬，順帝乃拜翼為大將軍」，其弟侍中梁不穎接替了河南府尹的職務。雖然說山迴路轉，但梁氏一門卻威風依舊。儘管背後戳梁翼脊梁骨的人的確不少，但梁翼卻靠自己的厚臉和黑心，把大權緊緊地掌握在自己手裡，將皇帝玩弄於股掌之間，活得相當滋潤。

4．宋襄公的仁義值多少

齊桓公死後，宋襄公自視爵高位顯，便想取代齊桓公的霸主地位，趁齊國內亂，他幫助太子昭當上了齊國的國君。這一下他自認為宋國真的強大得不得了了，竟不自量力地擺起了霸主的架子。然而，在那一切憑實力說話的時代，眾諸侯哪裡可能買他的帳。

宋襄公見諸侯不買自己這個「霸主」的帳，便想藉助楚齊的威力壓服眾諸侯，然後再藉諸侯之力壓強楚。宋襄公派人重賄楚國，約定次年春會盟於位於齊國的盂上之地，齊孝公因為是靠宋襄公的幫助上臺的，只好答應按時到會。

會盟期到，宋襄公的弟弟目夷建議宋襄公帶些軍隊前往，不要對強楚掉以輕心。宋襄公為了表示自己很講「信義」，不僅不聽目夷的話，他怕目夷在他走後暗地派兵前往護駕，便帶著目夷一同赴會。令宋襄公萬萬想不到的是，早就有圖霸之心的楚國，竟然兵圍盟壇，俘虜了宋襄公，並且挾宋襄公向宋國攻來。

好在目夷已趁亂從盂上之地逃回宋國，並且抓緊進行了佈置，睢陽城已做好了抗楚的準備。當楚軍大兵壓境之時，目夷繼任宋國國君，本來視宋襄公為奇貨，一心想拿宋襄公要挾宋國的楚王大為光火，下令攻城，結果連攻了三天，也沒攻下來，楚王無奈，只好撤兵放人，宋國遂免除了滅國之危。

按說，由於宋襄公的愚蠢，宋國差點被毀，特別是當宋襄公身陷囹圄、國勢危難之時，目夷毅然挑起捍國衛土的重任，就任國君之位，以他出色的才智和勇敢，粉碎了楚國吞併宋國的陰謀，就應該心安理得地把這個國君當下去，可才智出眾的目夷臉不厚心不黑，當聽說宋襄公被釋放後，馬上派人把宋襄公接回宋國，仍舊讓宋襄公當宋國的國君，自己重居臣位。

從另一個角度來看，目夷的這種做法並不可取，因為目夷當國君對宋國來說，比宋襄公要有利得多，可他竟然為了自己的「名聲」和面子，而不顧國家之利，讓一個滿口空講「仁義道德」的傢伙，執掌國家大權，從而埋下了大敗的隱患。

盂地之盟，宋襄公因固執地要對強楚大行仁義，而被楚王嘲笑戲弄了一把，險些國破身亡，按理說此後他該學得乖一點了，可他依然堅持在不該講仁義的地方大講仁義，結果吃了更大的虧。

西元前六三八年三月，鄭文公朝楚。就是這個鄭文公，當初會盟時首先倡議尊楚王為盟主，現在又帶頭把楚王當盟主來朝拜了，使仍在做著霸主迷夢的宋襄公無法忍受，於是便不顧雙方的實際情況，貿然興兵伐鄭。宋軍攻鄭，楚國豈能袖手旁觀？楚王派成得臣為大將，斗勃為副將向宋國殺去。

宋襄公與司馬子魚緊急研究對策，司馬子魚問宋襄公靠什麼取勝，宋襄公回答說：「楚國雖然兵甲不足，但仁義有餘。從前武王只有三千猛士，卻戰勝了殷紂王的上萬軍隊，靠的完全是仁義。」

於是，宋襄公在戰書的末尾批上十一月初一，雙方在泓陽交戰。又命令製做一面大旗插在大車上，旗上寫著「仁義」二個大字。

司馬子魚看了暗暗叫苦不迭，私下裡對樂仆伊說：「戰爭本來就是謀略運用與廝殺，如今卻說仁義，我不知道我們國君的仁義在什麼地方啊？上天奪去了主君的靈魂，我認為已經很危險了！我們一定要小心行事，不使國家滅亡就萬幸了。」

楚軍成得臣在泓水岸北駐紮，大將斗勃請令說：「我軍應五更時渡河，以防宋兵佈好戰陣攻擊我軍。」成得臣一笑說：「宋襄公做事迂腐至極，一點不懂兵法。我軍早渡河早交戰，晚渡河晚交戰，有什麼可擔心的呢？」

天亮以後，楚軍才陸續開始渡河。司馬子魚請宋襄公下令出擊，並說：「楚軍在天亮才渡河，過於輕敵。我們應該趁他們沒渡完，衝上前去廝殺，是以我們全軍攻擊他們的部分，如果讓他們全部渡過河來，楚兵多我軍少，恐怕不能得勝，您看怎樣？」

宋襄公指著那面「仁義」大旗說：「你看見『仁義』二個字了嗎？我堂堂正義之師，豈有趁敵軍渡一半而出擊的道理？」

司馬子魚又暗暗叫苦。一會兒功夫，楚兵全都渡過了河。成得臣戴著精美的帽子，上面紮著玉纓，上身繡袍，外著軟甲，腰掛雕弓，手執長鞭，指揮士兵東西佈陣，氣宇軒昂，旁若無人。

司馬子魚又對宋襄公說：「楚軍正在佈陣，尚未形成佇列，現在立即擊鼓進攻，楚軍定會大亂。」

宋襄公往他臉上吐了一口唾沫喝斥道：「呸！你貪圖一次衝鋒獲得的小利，就不怕不配千秋萬代的仁義之名嗎？我堂堂正正之師，豈有趁敵人沒列成陣就進攻的道理？」

司馬子魚只好再次做罷。楚兵擺好陣勢，只見人強馬壯，漫山遍野，宋軍人人面帶懼色。此時，宋襄公才下令擊鼓，楚軍中也響起戰鼓聲，宋襄公自己舉著的長矛和護衛的官兵催馬向楚陣衝來。

成得臣見宋兵來攻，暗自傳下號令，打開陣門，只放宋襄公一陣車馬進陣。經過一陣衝殺，宋軍大敗，那面「仁義」大旗也被楚軍奪走。宋襄公身上受了許多傷，右腿中箭，折斷了膝中之箭，已站不起身來。幸好司馬子魚起來，把他扶到自己車上，並且用自己的身體擋在前面，奮勇向外衝出。等到衝出楚陣，護衛的官兵已沒有一個生存。宋軍的戰車兵甲，大部喪失。成得臣乘勝追擊，宋軍大敗。

司馬子魚與宋襄公連夜逃回都城，不久，宋襄公傷重而亡。宋兵死的人很多，他們的父母妻子都聚在一起譏諷著宋襄公，埋怨他不聽司馬子魚的話，以致有此大敗。令人可笑的是，宋襄公至死不悟，對於國人的埋怨感歎道：「君子不重傷別人，不擒拿頭髮黑白相雜年紀大的人。我要用仁義帶兵，豈能仿效這種趁別人危險而行動的事情？」簡直迂腐到了極點。

凡是敵人，能俘虜的就應該俘虜，還分什麼年紀大年紀小？受了傷的敵人而不放下武器，你不殺他他也不殺你嗎？何況當時宋軍正被楚軍打得落花流水，哪裡還談得上殺楚軍的傷兵等呢？舉國上下，沒有不譏笑他的。

心慈手軟對政治家、軍事家來說，都應該算是致命的弱點，是他們失敗的一個重要原因。因為他們面對的是你死我活、你上我下的鬥爭，對敵人仁慈就是對自己殘忍，這個道理是顯而易見的。比如楚漢之爭，本來是你死我活的事情，項羽在關鍵時刻卻來了個「婦人之仁」，放劉邦一馬，放的結果是虎歸山、龍入海，項羽最後只能一個人在烏江河畔唱「霸王別姬」了。

當然，在和平時期更多的是企業家競爭，要想戰勝競爭對手，必須精研厚黑奇學，在激烈的競爭中，來不得半點心慈手軟，否則只能成為別人的手下敗將。

5．關羽為什麼失荊州

每個人都會有弱點，為了便於利用對手的弱點，你不妨設法使他的弱點擴大。比如說，對手驕傲自大，你就多吹捧；對方疑心重，你就多擺迷魂陣；對方好色，你就猛送美女。三國時呂蒙、陸遜對關羽，諸葛亮對司馬懿，更早時的越王勾踐送美女西施給吳王夫差等，莫不是如此。而其中，要數呂蒙、陸遜利用關羽的弱點，最為精彩。

為了利用關羽驕傲自大、目中無人的弱點，尋機奪回荊州，東吳主將呂蒙在關羽水淹七軍、「威震華夏」的形勢下突然「託疾辭職」，而此時接替東吳三軍主帥的陸遜，不僅是一位年輕無名的小將，而且上任後，專門給關羽修書一封，並送去東吳的名馬、彩錦、美酒等禮物，以謙言卑詞來驕縱關羽。陸遜這一招使出，使不可一世的關羽更加輕視東吳。

關羽水淹七軍，降於禁，斬龐德，進圍樊城，大獲全勝後，被一時的勝利沖昏了頭腦，他一心只做著「取了樊城，即當長驅大進，徑到許都，剿滅操賊」的美夢，早把東吳的威脅拋到了腦後。而呂蒙和陸遜則利用關羽這種驕橫的弱點，一個託病辭職，另一個裝得極其謙卑，從而使關羽真以為東吳被自己給「震」住了，根本沒想到東吳敢在自己的背後搞鬼。在兩面作戰的大形勢下，竟然採取了錯誤的「顧頭露尾」策略，毫無顧忌地「撤荊州大半兵赴樊城聽調」，從而造成「後院」空虛，荊州失防。這對東吳來說，出現了一個難得的可乘之機。

正在建業假裝養病的呂蒙看到條件成熟，便親自率三萬精兵，選會水性者扮成商人，皆穿白衣，在船上搖櫓，卻將精兵伏於船倉之內，開始了奪取荊州的作戰行動。船隊晝夜兼行，溯江而上，徐徐靠近北岸。

當江邊烽火臺上守衛的軍士盤問時，東吳的軍士回答：「我等皆是客商，因江中遇到大風，到此躲避。」並將財物送給守衛的軍士，取得了他們的信任，從而得以將船隻停泊在江邊。到了晚上二更時分，倉內埋伏的三萬精兵一齊殺出，將烽火臺上的守軍捆綁起來，然後長驅直入，徑向荊州攻來。快到荊州時，呂蒙讓被抓獲的官兵騙開城門，順利奪取了荊州。

呂蒙白衣襲荊州，是戰爭史上一次典型的奇兵突襲。成功的關鍵就在於大行「謙卑驕縱，暗下殺招」的厚黑之道。戰前，呂蒙和陸遜巧妙擴大並利用關羽的弱點，造成荊州防守空虛，從而在對方毫不防備的情況下，一舉將對手打到趴下！

6．司馬相如的算計

人都有自尊心，特別是中國人更加好面子，在待人處世中，欲行厚黑術，就可以抓住對方怕丟面子的心理，故意做一些使對方「沒面子」的事，往往效果極佳。因為他有面子你沒有，換句話說，他怕丟面子而你不怕，他又能奈你何？

看過《三國演義》的人都知道，曹操罵劉備是「織席販履小兒」，足見劉備的出身是多麼卑微之人。可是，劉備卻逢人便介紹自己是「中山靖王之後，漢景帝的玄孫」，光憑這一點厚臉皮，就非一般人所能比，更何況是其他事？特別是劉備即使到了臨死之前，仍然大行厚黑術，迫使諸葛亮「鞠躬盡瘁，死而後已」，扶持一個根本扶不起來的阿斗。試問：世上還有幾人能厚過劉備？在待人處世中，如果能略微實行劉備的厚黑術，即可大功告成了。

人們都知道漢代的大辭賦家司馬相如，以文才聞名海內，豈不知他在厚黑方面也深得其中的奧妙，並且以厚黑之術為自己脫困解貧。

有一年，司馬相如外遊歸川，回來的路上，路過臨邛。臨邛縣令王吉久仰司馬相如之名，恭請至縣衙，連日宴飲，寫賦作文，好不熱鬧。

此事驚動了當地富豪卓王孫。卓王孫原是趙人，秦人移民時才遷來臨邛，以冶鐵致富，家有萬金，奴僕千人。聽說來了個大才子司馬相如，也想結識一下，以附庸風雅。但他仍擺脫不了商人的庸俗，故而實為請司馬相如，但名義上卻是請縣令王吉，讓司馬相如作陪，司馬相如本看不起這班無才暴富之人，所以壓根沒準備去「陪宴」。

到了約定日期，卓王孫盡其所能，大排宴席。縣令王吉因平日依仗卓王孫錢財之事甚多，所以早早就到了，但時辰早過，司馬相如卻沒有來，卓王孫如熱鍋螞蟻，王吉只好親自去請。駁不過王吉的面子，司馬相如只好來到卓府，卓王孫一見穿戴，心中早已懷瞧不起之意，心想：自己是要臉面之人，請來的卻是這樣一個放蕩無禮之輩。司馬相如全然不顧這些，大吃大嚼，只顧與王吉談笑，早把卓王孫冷在一邊。忽然，司馬相如聽到內室傳來淒婉的琴聲，那琴聲不俗，司馬相如一下子停止了說笑，傾耳細聽起來。

卓王孫原被冷在一邊訕訕地毫無意思，今見琴聲引住了這位狂士，於是誇耀地賣弄說：「這是寡女卓文君所奏。」司馬相如早已癡迷在那裡，忙請求讓卓文君出來相見，卓王孫經不住王吉竄掇，派人喚出卓文君。

司馬相如一見卓文君，兩眼直勾勾愣在那裡，他萬萬沒想到這個俗不可耐的卓王孫竟有如此美麗高雅的女兒。於是要過琴來，彈了一曲《鳳求凰》向卓文君表達愛意。卓文君心裡明白，愛慕司馬相如的相貌和才華，當夜私奔到司馬相如處，以身相許。經過商量，兩人一起逃回了成都。

卓王孫知道後，氣得暴跳如雷，又是罵女兒不守禮教，又是罵司馬相如衣冠禽獸，發誓不准他們返回家門。

卓文君隨司馬相如回到成都後才知道，她的夫君雖然名聲在外，但家中卻很貧寒。萬般無奈，他們只好返回臨鄧，硬著頭皮託人向卓王孫請求一些資助，不料，卓王孫仍是氣唬唬地，破口大罵：「我不治死這個沒出息的丫頭就算便宜她了，還想要我接濟，一個子兒也不給！」

不過，這對寶貝夫婦倆都有「才華」，很快想出了一個「絕招」——看你老爸丟不丟得起這個臉。

第二天，司馬相如把自己僅有的車、馬、琴、劍，以及卓文君的首飾賣了一筆錢，在距卓公館不遠的地方，租了一間屋子，開了一個小酒鋪。

司馬相如穿上夥計的衣服，捲起袖子和褲腿，像酒保一樣，又是擦桌椅，又是搬東西；卓文君穿著粗布衣裙，忙裡忙外，招待來客。

酒店剛開張，就吸引了許多人來。這倒不是因為他們賣的酒菜價廉物美，而是前來目睹這兩位遠近聞名的落難夫婦。司馬相如夫婦一點也不感難堪，內心倒很高興，因為這正好給頑固不化的老爺子丟人現眼。

很快，臨鄧城裡人人都在議論這件事。卓王孫畢竟是一位有身分、有臉面的人物，十分顧忌風言風語，居然一連幾天都沒有出門。

有幾個朋友勸卓王孫說：「令嬡既然願意嫁給他，就隨她去吧！再說司馬相如畢竟當過官，還是縣令的朋友。儘管現在貧寒，但憑他的才華，將來一定會有出頭的日子，應該接濟他們一些錢財，何必與他們為難呢？」

卓王孫雖然氣得吹鬍子瞪眼睛，但卻又無可奈何，只好分給卓文君夫婦僕人百名，錢財百萬，司馬相如夫婦大喜，帶上僕人和錢財，回成都生活去了。

司馬相如與卓文君所採取的策略，恰好符合了厚黑學的精髓，套用一句老百姓的俗話，這叫「死豬不怕開水燙」，光腳的不怕穿鞋的，我已經走投無路，到了這步沒法再慘的田地，還要那面皮做啥？你不怕丟臉，我更不怕丟臉，要丟人現眼，索性一塊兒丟了吧，看誰的「面子」能撐到最後。

7．王曾怎樣鬥丁謂

在待人處世中，當你面對的競爭對手本身，就是一個精通厚黑之道的厚顏無恥之士時，如何與之相爭，的確需要費一番腦筋。

「狹路相逢勇者勝，以厚對厚智者勝！」對於厚顏無恥之人，不妨以其人之道還治其人之身，用比城牆更厚比煤炭更黑的招術讓他吃不了兜著走。宋真宗時王曾即以此類之術除掉另一個厚顏無恥之人丁謂，就是很好的一個例子。

丁謂是北宋真宗時一個有名的奸相，真宗時官升三司使，加樞密直學士，他多才多藝，通曉詩、畫、博弈和音律，正因為有才，而被重才的宰相寇準推薦為參政政事，做了自己的副手。

丁謂是一個性狡猾過人，善於附炎趨勢的奸詐小人，真宗初年，權臣王欽若得勢時，他專投王欽若所好，唯王是從。王欽若失勢被罷免宰相職後，他採取欺騙手段，騙取了寇準的信任。

真宗大中祥符年間，他勸誘君臣封禪祀神，從事虛誕邪僻之行。丁謂迎合君意，對當時朝臣皆不多言的修建宮殿之意，極力慫恿。他對真宗說：「陛下富有天下，建一宮崇奉上帝，有何不可？」

宋真宗隨即命他總管建宮之事，結果丁謂大肆鋪張，不惜擾民害命，所建的玉清昭應宮，精美絕倫，工程中間稍有不合意處，即推倒重造，有關理財部門，絲毫不敢阻攔。為了建宮，他又令在南方大肆伐木，百姓服役者死亡無數，許多死亡者被誣指為畏罪逃亡，家中妻兒也被網織入獄。儘管當時的朝臣紛紛上書朝廷，要求殺丁謂以謝天下，但由於真宗的一意保護，丁謂都安然無恙。

當寇準任宰相的時候，丁謂為得到寇準的推薦和提攜，他對寇準顯得十分恭順。但有一次曾當眾給寇準擦拭鬍鬚，而遭到寇準的奚落，便懷恨在心。由於他的權位已與寇準不相上下，翅膀已經硬了，既然寇準不給面子，丁謂便聯合一幫人開始了對寇準的陷害和排擠。他對宋真宗說：「寇準與內外大臣勾結，構成了一個人多勢眾的朋黨；他的女婿又在太子身邊為官，誰不怕他？如今朝廷大臣，三成有兩成都依附於寇準。」提醒宋真宗防止寇準。

天禧四年（西元一〇二〇年）宋真宗患病不能理政，皇后劉氏開始干預朝政。因寇準過去曾鐵面無私懲治了劉皇后的不法親戚，劉皇后心中亦是惱怒萬分，現在自己執掌權柄，自然要乘機報復。丁謂見有機可乘，便串通劉皇后到真宗跟前誣告，說寇準想挾太子奪權，欲架空皇上。真宗即將寇準免職，並把丁謂升為宰相。

丁謂大權在握以後，便找碴兒將寇準貶了官，發落到外地任職，且要他遠離京師，永無還朝的希望。其實，當時宋真宗對寇準還是很器重的，想有朝一日再起用寇準，便讓丁謂把寇準安排到一個小的州去當知州，可丁謂卻擅自將聖旨改成「奉聖旨任寇準為遠小處知州」。

致使寇準「月內三黜」，直至被遠貶為道州司馬。

此後，丁謂成了北宋朝廷隻手遮天的人物，他恃勢恣橫，為所欲為，一時朝臣為之側目。乾興元年（西元一〇二二年）二月，真宗病逝，仁宗趙禎即位。丁謂繼續把持朝政，上欺仁宗，下壓群臣，威勢赫赫，誰也不敢惹他。

丁謂本身就是一個厚顏無恥之士，他的兩大絕招可謂將厚顏無恥術發揮到了極致。一個絕招是把仁宗孤立起來，不讓他和其他的臣僚接近，文武百官只能在正式朝會時見到仁宗。朝會一散，各自回家，誰也不准留身，單獨和皇上交談。第二個絕招是排除異己。凡是稍有頭腦，不附和丁謂的執政大臣，丁謂一律給他扣上一個罪名，從朝中趕走，所以朝廷中對一切軍國大事，總是以丁謂的意志為意志。

輿論一色，政見一致，似乎安定團結得很。丁謂則高踞於權勢的頂峰，自以為穩如泰山，可以高枕無憂。然而，就是這樣一個厚黑之士最終遭到了另一個道行更深的人的暗算。

參知政事王曾雖身居副宰相之位，卻整天裝做迷迷糊糊的憨厚樣子。在宰相丁謂面前總是唯唯諾諾，從不發表與丁謂不同的意見，凡朝中政事只要丁謂所說，一切順從，從來不予頂撞反對。朝會散後，他也從不打算撇開丁謂去單獨謁見皇上。日子久了，丁謂對他越來越放心，甚至可說毫無戒備。

一天，王曾哭哭啼啼地向丁謂說：「我有一件家事不好辦，很傷心。」

丁謂關心地問他啥事為難。他撒謊說：「我從小失去父母，全靠姊姊撫養，得以長大成人，恩情有如父母。老姊姊年已八十，只有一個獨生子在軍隊裡當兵。身體弱，受不了當兵的苦，被軍校打過好幾次屁股。姊姊多次向我哭泣，求我設法免除外甥的兵役……」丁謂說：「這事很容易辦吧！你朝會後單獨向皇上奏明，只要皇上一點頭，不就成了。」

王曾說：「我身居執政大臣之位，怎敢為私事去麻煩皇上呢？」

丁謂說：「你別書生氣了，這有什麼不可以的。」王曾故裝猶豫不決的樣子走了。

過了幾天，丁謂見到王曾，問他為什麼不向皇上求情。王曾懾懦地說：「我不便為外甥的小事而擅自留身……」丁謂爽快地回答他：「沒關係，你可以留身。」王曾聽了非常感激，而且還滴了幾點眼淚。可是幾次朝會散後，仍不曾看到王曾留身求情。丁謂又問起了王曾：「你外甥的問題解決了嗎？」王曾搖搖頭，裝成很難過的樣子：「姊姊總向我嘮叨個沒完沒了的，我心裡也不好受。」說著說著又要哭了。

丁謂這時不知是真起了同情心，還是想藉此施恩，表示對王曾的關心？竟一再動員王曾明天朝會後單獨留下來，向皇上奏明外甥的困難，請求皇上格外施恩，免除外甥的兵役。他甚至還埋怨王曾太迂腐，一點也不關心年老的姊姊。王曾遲疑了一陣，總算打起精神，答應明天面聖。

第二天大清早，文武百官朝見仁宗和劉太后以後，各自打馬回家，只有副宰相王曾請求留身，單獨向皇上奏事。宰相丁謂當即批准他的請求，把他帶到太后和仁宗面前，自己退了下去。不過，丁謂心裡還是有點不太放心，便守在閣門外不走，想打聽王曾究竟向皇上講了一些什麼話？

王曾一見太后和仁宗，便充分揭發丁謂的種種罪惡，力言：「丁謂為人陰謀詭詐，多智數，變亂在頃刻。太后、陛下若不亟行，不唯臣身粉，恐社稷危矣！」

一邊說，一邊從衣袖裡拿出一大疊書面材料，都是丁謂的罪證，王曾早就準備好了的，今天一件件當面呈給劉太后和宋仁宗。太后和仁宗聽了王曾的揭發，大吃一驚。劉太后心想：我對丁謂這麼好，丁謂反要算計我，真是忘恩負義的賊子，太可恨了！她氣得三竅冒火，五內生煙，下決心要除掉丁謂。

至於仁宗呢？他早就忌恨丁謂專權跋扈。只是丁謂深得太后的寵信，使他投鼠忌器，不敢出手。而且自己被丁謂隔絕，沒法了解朝中的情況，不摸王曾等人的底，感到孤立無援。今天和王曾溝通了思想，又得到太后的支援，自然更不會手軟。

王曾在太后和仁宗面前整整談了二個時辰，直談到吃午飯的時候還沒完。丁謂等在閣門外，見王曾很久不出來，意識到王曾絕不是談什麼外甥服兵役的問題，肯定是談軍國大政。他做賊心虛，急得直跺腳，一個勁兒暗自埋怨自己：「上當了！我太大意了！」

當王曾來到閣門外遇見丁謂時，丁謂惡狠狠地瞪了王曾一眼，王曾笑嘻嘻地向他拱手致意，他不睬不理，怒氣沖沖地走了。但此時的丁謂已根本沒有向皇上和太后辯解的機會，被仁宗一道旨意流放到了偏僻荒涼的崖州。

8．趙高與李斯

沙丘政變後，趙高的陰謀一步一步地實現，篡權奪位的條件逐漸成熟，現在，剩下的最後一個、也是最大的障礙，就是沙丘政變的同盟者李斯。

李斯一直是趙高的一塊心病，因為他知道趙高的一切陰謀，而且他本來就是反對政變的。李斯是一個很有政治經驗、位居丞相的人，隨時都有可能除掉趙高。所以，必須先發制人，置李斯於死地。於是，趙高想出了暗吹陰風、借刀殺人的陰謀詭計。

一天，趙高詭詐地對李斯說：「關東群盜蜂起，可皇上根本不把這事放在心上，反而急於徵調役夫修築阿房宮，採辦聚斂那些狗呀馬呀之類無用的東西。我想勸諫他，可是人微言輕，恐怕起不了什麼作用。這些其實是您當丞相份內的事，您為什麼不去勸諫一下呢？」

李斯不知是計，非常贊同趙高的意見，說：「本來我早就想進諫。可現在皇上不上朝，居於深宮之中，很難找到進言的機會。」

趙高見李斯上了圈套，就說：「如果您真想進諫的話，我給您留意著，等皇上一有空閒，我就來通知您。」

趙高在二世擁姬挽妾、燕樂正濃時派人通知李斯說：「皇上正有空閒，可以去奏事了。」李斯趕緊去求見，結果引起了二世的反感。

一連幾次都是這樣，惹得二世大怒，說：「我平常有空的時候，丞相卻不來奏事。偏偏當我玩得高興的時候，丞相就來奏事。莫非丞相以為我年輕好欺吧！」

趙高乘機向二世進讒言說：「丞相要是這麼想的，那就危險了。丞相參與了沙丘之謀，現在陛下已做了皇帝，李斯的地位並沒有提高，他的意思是想裂土封王啊！另外，還有一件事，今天陛下不問我一直沒敢說：丞相的長子李由為三川郡守，造反的陳勝、吳廣等都是丞相鄰縣的人，這正是楚地強盜橫行的緣由。陳勝的軍隊經過三川時，李由不肯出擊。我聽說他們之間還有文書往來，因為現在沒拿到實證，所以一直沒敢奏聞。況且丞相在外邊的權力比陛下還要大啊！」

二世認為趙高說得有道理，想治李斯的罪，但沒有證據，不好貿然行事，於是就派人去調查李由通賊的事。

李斯得知此事，這才如夢初醒，知道上了趙高的當。他想面見二世，澄清趙高對他的誣陷，但二世在甘泉宮中嬉樂，拒不見他。於是，李斯上書揭發趙高是一個如同宋國的司城子罕、齊國的田常那樣為君篡位、懷有「邪佚之志、危反之行」的陰謀家、野心家，並警告二世：「陛下不圖，臣恐其眾變。」

二世根本不信李斯的上書，駁斥他說：「趙高雖然是個宦宮，但他並不因為自己處境安逸而肆意妄為，也不因為處境危險而變心，他品行廉潔，善於自我約束，才取得今天這樣的位置。他是靠忠誠被提拔起來的，靠信義保住自己職位的。所以，我認為他是一個賢能的人，而你為什麼要懷疑他呢？而且先帝死了，我還很年輕，缺少見識，又不懂得治理百姓，你年紀又老了，如果沒有趙高，恐怕我就會失掉天下的。我不把國家大事交給趙高，誰又能當此重任呢？況且趙高為人精明強幹，對下能體察人情，對上能合我的心意，請你不必多疑。」

李斯提醒二世說：「趙高並非如陛下所說。他本是一個『賤人』，『無識於理』，貪欲無厭，求利不止，列勢次主，求欲無窮。是一個危險人物。」

此時的秦二世已完全信任趙高，他怕李斯殺掉趙高，就把這事私下告訴了趙高。趙高乘機對二世說：「丞相所顧忌的就是我，我一死，丞相就會幹出田常篡齊那樣的事來。」趙高這一番惡毒的挑唆，使二世從根本上動搖了對李斯的信任，於是，他就把李斯交給趙高治罪。

趙高先把李斯拘捕起來，投入獄中。隨即又把李斯的宗族、門客及凡與李斯有交往的人統統收捕歸案。趙高用重刑逼供李斯，要他招認與兒子李由謀反之情。李斯被鞭打一千餘下，疼痛難忍，便招了假供。

此時的李斯還幻想著以雄辨之才向二世上書自陳，企圖以自己為秦國所建立的功勞和實無反叛之心來打動二世，赦免自己。他在獄中寫了一封自辯書，託獄吏上達二世，獄吏卻送給了趙高。

趙高一看，大發雷霆，把上訴書扯個粉碎，說：「囚犯怎麼能上書呢！」不過，李斯的上書反倒提醒了趙高：倘若二世真的派人來審問李斯的話，他肯定是會翻供的。

於是，趙高又想出一條詭計：他讓自己的門客假扮成御史、侍中的樣子，輪番去審訊李斯。李斯不知其中有詐，就以實情相告，結果每次都遭到殘酷的拷打。後來，秦二世派人來核實李斯的供詞，李斯以為這又如前幾次一樣，始終沒敢改口，承認了謀反的罪名。趙高把這份供詞上奏給二世，二世看後非常高興地說：「如果沒有趙高，我幾乎被李斯所賣！」

這時，秦二世派去調查李由通賊的使臣，也到了三川，並且了解到李由已經被起兵反秦的項梁殺死。當使臣返回咸陽時，恰好李斯下獄，趙高把真實情況隱去，編造了一套假材料矇騙秦二世。這樣一來，李斯便被定成死罪。秦二世二年（西元前二〇八年）七月，處決李斯，腰斬於咸陽，夷滅三族。

臨刑前，李斯淒楚地對他的二兒子說：「我們再也不能牽著黃狗上蔡東門外去追逐狡兔了！」父子二人抱頭痛哭。然而，這一切已悔之晚矣！精明過人的李斯卻死在了又厚又黑，並且善於玩弄權術的趙高之手。

9．袁盎與晁錯

袁盎與晁錯是與漢朝名士賈誼同時代的人，從出身來看，袁盎父親是盜賊，在呂后當權時，通過走呂祿的門路，而成為呂祿的舍人，從此進入仕途。漢文帝即位時，袁盎憑著其兄的舉薦，升為郎中，得在文帝身邊侍從，有了向皇帝進言的機會。與袁盎差不多，晁錯也是家無淵源，「以文學為太常掌故」，是憑著自己的才能進入仕途的。

不同的出身和經歷，使兩人在待人處世上相差很遠。晁錯為人峭直刻深，袁盎則為人比較圓滑含蓄。在漢文帝時，晁錯上書凡三十篇，涉及內外重大事務，雖然沒有使文帝完全聽從，卻使文帝知其才能，其官也就不斷升遷，從太子舍人、太子門大夫到太常博士、太子家令，升到中大夫，雖尚不是什麼顯官，但已頗招人眼熱。袁盎雖沒有晁錯那樣的文筆，但身為侍從，向文帝進言的機會很多，常使文帝悅服，官運也很亨通，在文帝之時已官至吳國相。

景帝即位，對晁錯來說是個福音，先是升為中大夫，轉內史，很快便超遷為御史大夫而身居副遠相之職。也許正應了那句「有人歡笑有人愁」的老話，景帝的即位，對袁盎來說，卻並不是什麼好事，因為他身為吳國相，人在外地，難以進言，且景帝在為太子時，因與吳國太子下棋發生爭執，「引博局提吳太子，殺之。」與吳國結成深怨。現在景帝即位，這種深怨早晚有一天會爆發出來。袁盎出於避禍的心理，及時告歸。

晁錯受寵，袁盎失愛，這兩個人的積怨必然要激化起來。況且，早在漢文帝時，袁盎和晁錯就合不來。只要晁錯在座，袁盎總是迴避，袁盎在座，晁錯也總會藉故走掉了。兩人從不同堂講話。「錯所居坐，盎輒避；盎所居坐，錯亦避；兩人未嘗同堂語。」現在晁錯為御史大夫，袁盎在京閒居，正是晁錯報復的好機會。但誰也沒想到的是，最後的結果卻是以厚黑見長的晁錯，非但沒有害掉袁盎，反被更加精通厚黑的袁盎

「黑掉」。

本來，以當時兩人的權術和處境而論，晁錯深得景帝信任，也非常忠於景帝。為了景帝的尊嚴，他不惜多次更改法令。自恃大權在手的晁錯，不聽左右勸諫，就是其父親勸他，也改變不了他的初衷，使他父親感到「劉氏安矣而晁氏危！」「不忍見禍逮身」而自殺。晁錯本人因為是維護「天子之尊」，所以才不怕別人「口語多怨」。但厚黑學的修為還不到家，做事優柔寡斷，缺乏應變才能。有景帝的信任和重用，晁錯自以為有恃無恐，孰料他的政敵竟然使用比他很高明的手段，將其所恃變為所害。

袁盎的厚黑修為遠超過晁錯，不僅比晁錯更會看風使舵，而且中傷人總能抓住要害。比如在漢文帝時，袁盎還不過是剛入仕的郎中，在文帝身邊為侍從。這時絳侯周勃因平定諸呂，擁立文帝，志驕意滿，而文帝也因周勃功高，禮之甚恭。

袁盎便藉機向文帝進言道：「丞相（周勃）何如人也？」文帝對周勃正懷感激眷戀之情，便回答道：「社稷臣。」又說：「絳侯所謂功臣，非社稷臣。社稷臣主在與在，主亡與亡。呂后時，諸呂用事，擅相王，劉氏不絕如帶。是時絳侯為太尉，本兵柄，弗能正。呂后崩，大臣相與共誅諸呂，太尉主兵，適會其成功，所謂功臣，非社稷臣。丞相如有驕主色，陛下謙讓，臣主失禮，竊為陛下弗取也。」

自此以後，周勃的處境就不妙了，不得不辭相就侯位。然而在周勃被人誣告而抓進獄中時，袁盎則力保周勃無罪，這就又使周勃感激他。「乃大與盎結交。」一石雙鳥，上下均不遭怨。還有一次，袁盎安排漢文帝寵幸的慎夫人的座位時，按照慣例把慎夫人的座位安排在皇后之下，慎夫人生氣，不肯坐，文帝也因此而惱怒，竟不入位，帶慎夫人回後宮。

袁盎因此而進言說：「臣聞『尊卑有序，則上下和』，今陛下既已立后。慎夫人乃妾；妾、主豈可與同坐哉！且陛下幸之，即厚賜之；陛下所以為慎夫人，適所以禍之也。」這不但使文帝轉怒為喜，也使慎夫人心服，另賜袁盎金五十斤。由此可見，袁盎處事能抓住要害，對於當時的政治鬥爭看得也很清楚，晁錯當然不是他的對手。

晁錯與袁盎結怨，現大權在手，自然要想辦法置袁盎於死地。他派遣官吏調查得知袁盎曾私自接受吳王劉濞的錢財，並向景帝報告，景帝下詔免除了他的官職，將其貶為庶人，袁盎因此對晁錯懷恨在心。

晁錯和景帝平時就有削藩的想法，一次抓住楚王劉成過錯予以「削藩」。楚王被削之後，晁錯便搜羅趙王過失，把趙國的常山郡也給削了去，然後又查出膠西王劉印私自賣官鬻爵，也削去了六縣。晁錯看到諸王沒有什麼抵制性的反應，覺得削藩可行，就建議漢景帝向硬骨頭吳王劉濞下手。

吳王劉濞聽說楚、趙、膠西王均被削奪封地，恐怕自己也要遭到同樣的下場，便聯絡膠西王劉印、楚王劉成、趙王劉遂及膠東、淄州、濟南六國一起造反。

景帝一聽到叛亂的警報，立即召集群臣商議。晁錯平亂心切，居然不合時宜地提出要景帝御駕親征。景帝問：「我若親自出征，誰來留守都城呢？」晁錯說：「臣當留守都中。陛下應出兵滎陽堵住叛兵，徐僮一帶不妨棄去，令他們自生驕氣，自減銳氣，然後一鼓可平。」

景帝聽後未加理睬，忽然想起文帝臨死前告訴他的一句話：「天下有變，可用周亞夫為大將。」便命周亞夫為太尉，領兵出征，周亞夫並無推辭，領命而去。

吳、楚等諸侯王發動叛亂，由於袁盎曾是吳王的相國，晁錯便乘機置袁盎於死地，他對丞史說：「袁盎接受了吳王不少錢財，專門為他們辯護，說他們不會造反。現在，吳、楚都已經造起反來，還有什麼可說的？應該把袁盎抓來審問，察知他的陰謀。」

丞史卻說：「吳、楚當初還沒有造反時，要是處置袁盎，或許還能阻止他們造反。現在都已經反了，再去處置袁盎已經沒什麼用處了。再說，袁盎好歹也是個大夫，不見得會有什麼陰謀。」把晁錯給擋了回去。

晁錯正在猶豫不決時，有人把這件事告訴了袁盎。袁盎心裡很緊張，心想：好你個晁錯，你一次又一次和我過不去，現在又要加害於我，我也不能坐以待斃。他連夜找到受景帝眷愛的外戚竇嬰，商量這件事該怎麼辦？竇嬰曾位列三公，是朝中重臣。不久前就是因為吳、楚之事被免官在家，他對晁錯早就恨之入骨。現在袁盎找上門來，他便如此這般地給袁盎謀劃了一番。

然而，吳、楚七國起兵不久，吳王劉濞發現公開反叛竟不得人心，就提出了一個具有欺騙煽動性的口號，叫做「誅晁錯，清君側」，意思是說皇帝本無過錯，只是用錯了大臣，七國起兵也並非叛亂，不過是為了清除皇帝身邊的奸佞大臣。把攻擊的矛頭直接指向了堅決主張「削藩」的晁錯。

竇嬰雖說已免官閒居在家，但地位和影響還在，現在見時機成熟，便向景帝說：「袁盎有平亂之策。」

由於袁盎當時身為庶人，不能晉見皇帝，只有通過竇嬰這一門路。景帝一聽袁盎有平叛妙策，正如雪中送炭，立即召見了他。當時，晁錯也正在場，向皇帝彙報調撥糧餉的事。袁盎上朝時一看不覺一驚，原來晁錯也在。景帝見到袁盎就迫不及待地問道：「吳、楚七國造反，你有什麼好辦法平定叛亂呢？」

袁盎故意表示不太在意的樣子，隨口答道：「陛下儘管放心，不必掛懷。」然而景帝卻有點兒著急，又追問道：「吳王倚山鑄錢，煮海為鹽，誘招天下豪傑，若不計出萬全，怎肯輕易發兵，怎能說不必掛慮呢！」

袁盎抓住景帝的心理，並不談及實質性問題，而是進一步促發他的好奇心：「吳國只有銅鹽，並無豪傑，不過是一群無賴子弟亡命之徒，烏合之眾，如此一哄眾亂，實在不必擔憂。」景帝真的著急了，說道：「你來難道就是跟我說這些沒用的話嗎？」

袁盎這才說：「臣有一計，可使叛亂迅速平息，只是不能讓外人聽到。」

景帝這才真正打起精神來，連忙屏退了周圍的人，但晁錯還在。然而，袁盎十分清楚，如果當著晁錯的面說出自己的計畫，晁錯必會為自己辨解，景帝肯定下不了決心，到那時，不僅殺不了晁錯，自己肯定也會被晁錯所殺，所以，他才一步步地把景帝的情緒調動起來，現在只剩下最後一人，他又說道：「我的計策是除了皇上以外，任何人都不能聽到的。」

說完這話，袁盎的心都吊了起來，如果此時景帝認為晁錯不必迴避，又逼著自己說出計策，那自己就是死路一條了。好在沉吟片刻之後，皇上終於對晁錯說：「你先避一避吧！」晁錯無奈，只得悻悻然離去。

袁盎知道這是千載難逢的機會，立即對景帝說：「陛下知道七國叛亂打出的是什麼旗號嗎？是『誅晁錯，清君側』。七國書信往來，無非說高帝子弟，裂土而王，互為依輔，沒有想到出了個晁錯，離間骨肉，挑撥是非。他們聯兵西來無非是為了誅除奸臣，復得封土。陛下如能誅殺晁錯，赦免七國，賜還故土，他們必定罷兵而去，是與不是，全憑陛下一人作主。」

景帝畢竟年幼識淺，不能明辨是非。聽了袁盎這番話，又想起了晁錯建議御駕親征的事，起初覺得晁錯用心不良，即使未與七國串通一氣，也肯定是另有圖謀，於是馬上對袁盎說：「如果可以罷兵，我哪裡還在乎一個人？」於是，景帝把袁盎封為太常，讓他祕密赴吳議和。

等到袁盎退出，晁錯才出來，他也實在過於大意，明知袁盎詭計多端又避著自己，所出之計肯定與自己有關。但晁錯過於相信景帝，見他不說也就置之不問，只繼續陳述軍事而已。豈知此時的景帝已密囑丞相陶青、廷尉張歐等人劾奏晁錯，準備把他腰斬。

一天夜裡，晁錯忽然聽到急促的「怦、怦」敲門聲。急忙看時，原來是宮人奉詔前來，傳御史晁錯即刻入朝。晁錯驚問何事，宮人只說不知道。晁錯急忙穿上朝服，坐上宮人的馬車。

行進途中，晁錯忽然發現並非上朝，撥開車簾往外一看，所經之處均是鬧市。正在疑惑，車子已停下，宮人喝令晁錯下車聽旨。晁錯下車一看，正是處決犯人的東市，才知大事不好。宮人讀旨未完，唯讀到處以腰斬之刑處，晁錯已被斬成兩段，身上仍然穿著整齊的朝服。

然後，景帝又命人宣告晁錯的罪狀，把他的母親、妻子和兒女等一概拿到長安。除晁錯之父已於半月前服毒而死外，餘者全部處斬。

就這樣，袁盎在晁錯的逼迫下，抓住機會，採取比晁錯更黑的招術，暗中下手，巧用景帝這把刀除掉了自己的大仇家晁錯，實在是手腕兒高超。

晁錯被滅族，袁盎又赴吳議和，景帝以為萬無一失，七國該退兵了，但等了許久，還沒有消息。一天，周亞夫軍中校尉鄧公從前線來見景帝，景帝忙問：「你從前線來，可知晁錯已死，吳、楚願意罷兵了嗎？」

鄧公直言不諱地說道：「吳王蓄謀造反，已有幾十年了，今天藉故發兵，其實不過是託名誅錯，本是欲得天下，哪裡有為一臣子而發兵叛亂的道理？你現在殺了晁錯，天下有識之士誰還敢開口？晁錯本為大漢盡忠，如今計畫才開始施行就遭到了誅族的大禍，臣以為實在是不可取。」景帝聽了，低頭默然。

第3章

越聰明越要懂得糊塗

在許多情況下，
有時最高智慧在於顯得一無所知。
你不必是白癡，只是假裝如此。
智慧對愚人並不緊要，瘋人根本不注重理智。
所以用你自己的語言與每一個人說話。
貌似愚人者並非愚人，愚者本身才是愚人。
只要你懂得裝蠢，你就並不愚蠢。
要想受到別人的敬重，就要學會掩藏你的聰明。

提到「糊塗」，人們自然會想起鄭板橋那句名言：「聰明難，糊塗難，由聰明而轉入糊塗更難，是聰明亦難，糊塗亦難。」

首先，從鄭板橋強調說的「由聰明而轉為糊塗」可以明顯看出，他並不是真糊塗，而是裝糊塗。實際上，裝糊塗是一種很高明的待人處世之道。

一九五三年六月，已經七十九歲高齡的英國首相邱吉爾到百慕達參加英、美、法三國首腦會談。他聲言自己年事已高，聽力不好，在需要迴避的問題就裝作沒聽見，不予回答。而在感興趣的問題上，在能佔便宜時卻又都聽得清清楚楚。

邱吉爾靠裝糊塗與美國總統艾森豪威爾、法國外長皮杜爾討價還價，爭個不休，使與會者大為頭痛。為此，艾森豪威爾曾幽默地說：「裝聾成了這位首相的一種新的防衛武器。」

其次，糊塗何以會比聰明難呢？看來有些費解。其實，在待人處世中要做到糊塗確實不易，這不僅需要有一定的修養，更需要具備不同尋常的厚臉皮。因為在人與人的相互接觸中，說不定什麼時候會產生矛盾，有了矛盾，平心靜氣地坐下來交換意見，予以解決，固然是上策，但有時事情並不是那麼簡單，需要厚臉之下的「糊塗」進行調和，方能煙消雲散。這就是糊塗勝聰明的祕訣之所在。

1．精明人要學會表面糊塗

鄭板橋說：「難得糊塗。」古語也說：「水至清則無魚，人至察則無徒。」的確如此，一個人如果過分認真，那麼必將一事無成。在待人處世中，許多時候裝得遲鈍一點、傻一點、糊塗一點，往往比過於敏感更有利。

第二次世界大戰中，美國小羅奇福特領導的一個小組，中途島之戰前成功地破譯了日本人的密碼，得到了日軍海上作戰部署的確切情報，並有針對性地進行了作戰準備。誰知就在這個節骨眼上，嗅覺靈敏的美國一新聞記者得到了這一絕密情報，竟然不知天高地厚地作為獨家新聞，在芝加哥一家報紙上給捅了出來。這樣一來，隨時都可能引起日本人的警覺而更換密碼和調整作戰部署。

發生了如此嚴重洩漏國家戰時情報的事件，作為美國戰時總統的羅斯福卻對此置若罔聞，既沒有責成追查，也沒有興師問罪，更沒有因此而調整軍事部署，而是裝得一概不知的糊塗樣子。結果，事情很快就煙消雲散了，就像什麼事也沒發生一樣，根本沒有引起日本情報部門的重視。在中途島戰役中，美軍靠「糊塗」得到了大便宜。

富有經驗的人都知道，待人處世中與上司打交道最不容易，因為上司操控著你的命運，弄不好，你的前途就全玩完兒了。厚黑大師告訴你：與上司交往最好的技巧就是——「揣著明白裝糊塗」。

這也就是說，自己心裡明白，而不炫耀自己的聰明才智、不反駁對方所說的話。其實要做到這一點是非常不容易的，必須要有很好的演技才行。然而，不是人人都可以傻得恰到好處，如果沒有掌握得恰到好處，反而會弄巧成拙。

蘇聯衛國戰爭初期，德軍長驅直入。在此生死存亡之際，曾在國內戰爭時期馳騁疆場的老將們，如鐵木辛哥、伏羅希洛夫、布瓊尼等，首先挑起前敵指揮的重擔。但面對新的形勢，他們漸感力不從心。時勢造英雄，一批青年軍事家，如朱可夫、華西列夫斯基、什捷緬科等，相繼脫穎而出。這中間，老將們思想上不是沒有波動的。

一九四四年二月，蘇聯元帥鐵木辛哥受命去波羅的海，協調一、二方面軍的行動，什捷緬科作為他的參謀長同行。什捷緬科早知道這位元帥對總參部的人，抱持懷疑的態度，思想上有個疙瘩，心想：命令終歸是命令，只能服從了。

等上了火車，吃晚飯時，一場不愉快的談話開始了，鐵木辛哥先發出一通連珠炮：「為什麼派你跟我一起去？是想來教育我們這些老頭子，監督我們的吧？白費勁！你們還在桌子底下跑的時候，我們已經率領著成師的部隊在打仗，為了給你們建立蘇維埃政權而奮鬥。你軍事學院畢業了，自以為了不起了！革命開始的時候，你才幾歲？」這通訓斥，已經近乎侮辱了。

但什捷緬科卻老實地回答：「那時候，剛滿十歲。」接著又平靜地表示對元帥非常尊重，準備向他學習。鐵木辛哥最後說：「算了，外交家，睡覺吧！時間會證明誰是什麼樣的人。」

應該說，「時間證明論」是對的。他們共同工作了一個月後，在一次晚間喝茶的時候，鐵木辛哥突然說：「現在我明白了，你並不是我原來認為的那種人。我曾想，你是史達林專門派來監督我的……」

後來什捷緬科被召回時，鐵木辛哥心裡很捨不得和他分離。又過了一個月，鐵木辛哥親自向大本營提出要求，調這個晚輩來共事。

做為一個人，尤其是做為一個有才華的人，要做到不露鋒芒，既有效地保護自我又能充分發揮自己的才華，成為處世高手，不但要說服、戰勝盲目驕傲自大的病態心理，凡事不要太張狂、太咄咄逼人，更要養成謙虛讓人的美德。

凡是鮮花盛開嬌豔的時候，不是立即被人採摘而去，也就是衰敗的開始。人生也是這樣。當你志得意滿時，切記不可趾高氣揚，目空一切，不可一世，這樣你不遭別人當靶子打才怪呢！所以，無論你有怎樣出眾的才智，一定要謹記：不要把自己看得太了不起，也不要把自己看得太重要，更不要把自己看成是救世濟民的聖人君子，還是收斂起你的鋒芒，夾起你的尾巴，掩飾起你的才華吧！

什捷緬科在受辱之時裝憨相，過了鐵元帥關，體現了後生的謙卑及對老人的尊重，是大智若愚的表現。懂得裝傻者絕非傻子，顯得木訥憨厚有時是最高智慧者才能為之。在待人處世中，許多時候，精明的人往往鬥不過糊塗人，就是這個道理。

歸納古往今來，待人處世中這類「裝傻」的謀略，不外乎以下幾種——

一、假裝認錯人，擺脫困窘。《南亭筆記》中記載了一段「民女巧對彭宮保」的故事，說得是有一女子高臺晾衣，不小心將竹竿掉下，正打在恰好路經此處的彭玉麟宮保大人頭上。彭玉麟自然極為惱火，女子心裡很害怕，因為她已經認出了被砸之人是彭玉麟。但惶急中，該女子卻有意將彭玉麟認作旁人，居然也厲聲說：「你喊什麼？聽你這腔調簡直像個行伍人，沒一點文明氣！你可知道彭宮保彭大人就在這裡？他老人家可是愛民如子，我若告訴他，怕要砍了你的腦袋！」

……一番裝癡賣傻、以攻為守、寓「捧」於「攻」的巧語，居然化解了一場大禍。因為彭玉麟本來非常惱火，但一聽這不認識自己的民女竟然如此敬重自己、誇自己，也就不覺轉怒為喜，一聲不吭地走了。

二、假裝不認識對方而當面嘲諷他。如明末少年抗清英雄夏完淳的巧罵洪承疇。洪承疇原為明朝總督，抗清兵敗降清而助清滅明，在一次戰鬥中俘虜了夏完淳。夏恨透了這為虎作倀的叛徒，受審時決意要嘲罵一下他。洪承疇對夏完淳說：「你小孩子家，造什麼反？只要你歸降，一定前途無量！」夏完淳說：「人各有志，我豈能跟你們一樣！我最仰慕我朝的洪承疇先生，要做他那樣的英雄！」他假裝不認識洪承疇，不知洪已叛明投清。

洪承疇怔了一下：「你仰慕洪先生？」夏說：「當然仰慕。當年洪先生在關外與清兵血戰於松山、杏山一帶，矢盡援絕，仍堅強不屈，最後英勇就義。消息傳來，舉國震動，先帝為之垂涕。這樣的英雄難道不值得仰慕嗎？」

一番話說得洪承疇面紅耳赤，非常狼狽。洪承疇的左右連忙插話說：「你不要胡說，洪大人就正在堂上！」夏說：「你們才胡說呢！洪老先生早已為國捐軀，天下誰人不知！你們這些賊子竟還想冒充他、敗他的名聲，先生在天之靈也不會放過你們的！」一番裝癡賣傻、別出心裁地挖苦嘲罵，把洪承疇弄得無地自容，只好慌慌亂亂地叫人把夏押走，結束了這次尷尬的審判。

三、以一種怪異的「傻帽兒」之舉揚自己某種名聲。如古代一則寓言中所說的「千金買骨」。此外，英國曾有一個名叫瓊斯的中年女子，曾狀告宇宙足球廠賠償自己的「孤獨費」，指控宇宙足球廠生產的足球引誘她丈夫（丈夫特別愛看足球賽，是個超級「球迷」），是「第三者」，而球廠老闆竟然愉快地接受了此項指控，主動賠給瓊斯太太十萬英鎊孤獨費。是他們瘋了、傻了，專門胡扔錢？非也！

「千金買骨」是要顯示愛馬，發瘋般愛馬，捨得出最高價買馬——讓天下有好馬者都衝此最高價送馬上門，而宇宙足球廠的老闆則想以此奇怪的賠償案傳揚他足球廠的魅力——看，我們的足球啊，已完全吸引了男子，以致使妻子都視它為「第三者」，要與丈夫離婚，並讓廠家賠償孤獨費！

2．該糊塗時千萬不要明白

劉備靠「厚臉」建立起來的蜀漢王朝只統治了四十二年就被魏國滅掉了。後主劉禪做了俘虜，他的一家和蜀國的一些大臣，都被東遷洛陽。當時，魏國雖是由曹操的後代做著皇帝，但其大權早已落在了西晉的開創者司馬昭父子兄弟的手裡。劉禪到了洛陽，司馬昭便用魏元帝的名義，封他為安樂公，還把他的子孫和原來蜀漢的大臣五十多人封了侯。

按說，當時的晉王司馬昭也應該是日理萬機的了，有一天，他卻大擺酒宴，請劉禪和原來蜀漢的大臣參加。宴會中間，還特地叫了一班歌女演出蜀地的歌舞。

一些蜀漢的大臣看了這些歌舞，想起了亡國的痛苦，傷心得差點兒掉下眼淚。只有劉禪咧開嘴看得挺有勁，就像在他自己的宮裡一樣。

司馬昭觀察了他的神情，宴會後，對賈充說：「劉禪這人沒有心肝到了這步田地，即使諸葛亮活到現在，恐怕也沒法使蜀漢維持下去，何況是姜維呢！」

過了幾天，司馬昭在接見劉禪的時候，問劉禪說：「你還想念蜀地嗎？」劉禪說：「在這裡很快樂，不想念蜀國。」——這就是「樂不思蜀」成語的由來。

跟隨劉禪來到洛陽的前蜀國祕書郎郤正聽說這事兒，連忙求見劉禪，說：如果以後晉王（指司馬昭）還這麼問你，你應該流著眼淚回答說：「父母親的墳墓都遠在蜀地，一想起這事兒，心裡就難過，沒有哪一天不思念蜀國的。然後你就閉上眼睛，做出深沉思念的表情。」

不久，司馬昭又問劉禪想不想蜀國，劉禪就如郤正說的那樣對答，然後閉上眼睛。司馬昭說：「怎麼竟像是郤正說的話呢？」

劉禪吃驚地睜開了大眼睛，傻裡傻氣地望著司馬昭說：「對，對，這正是郤正教我的。」

司馬昭不由得笑了，左右侍從也忍不住笑出聲來。司馬昭這才看清楚劉禪的確是個糊塗人，不會對自己造成威脅，就沒有想殺害他。就這樣，劉禪活到了西元二七一年，在洛陽去世。

同樣下場的南唐後主李煜作為亡國君主被俘到汴京，就似乎「聰明」得不合時宜。宋太宗派人監視他，發現李煜寫了許多懷念故國的詞，又後悔不該殺了替他保江山的大將。宋太宗覺得這李煜「賊心不死」，就用毒藥把他毒死了。

由此看來，劉禪當司馬昭一再跟他提起故國的時候，表現得木訥無情，一副傻乎乎的樣子，誰知這個昔日阿斗是真扶不起來白癡，還是他為了保全身家性命的一種韜晦與心機呢！

而三國時的蜀將張裔，就是因為不知道收斂自己，在事關性命的當口，應該「糊塗」卻表現得比對方聰明而差點丟了小命。

據史書記載，張裔，蜀郡成都人，在他擔任益州郡太守的時候，當地一個大頭領叫做雍闓的，背叛蜀國，把他抓起來送到吳國去了。後來吳蜀兩國和好，諸葛亮派鄧芝出使吳國，要他會談之後請求孫權釋放張裔。張裔被送到吳國好幾年，他一直未曾那麼顯露自己的身分、才能。因此孫權也還只當他是個平常的俘虜呢！於是鄧芝一提起，他就同意釋放張裔。

待到張裔臨走的時候，孫權才接見他。一來呢？孫權這人好開個玩笑，二來也似乎是要試探一下張裔的才智如何？因而孫權問張裔說：「聽說蜀地有個姓卓的寡婦，私奔司馬相如，你們那兒的風俗為什麼這樣不講究婦道呢？」

孫權藉這個發生在蜀地的故事來取笑張裔。但這張裔也沒示弱，對孫權說：「我認為卓家的寡婦，比起朱買臣的妻子來，還是要賢慧一些。」

張裔說的也是漢武帝時候的故事，不過發生在會稽郡吳縣（今江蘇省蘇州市，三國時屬東吳的地盤），有個叫朱買臣的，起初家裡很窮，他妻子嫌他寒酸，和他離了婚，後來朱買臣發跡，當了會稽郡太守，他的前妻又來依附他，最後到底感到羞愧，自己上吊死了。

張裔用這個故事，對孫權反唇相譏。孫權沒沾上便宜，又換一個話題，對張裔說：「你回去後，一定被重用，不會做普通老百姓，你打算怎樣報答我呢？」

張裔巧妙地迴避了如何報答孫權的問題，只表示很感激孫權釋放他，說：「我是作為一個有罪的人回去的，將要交由有關部門去審理，倘若僥倖不被處死，五十八歲以前是父母給我的生命，從這以後就是大王您給我的了。」張裔這段話說得很得體，孫權很高興，談笑風生，並流露出他很器重張裔的神色。

張裔剛辭別孫權走出宮廷的側門，就很後悔在孫權面前沒能裝傻。於是立即動身上船，並以加倍的速度航行。而孫權也果然認定張裔是個難得的人才，怕他為蜀漢王朝效力，於自己更為不利，遂改變主意不想讓他走了，不能為己所用，也不能讓其成為自己的對手。立即派人來追，直追到吳蜀交界的地方，張裔已進入蜀國地界數十里了，追兵才無可奈何地回去。

看來，聰明人有些時候也要裝裝傻，裝傻也是一種智慧，張奝起初沒裝傻，幸虧他及時意識到了，才得以逃出虎口。

在待人處世中，人們最常遇到的是如何處理好夫妻之間的關係。因為夫妻兩個人來自不同的家庭，接受不盡相同的教育，具有不同的性格，因而衝突、矛盾幾乎是不可避免的。關鍵是怎樣處理和對待這些矛盾。

富有經驗的人都知道，婚姻幸福需要來自糊塗。有一個妻子對丈夫說：「你經常說夢話，還是去醫院檢查一下吧！」丈夫笑著說：「還是不用吧，要是治好了這病，我就沒有一點說話的機會了。」妻子本來是從關心丈夫的角度出發，實實在在想勸丈夫看醫生，而丈夫卻裝作糊塗沒有聽懂，把話題引到妻子話多的問題上，說夢話是生理疾病，說話多是心理習慣，丈夫以「聰明的糊塗」表達了他淡淡的抱怨，妻子能在丈夫的「糊塗」話中領悟到丈夫的潛台詞。由此可見，「糊塗」讓生活充滿情趣。

3．晉平公與師曠

在待人處世中，有的時候對於犯渾的上司，下屬需要給他潑點冷水，使對方達到清醒的目的。然而，畢竟上下尊卑不同，下屬不能直來直去批評上司，否則以下犯上哪能有自己的好果子吃？此時又該如何是好呢？別急，百用百靈的待人處世不敗哲學，給你開了一劑良方：假裝糊塗，戲言釋昏！

師曠是春秋時晉國大臣，著名的樂師，被尊為國師。雖然師曠生來就是個瞎子，但是他特別擅長彈琴，而且辨音能力奇強。

據說晉平公鑄大鐘時，眾樂工聽後都認為音律準確，唯獨師曠不這樣認為。他的判斷，後被另一位音樂大師師涓所證實。師曠不僅擅辨音律且有學問、明是非，敢於進諫。當然，他進諫的方式非常巧妙，微言而有大義。

有一次，晉平公與群臣飲酒，自鳴得意地說：「當人君最愜意，天下人不敢違背他的意志。」當時，師曠正好坐在平公的前面，聽到這些話之後，就用琴猛撞晉平公，平公慌忙避開，琴碰到了牆上，把琴把都碰斷了。

平公疑惑地問道：「大師你想撞誰？」

師曠說：「我聽見有小人在大王的旁邊胡說，所以就想撞大王身旁的小人。」

平公說：「你這是在罵我。」

師曠說：「這不是人君說的話。」

晉平公左右的人忿忿地要求殺了師曠，平公卻大方地說：「算了，把這作為我的警戒吧！」

師曠這一撞，確實使晉平公酒醒了，人君而自誇天下人不敢違背其意志的權力，這種獨裁思想是塞言誤政之源。師曠明知是平公說的，卻假裝糊塗，說是旁邊有小人胡說而撞之，因這種話只出於小人之口，不是英明人君應該說的話。

平公被師曠這麼一撞、這麼一說，也認識到自己說錯了，所以不僅沒有為難師曠，反而重賞了他。

由於師曠深明大義又忠於平公，平公很敬重他，常向他請教。一次，平公問師曠：「我已經七十歲了，想學習，恐怕已經遲了。」

師曠卻答所非問地說道：「為什麼不點蠟燭呢？」

平公不滿地說：「哪有當臣子的說這種話，來戲弄君主呢？」

師曠說：「盲臣哪敢戲弄君主。臣聽說，少年好學，如初出的太陽，壯年好學，如中午時的陽光，老年學習，如蠟燭之光。點起蠟燭照明，比在黑暗中摸索著走路，不是好得多嗎！」

平公說：「你說得很對。」

還有一次，晉平公問陪著他聊天的師曠說：「你生來便眼瞎，什麼都看不到，這種昏暗一定很可怕吧！」

師曠答道：「天下有五種最昏暗的事，而我一種也沒有，何怕之有？」

平公問：「怎麼說呢？」

師曠答：「群臣行賄來求得名譽地位，百姓受掠奪有冤無處訴，而君不醒悟，這是第一種昏暗。忠臣不被重用，被重用的不是忠臣，低能的處高位，不正直的人統治著賢德的人，而君不醒悟，這是第二種昏暗。奸臣偷盜府庫的錢財，還用奸計，掩蓋罪行，賢能的人被放逐，奸邪的人卻能夠顯貴，而君不醒悟，這是第三種昏暗。君主貪財，人民貧困，上下不和，可是卻喜窮兵黷武，貪得無厭，把溜鬚拍馬的人留在身邊，將賢能的君子棄之一旁，而君不醒悟，這是第四種昏暗。不懂得大道理，法令無法執行，百姓不得安定，而君不醒悟，這是第五種昏暗。國家有這五種昏暗而不危的，從來沒有過。臣的昏暗，只不過是小小的昏暗，對國家能有什麼害處呢？」

師曠眼睛雖瞎，分清是非卻很明亮；晉平公眼睛雖明亮，看問題卻往往昏暗，師曠便以其妙言為之釋昏。一個統治者要治理好國家，必須廣開言路，兼聽納諫，集眾智才能成大事。如不准違背己志，不讓臣下說話和提出不同的意見，自己必然被蒙蔽，將自己置於昏暗之中。

平公以此為樂，故師曠用琴撞之才使其清醒。社會在前進，人們必須不斷學習才能跟上新形勢，平公七十還想學習，這是大好事，雖嫌遲了些，師曠比之為點燃起蠟燭之光，總比不學而無所知，像在黑暗中摸索著走路一樣要好得多。

當平公說他眼睛昏暗，他又借題發揮，談了世間五種昏暗的事，而昏君的五種表現，涉及到如何用人、安民、治國等大問題、大道理，這實是向平公提出警示：這五種昏暗，犯有一種便是昏君，足以亡國。意在使平公反其道而行，才能成為明君，治理好國家。

師曠往往透過一些小事情談大道理，且其所論妙語連篇，故能發人深省。由於師曠在勸諫時，特別注意方式方法，經常以「糊塗」對「聰明」，因而平公不僅接受了他的勸說，而且始終對他尊之以禮。

4．宰相呂端的智慧

俗話說：「水清無魚，人清無友。」乍聽起來，似乎太「世故」了，然而，待人處世中許多事情往往都壞在「認真」二字上。有些人對別人要求得過於嚴格以至於近乎苛刻，他們希望自己所處的社會一塵不染，事事隨心，不允許有任何一件雞毛蒜皮的小事，不符合自己的設想。一旦發現這種問題，他們就怒氣沖天，大動肝火，怨天尤人，擺出一種勢不兩立的架式。尤其是知識分子，他們對許多問題的看法往往過於天真，過於理想化，過於清高。總覺得在這個世上，眾人皆濁，唯我獨清，眾人皆醉，唯我獨醒。用這種天真的眼光去看社會，許多人往往會變得憤世嫉俗，牢騷滿腹。

我們說「水至清則無魚」，主要強調的是做人做事做官都不能太「認真」，該糊塗時就糊塗，只要不是原則問題，睜一隻眼閉一隻眼也未嘗不可。所謂「水至清則無魚」談論的不是一般的清，而是「至清」。

所謂「至清」者，一點雜質全都沒有，這豈不是異想天開？然而，現實中更多的人往往是大事糊塗，小事反而不糊塗，特別注意小事，斤斤計較，哪怕是芥蒂之疾，蠅屎之汙，也偏要用顯微鏡去觀察，用放大尺去丈量。於是，在他們的眼裡，社會總是一團漆黑，人與人之間只剩下爾虞我詐。普天之下，可以與言者，也就只有「我自己」，這實際上是一種病態。

所謂「水至清則無魚」並不是認為可以隨波逐流，不講原則，而是說，對於那些無關大局、枝枝蔓蔓的小事，不應當過於認真，而對那些事關重大、原則性的是非問題，切不可也隨便套用這一原則。

漢代政治家賈誼說：「大人物都不拘細節，從而才能成就大事業。」這裡的「不拘小節」，就包括了該糊塗時別精明的待人處世之道。

呂端是宋太宗年間的宰相，此人學士出身，肚子裡有不少墨水。雖然經歷了五代末期的天下戰亂，人情艱苦歷練不少，但仍是滿身讀書人的呆氣，似乎是個十足的糊塗宰相。有人為此說呂端糊塗，可宋太宗趙光義卻偏偏認為他小事糊塗，大事不糊塗，決意任命他為宰相。

後來趙光義病重，宣政使王繼恩害怕太子趙恒英明，做了皇帝以後會對他們這一黨不利，於是串通了參知政事李昌齡、都指揮使李繼熏等人，密謀廢掉太子，改立楚王為太子。

此時，呂端到宮中看望趙光義已經快不行了，他發現太子卻不在旁邊，就懷疑事情有變，其中很可能有鬼，便在手板上寫了「大漸」二字，讓心腹拿著趕快去催太子盡快到趙光義身邊來，這個「漸」字的意思就是告訴太子皇帝已經病危了，趕緊入宮伺候。

等到趙光義死後，皇后讓王繼恩宣召呂端，商議立誰為皇帝。呂端聽後知道事情不妙，他就讓王繼恩到書房去拿太宗臨終前賜給他的親筆遺詔，王繼恩不知是計，一進書房便被呂端鎖在房中。這時，呂端便飛快地來到宮中。

皇后說：「皇上去世，長子繼位才合情理，現在該怎麼辦？」

意思很明顯，想立長子趙元佑。呂端立即反駁道：「先帝既立太子，就是不想讓元佑繼承王位，現在先帝剛剛駕崩，我們怎麼就可以立即更改聖命呢？」皇后聽了無話可說，心裡只有認了。

事情到了這個地步，呂端仍不放心，他要眼見為實，太子即位時，呂端在殿下站著不拜，請求把簾子掛起來，自己上殿看清楚，認出是原先的太子，然後才走下臺階，率領大臣們高呼萬歲。

呂端事先能明察陰謀，有所防範；事中能果斷決策，出奇策擊破奸主；事後又能眼見為實，不被現象迷惑，不僅明智，實在是功夫老到。在皇位繼承的關鍵問題上，呂端的「小事糊塗，大事精明」體現得淋漓盡致。

5．逢人只說三分話，未可全拋一片心

如果你留心的話，可以發現同事之間很少有真正能夠交心的朋友，許多人平時嘴上說得非常漂亮，可如果一幢大樓失火，頂樓的人們都想搭乘直達電梯下去就會造成擁擠，哪裡還會有人管你是不是下去了。相同的，一家公司有了肥缺，大家免不了會爭著去而形成混亂。

無論在人生的戰場、情場或是商場和職場，任何人都很難期望通行無阻。在現實生活中，更是常常會為了什麼蠅頭小利而擠得頭破血流。所以說，平時在跟同事相處時，就要懷有戒心，不要將同事們懷有某種企圖的說話太當真。

俗話說：「逢人只說三分話，未可全拋一片心。」就是提醒你，在與待人處世中，千萬不要動不動就把自己的老底交給對方。不論在任何情況下，都要留下七分話，不必對人說出，你也許以為大丈夫光明磊落，事無不可對人言，何必只說三分話呢？老於世故的人，的確只說三分話，你一定認為他們是狡猾老奸，其實說話須看對方是什麼人，對方不是可以盡言的人，你即使說三分真話，已嫌過多了。

孔子曰：「不得其人而言，謂之失言。」對方倘不是深相知的人，你也暢所欲言，以快一時，對方的反應是如何呢？你說的話，是屬於你自己的事，對方願意聽你嗎？彼此關係淺薄，你與之深談，顯出你沒有修養；你說的話，是屬於對方的，你不是他的淨友，不配與他深談，忠言逆耳，顯出你的冒昧！

所以逢人只說三分話，不是不可說，而是不必說，不該說，與事無不可對人言並沒有衝突。事無不可對人言，是指你所做的事，並不是必須盡情向別人宣布。老於世故的人，是否事事可以對人言，是另一個問題，他的只說三分話，是不必說、不該說的關係，絕不是不誠實，更不是狡猾。

另外，和人初次見面，或才見過幾次面，就算你覺得這個人不錯，而你也喜歡他，也不該把你的心一下子就掏出來。待人處世不敗哲學認為：對還不了解的人，無論說話或作為，都要有所保留，不可一廂情願。

告訴你不要一下子就把心掏出來，並不是教你做個虛偽、城府深沉的人，而是人性複雜，你若一下子就把心掏出來給對方，那麼就有可能會「受傷」了。

把心掏出來，這代表你的真誠和熱情，但見你把心掏出來，對方也把心掏出來的人不大多，而且也有掏的是「假心」的人。若這種人又別有居心，剛好利用了你的弱點，好比薄情郎對癡情女一般，那麼你的日子就不好過了；而會玩手段的人，更可以因此把你玩弄於股掌之中。

也有一種人，你把心掏出來給他，他反而不會尊重你，把你看輕了，有些人就是有這種劣根性，你對他冷淡一些，他反而敬你又怕你，換句話說，對這種人來說，太容易得到的感情，他是不會去珍惜的，那麼你的付出不是很不值得嗎？

還有一種狀況，你一下子就把心掏出來，如果對方是個謹慎的人，那麼你反倒嚇著了他，因為他懷疑你這麼坦誠是另有目的，如果是這樣，你不是弄巧成拙了，也弄壞了有可能發展的情誼？

因此，與其把心一下子掏出來，不如慢慢地觀察對方，有了大致的了解之後再「交心」。你可以不虛偽，坦坦蕩蕩，但絕不可把感情放進去，要留些空間作為思考、緩衝——不摻雜感情因素，那麼一切就好辦了。

要養成習慣，在你張開自己的嘴巴之前，儘量了解其他人的觀點。這當然要花費一點精力，但為了取得好結果，是值得去努力的。

6．做一個善解人意的好聽眾

處世成功的祕密在哪裡？美國著名學者查理・艾略特說：「一點兒祕密也沒有……專心致志地聽人講話是最重要的。什麼也比不上注意聽——對談話人的恭維了。」這不僅非常明白，而且事實也的確如此。

艾薩克・馬科森大概是世界上採訪過著名人物最多的人。他說，許多人沒能給人留下好印象，是由於他們不善於注意聽對方講話。「他們如此津津有味地講著，完全不聽聽別人對他講些什麼……許多知名人士對我講，他們注重注意聽的人，而不注重只管說的人。然而，看來人們聽的能力弱於其他能力。」其實，不只是著名的人，幾乎所有的人都喜歡注意聽他講話的人，但卻很少有人能夠做得到。

此外，如果每天上班都能帶著愉快的表情，無疑會給人以樂觀豁達的好印象。但假如說話太多，而且都是涉及到別人的事情，就會令同事對你築起圍牆，敬而遠之，因為任何人都唯恐被他人抓住自己的話柄，四處宣揚不利於己的言語。因此，在待人處世中需要特別注意的問題，就是一定要集中精力聽對方的話，少說多聽，最好是做個只開口不講話的「開心果」。以下幾點是尤其需要注意的——

一、辦公室戀情祕而不宣　大凡成功的人士都不主張搞辦公室戀情。但是，其他同事之間會出現戀情是不可避免的。對於同事告訴自己的辦公室之戀應該只是聽聽而已，不可參與意見，以免造成誤會，使老闆認為你是辦公室戀情的「共犯」。

二、對於自己看不順眼的事情，最好是一笑置之，不必與之糾纏　假如遇到一位利用男女私情博取上司歡心的同事，儘管你內心對他（她）多為不屑，也不要公開談論。因為即使你將之傳開，也不能改變現狀，反而有可能影響你的形象，非常不值。

三、絕不公開高談濶論公司前景　任何時候都不要自作聰明地去評論和估計公司的前景，然後再用專家的口吻去判斷事情，這樣做是作為下屬的大忌。因為老闆和上司最不喜歡把本公司的內部情況公開化、透明化，無論是賺了大錢還是虧損，都不願百分之百地向員工宣布，使他們知根知柢。假如遇到自作聰明的下屬，向其他同事傳遞有關公司的內政與前景的話語，上司肯定會大為反感。

四、加薪幅度一定要互相保密　在商業機構中，是不可能有絕對公平的，每個人加薪幅度的多少，只能證明老闆對人的印象和喜愛的程度有多大，而不一定是工作能力的好壞與否。因此，不要執著於加薪的幅度而互相詢問、傳播，以免自討沒趣，惹得老闆不快。

五、不要向同事訴苦

如果你有對公司不滿的情緒，切不可向同事傾訴，因為他們不僅幫不上你的忙，反而有可能把事情弄得更糟，從而影響你的前途。假如有同事向你訴苦的話，你應當多加安慰，但不能表示任何意見。否則，你就容易在不知不覺中扮演了一名煽動者的角色。

為了逞一時之快，圖口頭上的痛快，而影響個人，是與厚黑之道背道而馳的。然而，有些人在待人處世中，卻根本不管對方是不是愛聽，只管自己滔滔不絕地胡捧胡吹，以為這樣就能博取對方的好感，殊不知恰恰相反，反而成了社交場上誰都不願意打交道的「討厭鬼」。

因此，在待人處世中，一定要管住自己的嘴巴，豎起你的耳朵。記住，當你在認真地聆聽別人講話的時候，你的認真，你的全心全意，你的鼓勵和讚美都會使對方感到你在尊重他，當然你也會得到善意的回報。

待人處世中，上司與下屬一起共事，最好能共同享受所有資訊。如果上司不向下屬通報重要的資訊，下屬便很難做事。因此，從這個角度講，上司也應積極地對下屬提供必要的情況。可是如果有些資訊不宜讓其他部門的人知道，作為接觸到這些需要保密資訊的下屬，則應該守口如瓶。因為多話的人，對於自己所言而引起的重大影響往往並不了解。有時會因無意中的一句話，使上司陷入困境，如果因此而被上司認定為「重要的事不能告訴他」，則等於被蓋上了「不可信賴」的印記。

然而在許多單位都經常會發生一種現象，那就是：希望傳播的資訊在某處停住，不希望傳播的資訊卻廣為流傳。換句話說，來自大道的資訊窒息不通，而小道消息卻暢通無阻。

一般人的心理是，一聽到重要消息，往往不辨真假，就想迫不及待地告訴別人，以滿足我比你早知道這個消息的虛榮心理，也正是因為每個人都有這種虛榮心，所以小道消息就由A傳給B，B傳給C，一個接一個，很快就傳得沸沸湯湯。

然而，一個洞悉上司心理，掌握待人處世不敗哲學的下屬，知道在不該開口的時候絕不開口的道理，並安心做一個專心聽話的好聽眾，因而能夠獲得上司的信賴。那麼，怎樣才能成為一個好聽眾呢？

首先就是要保持耳朵的暢通，閉上自己的嘴巴。在與人交談時，儘量地使對方談他所感興趣的事，並用鼓勵性的話語或手勢讓對方說下去，不時地在不緊要處插一、兩句讚歎的話，對方會認為你在尊重他，並全心全意地聆聽。切忌輕敲手指或頻頻用腳打拍子，這些動作是會傷害對方的自尊心的。

在與人交談時，眼睛一定要看著對方的臉，但不要長時間地盯住對方的眼睛，因為這樣會使對方產生厭惡的情緒。只要你全神貫注，輕輕鬆鬆地坐著，不用對方將音量加大，你也可以一字不差地聽進耳朵裡。

同時還要善於協助對方把話說下去。別人說了一大通以後，如果得不到你的回應，儘管你在認真地聽，對方也會認為你心不在焉。在對方話語的不緊要處，不妨用一些很短的評語以表示你在認真地傾聽，諸如：「真的嗎？」、「太好了！」、「告訴我是怎麼回事？」這些話語會使對方興趣倍增。

有些人有一種錯覺，以為在與人相處時，越能不斷地吹捧別人，就越能獲得對方的好感，事實上並非如此。在你滔滔不絕講話的時候，注意也要把說話的機會留給別人。在別人講話的時候，如果你自作聰明，用不相干的話把別人的話頭打斷，肯定會引起對方的憤怒。

接著，要學會聽出對方的弦外之音、言外之意。通常除說話以外，一個眼色、一個表情、一個動作，都能在特定的語境中表達明確的意思。就是同一句話也可以聽出其弦外之音、言外之意。把握好此兩點，就不難成為一個受人歡迎的處世高手。

另外，在待人處世中，除了要學會做一個善解人意的好聽眾之外，還應特別注意，千萬不要不分場合亂說話，因為很多時間不說話比說話不知要好多少倍。

7．與上司保持心理上的安全距離

心理學家認為，人之所以能夠從世間的萬事萬物中感受到和諧與美，全在於他與對象之間保持適當的距離。

俗語說，妻就是漆，一貼上就終生為侶，不能說離就離。照理說，夫妻之間應該親密無間，但如果真的一點距離也沒有，結果也不一定太妙。

婚姻心理學家的調查和實驗卻證明，再親密的夫妻，結婚兩、三年之後，都要經歷一段危機，那就是婚姻倦怠期，也就是人們常說的「紙婚」期，一個最直接的原因，就是彼此沒有什麼神祕可言了。雙方的興趣愛好、內心的隱祕、睡覺時是不是說夢話、咬牙巴嘰嘴，甚至放個屁什麼味道，無不在對方的掌握之中……所以說，如膠似漆、愛情正在沸騰的時候，事實上，也為日後的危機埋下了種子。

這個理由聽起來似乎有些荒唐，但是卻證明了待人處世中的一條淺白而樸實的道理——保持恰當的安全距離為上策。

首先，你會招來同事的嫉妒，這個肯定不在話下。其次，其他部門的主管也會認定你是某一上司的親信——也就是說，人人都在用有色眼光看你。就算你偶爾露了幾手，大放異彩，可只要一說起來，大夥兒第一句話肯定是——「哦，不就是某某手下的那個跟屁蟲嗎？」

你變成了某某的親信，這居然是天經地義的。怎麼能夠得到公正的評價？何況，與上司過度親近不只容易讓上司厭倦，而且你性格上的弱點和能力的極限，也早被上司摸得透透的。對上司來說，你就像一張透明的底片，一覽無遺地暴露在光天化日之下，這樣以來，被斥退的可能性也就越來越大了。即使暫時看不出這種跡象，也不要自鳴得意，因為你身上毫無隱蔽物。

待人處世不敗哲學認為：只有與上司保持恰當的距離，一段若有若無的距離，你們之間的關係才能永保和諧，四周的人也不會把你當成某一特定人物的親信，這樣好處委實無窮。

所以，即使一時恩寵有加，事事順遂，你也得步步謹慎。因為從長遠的眼光看來，這是一條處處充滿危險的羊腸小道，最後能不能到達春風怡人、鳥語花香的康莊大道，就要看你是不是懂得「若即若離」的竅門了。

當然，對真正賞識你、信任你的上司，就不必有那麼多的顧慮，你大可盡力施展才幹、報答上司的知遇之恩。但是，若即若離的道理還是要謹記在心的，有時形影相隨，有時相見如同陌路，那麼「久別勝新婚」式的氣氛，就一直籠罩在你們之間，你在上司心目中的地位、分量，自然就會只增無減了。

8・唐代宗與楚莊王

南北朝宋文帝時，朝廷有一種規定：吏部官員不得在吏部尚書家過夜。可有一天，吏部尚書庚炳之有事和部下商量，談話晚了，庚炳之就讓部下在家裡住了一晚，以為沒人知道，只要自己守口如瓶，也就不會有什麼事。誰知偏偏出了鬼，竟然有人告了他一狀。觸犯王法，這還了得。執法犯法，還能不依法治罪。但宋文帝劉義隆在這件事上卻不想追究，左丞相萬禮也為庚炳之解脫，並堂堂正正地說出一種非常高明的見解：糊塗也是才智，原話就是「不癡不聾，不成姑公」。寬恕部下的小過失，別人才樂於受你驅使。於是，宋文帝假裝糊塗再也不提這件事了。

無獨有偶，唐代宗李豫也曾碰到過類似的事。郭子儀是唐肅宗時的老臣，有平定安史之亂，抵抗吐番入侵的蓋世大功，成為復興唐室的元勳。因此，唐代宗十分敬重他，並且將自己的女兒嫁給郭子儀的兒子郭曖為妻。這小倆口都自恃有老子當後臺，互相不服氣，因此免不了口角。

有一天，小倆口因為一點小事拌起嘴來，郭曖看見妻子擺出一副公主的臭架子，根本沒把他這個丈夫放在眼裡，便憤懣不平地說：「妳有什麼了不起的，就仗著妳老子是皇上！實話告訴妳吧，妳老子的江山還是我父親打敗了安祿山才保全的，我父親因為瞧不上皇帝的寶座，所以才沒有當這個皇帝。」

在封建時代，皇帝至高無上，任何人想當皇帝，都是大逆不道，就可能遭滿門抄斬的大禍。公主聽到郭曖竟敢口出狂言，感到一下子找到了出氣的機會和把柄，馬上回到宮中，向代宗彙報了老公剛才這番近似圖謀造反的話。她本以為，皇父肯定會重懲郭曖，替自己出氣。

誰知，唐代宗聽完女兒的彙報，卻不動聲色地說：「妳還是個孩子，有許多事還不懂得。我告訴妳吧：妳丈夫說的都是實情。天下是妳公公郭子儀保全下來的，如果妳公公想當皇帝，早就當上了，天下也早就不是咱們李家所有了。」並且對女兒勸慰一番，叫她不要抓住丈夫的一句話，亂扣「謀反」的大帽子，小倆口要和和氣氣地過日子。在代宗的勸解下，公主消了氣，乖乖地回到了郭家。

郭子儀知道這件事後，幾乎嚇壞了，他覺得小倆口吵嘴不要緊，可兒子口出狂言，近似謀反，這著實令他惱火萬分。郭子儀即刻令人把郭曖捆綁起來，並迅速到宮中面見皇上，要求皇上嚴厲懲治。

可代宗卻和顏悅色，一點也沒有怪罪的意思，還勸慰說：「小倆口吵嘴，話說得過分點，咱們當老人的不要太認真了。不是有句俗話：『不癡不聾，不為家翁！』兒女們在閨房裡講的話，怎好當起真來？咱們做老人的聽了，就把自己當成聾子和傻子，裝作沒聽見就行了。」

聽到皇上親家這番合情入理的話，郭子儀的心裡就像一塊石頭落了地，頓時感到輕鬆，一場有可能是天塌地陷的大禍化做芥蒂小事，郭子儀一家的感激自然不必說了。雖然如此，為了教訓郭曖的胡說八道，回到家後，郭子儀還是將兒子重打了幾十杖。

小倆口鬬起門吵架鬥嘴，在氣頭上什麼激烈的言辭都可能冒出來，如果句句較真，就將家無寧日。唐代宗用「老人應當裝聾作啞」來對待小夫妻吵嘴，不因女婿講了一句近似謀反的話而無限上綱，化災禍為歡樂，使小倆口重歸於好。

如果說文帝和代宗的糊塗比聰明好的話，那麼戰國時期的楚莊王，在愛妾被人調戲的情況下，竟然也能假裝糊塗，不追究犯上者的罪，遮掩了這位風流將軍的罪過，則更是厚得難能可貴。

周定王二年（西元前六〇五年），楚莊王經過艱苦作戰，平定了令尹鬥越椒發動的叛亂之後，大擺酒宴，招待群臣，歡慶勝利，名曰：「太平宴」。

酒宴開始，莊王興致很高，說：「我已六年沒有擊鼓歡樂了，今日平定奸臣作亂，破例大家歡樂一天，朝中文武官員，均來就宴共同暢飲。」於是，滿朝文武，與莊王歡歌達旦。

夜深之後，莊王仍然興致不減，令人點起蠟燭繼續歡樂，並要寵妾許姬前來祝酒助興。忽然一陣大風吹過，將燈燭吹滅。這時，有一人見許姬長得美貌，加之飲酒過度，色心大漲，難於自控，便趁黑燈瞎火之際，仗著酒意暗中拉住了許姬的衣袖，大概是想一親芳澤吧！

許姬大驚，左手奮力掙脫後，右手順勢扯下了那人帽子上的繫纓。許姬取纓在手，連忙告訴莊王說：「剛才敬酒時，有人乘燭滅欲有不軌，現在我把他帽子的繫纓抓了下來，大王快命人點蠟燭，看看是哪個膽大包天的傢伙幹的。」

誰知莊王聽後，卻對許姬說：「賞賜大家喝酒，讓他們喝酒而失禮，是我的過錯，怎麼能為要顯示女人的貞節而辱沒人呢？」不但不追究，反而命令左右正準備掌燈的人說：「切莫點燭，寡人今日要與眾卿盡情歡樂，開懷暢飲。如果不扯斷繫纓，說明他沒有盡興，那我就要處罰他！」

眾人一聽，齊聲稱好，於是等十百多人全都扯掉了繫纓之後，莊王才命令點燃蠟燭，不聲不響地把那個膽大妄為的人隱瞞了過去。

散席之後，許姬仍然忿忿不平地問莊王：「男女之間有嚴格的界限，況且我是大王您的人。您讓我給諸臣敬酒，是對他們的恩典，有人竟敢當著您的面調戲我，就是對大王您的侮辱，您不但不察不問，反而替那小子打掩護，這怎麼能肅上下之禮，正男女之別呢？」

莊王笑著說：「這妳婦道人家就不懂了。妳想想看，今天是我請百官來飲酒，大家從白天喝到晚上，大多帶有幾分醉意。酒醉出現狂態，不足為怪。我若按照妳說的把那個人查出來，一會損害妳的名節，二會破壞酒宴歡樂氣氛，三也會損我一員大將。現在我對他寬大為懷，他必知恩圖報，於國於家於我於他都是有利的事情啊！」許姬聽了之後，十分佩服莊王的一番話。從此，後人就把這個宴會叫做「絕纓會」。

一個將領對自己愛妾的調戲，對於至尊無上的君主來說，無疑是極大的羞辱。這在當時的社會裡，絕對屬於大逆不道的犯上之舉。誰要是犯了這方面的罪過，不丟掉小命那才叫怪哩！可是楚莊王卻能假裝糊塗，原諒屬下的過錯，並且還設法替他打馬虎眼，的確是厚黑大家。這段「絕纓會」的千古佳話，如果沒有後來的善報結尾，恐怕還是要遜色許多。

七年之後，周定王十年（西元前五九七年），楚莊王興兵伐鄭，前部主帥襄老的副將唐狡，自告奮勇帶百餘名士卒做開路先鋒。唐狡與眾士卒奮力作戰，以死相拼，終於殺出一條血路，使後續部隊兵不血刃殺到鄭都，這使得莊王非常高興，稱讚說：「老將軍老當益壯，進軍如此迅猛，真是大長我軍威風，為楚國立下第一大功了啊！」

襄老答道：「這哪裡是老臣的功勞？都是老臣副將唐狡的戰功。」

於是，莊王下令召來唐狡，準備給他重賞，誰知唐狡卻答道：「微臣受大王恩賞已很多，戰死亦不足回報，哪裡還敢受賞呢？」

莊王很奇怪，以前並沒賞賜他，何以如此說呢？

唐狡接著說：「我就是在『絕纓會』上拉扯了許姬夫人袖子的人，大王不處置小臣，使臣不敢不以死相報。」楚莊王感歎：如果當初明燭治他的罪，怎麼會有今天效力殺敵的猛士啊！

在待人處世中，有許多事情，你非要硬去較真，就會沒事找事，越加麻煩，相反你若裝癡作聾，來個「難得糊塗」或是「順其自然」的抹煞別人之錯，也許到頭來就會有皆大歡喜的結果哩！

9．宋太宗說「我也醉了」

人活在世界上，即便是身處高位之人，也不可能件件事都那麼稱心如意，誰也不敢保證沒有人會在做事說話的時候冒犯你。遇到這種情況，很多人心中就氣憤不已，有些修養好的人沉默不語，但明顯表示出不快的神色，而毫無修養的人則要破口大罵了。

如果不符合自己的心意就如此行事的話，那不是每天都要氣個半死？須知別人在做事、講話的時候，冒犯你、搶白你，大多是心直口快的人或是好友，他們絕不是故意要讓你處於難堪的境地，而是想讓你把事情做得更好。對這樣違逆你心意的人或事，應該首先冷靜下來分析一下他的所作所為是對自己有利無利，而不是馬上發起火來。不論對方有意還是無心，都是用一副厚臉，掩蓋自己內心的不快。

別人不小心做錯了事而違背了你的心思，或是打亂了你的計畫，對方根本就是無心為之，如果你不善加處理，不能忍受別人無心的過錯，大光其火，只能是加劇對方的驚懼，事越辦越糟。要不然就是對方由此記恨在心，成為以後衝突的隱患。

別人衝撞了你，你心中固然不快，那麼你干擾了別人，或是衝撞了別人，人家心中也同樣會產生不快之感，所以在待人處世中一定要謹慎小心，注意觀察別人的言行。當然，這也不是因為怕逆了別人的心，違了他人的意就察顏觀色，這只能是讓別人更看不起你的為人。應該是大度為懷，在寬容別人的同時也獲得別人的理解和信任，才能更好地工作。

宋太宗時，有一天官拜殿前都虞侯的孔守正，和另一位大臣王榮在北陪園侍奉太宗酒宴，孔守正喝得酩酊大醉，就和王榮在皇帝面前爭論起守邊的功勞來，二人越吵越氣憤，把太宗晾在一邊，理也不理，完全失去了為臣應有的禮節。

侍臣實在看不下去，就奏請太宗將兩個人抓起來送吏部去治罪，太宗沒同意，而是讓人把他們兩人送回了家。第二天，二人酒醒了，想起昨天的行為，不禁害怕，一起趕到金鑾殿向皇上請罪。太宗卻不以為然，說：「朕也喝醉了，記不得這些事了。」

宋太宗託辭說自己也喝醉了，對兩位臣屬對自己的冒犯不加追查，這樣既沒有丟失朝廷的面子，而又讓兩位大臣警覺自己的言行，這是兩全其美的事，何樂而不為呢？

一心想去做的事情，只是自己一廂情願罷了，其實未必是有利於社會，有利於他人的事，也未必就是一件有利於自己的好事。自己身在其中，難以認清此中的利與害，旁觀者卻能看得很清楚。

歷史上的明君，大多深諳厚黑之道，他們或是禮賢下士，聽取別人的建議，或是納諫如流，傾聽他人的批評，不以此為逆。遇到破壞自己情緒的事，雖然一時心頭不快，但考慮到大局，以事業為重的時候，這點不快又算得了什麼？不過，寬容下屬的無禮，有時說起來容易，做起來難，沒有過人的厚黑本領，還真不行。

漢文帝時，袁盎曾經做過吳王劉濞的丞相，他有一個從史與他的侍妾私通。袁盎知道有人偷了自己的「小老婆」後，並沒有將此事洩漏出去，而是裝作不知道此事。但有人卻以此嚇唬從史，那個從史就畏罪逃跑了。袁盎知道消息後親自帶人將他追了回來，並將那名侍妾賜給了他，對他仍像過去一樣器重。

漢景帝時，袁盎入朝擔任太常，奉命出使吳國。吳王當時正在謀劃反叛朝廷，想將袁盎殺掉。他派五百人包圍了袁盎的住所，袁盎對此事卻毫無察覺。恰好那個從史在圍守袁盎的軍隊中擔任校尉司馬，就買來二百石好酒，請五百個兵卒開懷暢飲。兵卒們一個個喝得酩酊大醉，癱倒在地。

當晚，從史悄悄溜進了袁盎的臥室將他喚醒，對他說：「你趕快逃走吧，天一亮吳王就會將你斬首。」袁盎問道：「你為什麼要救我呢？」校尉司馬對他說：「我就是從前那個偷了你侍妾的從史呀！」袁盎大驚，趕快逃離吳國，脫了險。袁盎過人的厚，在關鍵的時刻救了自己的命。

在待人處世中，對下屬不能不講寬容，不能不忍，但也不能一味地寬容和忍耐，不敢去稍微碰「大逆不道」的犯上之輩，忠奸不辨，做個好好先生。該去進行說理辯論的應該去說理辯論，該去批判揭露的就應該去批判揭露，而不應以寬容和忍耐為藉口，縱容包庇，像東廓先生一樣，被救過來的毒蛇所傷。

10．故意留個破綻，成全上司的好勝心

據說乾隆有一個特點，愛聽奉承話，但又不喜歡看到人們是在當面吹捧。他非常喜歡談文講史，對文史的整理工作特別重視，在刊印二十四史時怕有誤，常親自校勘，每

次校勘出一個差錯，就覺得是做了一件了不起的大事，心裡特別痛快。

這樣，大臣們為了迎合他的心理，就在抄寫給他的書稿中，故意在明顯的地方抄錯幾個字，以便「宸翰勘正」，這實際上是變著法兒討他高興。這樣做比當面奉承效果好得多。當然，書稿中也有乾隆改不到的地方，但經他「御批」的書稿，就沒有人再敢動了。這也就是今天人們見到的「殿版書」訛誤較多的原因所在。

我們姑且不論這樣做的負面影響，但這樣做在與上司打交道中卻很有效。因為上司也是人，也會有正常人的自尊心、虛榮心和好勝心，下屬只能處處討好、奉承，讓上司的自尊心得到最大限度地滿足才對。不過，待人處世不敗哲學提醒你：要滿足上司的自尊心，就必須抑制你自己的好勝心，成全上司的好勝心。在抑制自己好勝心的時候，一定要不露聲色，做得自然，如果讓上司覺得你做得很勉強，那還不如不要做。

所以，聰明的下屬，常常會故意在明顯的地方留一點兒瑕疵，讓人一眼就看見他「連這麼簡單的問題都搞錯了」。這樣一來，儘管你出人頭地，木秀於林，別人也不會對你敬而遠之，當上司一旦發現「原來你也有錯」的時候，反而會失去對你的戒心，更加器重你。其實，與上司打交道時適當地把自己安置得低一點，就等於把上司抬高了許多。當被人抬舉的時候，誰還有放置不下的敵意呢？

要知道，只有當上司對別人諄諄以教時，他的自尊與威信才能很恰當地表現出來，這個時候，他的虛榮心才能得到滿足。

上司交辦一件事，你辦得無可挑剔，似乎顯得比上司還高明。你的上司可能就會感到自身的地位岌岌可危。如果換一種做法，對於上司交辦的事，你三下五除二就處理完畢，你的上司會首先對你旺盛的精力感到吃驚。而因為快，你雖然完成了任務但不一定完美，這時上司會指點一二，從而顯示他到底高你一籌。這就好比把主席臺的中心位置給上司留著，單等著他來做「最高指示」一樣的道理。

再比如你陪上司進行某項比賽，你必須讓他一步，即使上司的技術敵不過你，你也得想法讓上司獲得勝利。但這種讓並非一味退讓，如不能表現出你的真實本領，也許會使上司誤認你的技術本來就不太高明，反而引起無足輕重的心理，也就沒有達到「讓」的目的。

所以，你與上司比賽的時候，應該根據上司的水平，施展你的相應本領，爭取先造成一個勢均力敵的局面，使上司知道你不是一個弱者，進一步再施全力，把他逼得很緊，使他神情緊張，才知道你是個能手，再一步，故意留個破綻，這是關鍵的地方，不露痕跡地讓上司突圍而出，從劣勢轉為均勢，從均勢轉為優勢，把最後的勝利於不知不覺中讓予上司。上司得到這個勝利，不但費過許多心力而且危而復安，精神一定十分愉快，心裡肯定對你非常讚賞。

不過，安排破綻必須十分自然，千萬不要讓上司明白這是你故意使他勝利，否則上司會覺得你這人虛偽。從心理學角度來分析，一般人在安排破綻的過程中，最難處理的問題是，起初還能以理智自持，等比賽到後來，感情一時衝動，好勝心勃發，不肯再做讓步，也是常有的事。或者在有意無意之間，無論在神情上，語氣上，還是在舉止上，不免流露出故意讓步的意思，那就白費心機了。

一般來說，偉大的人都會喜歡愚鈍的人。在待人處世中，特別是在與上司相處中，記住這一點是不會有虧吃的。任何上司都有獲得威信的需要，不希望下屬超過並取代自己。所以，待人處世不敗哲學用在上下級相處時，其核心就是聰明的下屬應該想方設法掩飾自己的實力，以假裝的愚笨來反襯上司的高明，以此獲得上司的青睞與賞識。

11．曹操為什麼斬楊修

記得古人曾經說過：「過分聰明、過分強悍的大將，反而是滅家亡國之人。」現在看來，這話可說是待人處世中的成功箴言。

南宋時期的秦檜，可以說得上是一個奸詐的厚黑之人，他有一個下屬，也頗具厚黑之能，為了討好上司，有一次送給秦檜一張名貴的地毯。秦檜把這張地毯往屋裡一鋪，

不大不小，恰好合適。秦檜由此想到，這個人太精明了，他連我屋子的大小都已測出來了，還有什麼事情能瞞得了他呢？慣於在背後算計人的秦檜，怎麼可能容忍別人對自己的心思掌握得如此透呢？因此，有了這個想法後，那個「聰明」下屬的命運也就可想而知了。就連秦檜這樣的超級厚黑之人，尚且不願意下屬聰明過度，更不用說其他人了。

所以說，在待人處世中，下屬與上司打交道最忌諱的一點就是，下屬在上司面前賣弄自己的聰明。雖然說任何一個上司都希望自己的下屬既聰明能幹又對自己絕對忠誠，但在此要提醒你：一定要把握好這個度，既不能愚笨木訥，更不可聰明過頭。如果你以為千方百計顯示自己的才華，便能夠博得上司的好感，那就大錯特錯了。因為你適當地顯示自己的能幹，一點錯也沒有，豈不知任何事如果做過了頭，往往走到事物的反面。如果你聰明「過度」，上司就會覺得在你面前什麼事都瞞不住，就會疏遠你。

試想一下，世上之人哪個沒點個人隱私？別說高高在上的上司了，就是普通人又有誰願意把自己的內心世界讓別人完全看透，沒有一點遮掩？

三國時期的楊修，在曹營內任行軍主簿，思維敏捷，甚有才名。起初曹操很是看重他，可楊修卻不安分起來，經常要要小聰明。有一次建造相府裡的一所花園，才造好大門的構架，曹操前來察看之後，不置可否，一句話不說，只提筆在門上寫了一個「活」字就走了，手下人都不解其意，楊修說：「『門』內添『活』字，乃『闊』字也。丞相嫌園門闊耳。」

於是再築圍牆，改造完畢又請曹操前往觀看。曹操大喜，問是誰解此意，左右回答是楊修，曹操嘴上雖讚美幾句，心裡卻很不舒服。又有一次，塞北送來一盒酥，曹操在盒子上寫了「一盒酥」三字。正巧楊修進來，看了盒子上的字，竟不待曹操說話，自取來湯匙與眾人分而食之。曹操問是何故，楊修說：「盒上明書一人一口酥，豈敢違丞相之命乎？」曹操聽了，雖然面帶笑容，可心裡十分厭惡。

總之，楊修這個人，最大的毛病就是不看場合，不分析別人的好惡，只管賣弄自己的小聰明。當然，如果事情僅僅到此為止的話，也還不會有太大的問題，誰想楊修後來竟然漸漸地攪和到曹操的家事裡去，這就犯了曹操的大忌。

在封建時代，統治者為自己選擇接班人是一件極為嚴肅的問題，每一個有希望接班的人，不管是兄弟還是叔侄，可說是個個都紅了眼，所以這種鬥爭往往是最凶殘、最激烈的。但楊修卻偏偏在如此重大的問題上不識時務，又犯了賣弄自己小聰明的老毛病。

曹操的長子曹丕、三子曹植，都是曹操準備選擇做繼承人的對象。曹植能詩賦，善應對，很得曹操歡心。曹操想立他為太子。曹丕知道後，就祕密地請歌長（官名）吳質到府中來商議對策，但害怕曹操知道，就把吳質藏在大竹片箱內抬進府來，對外只說抬的是綢緞布匹。

這事被楊修察覺，他不加思考，就直接去向曹操報告，於是曹操派人到曹丕府前進行盤查。曹丕聞知後十分驚慌，趕緊派人報告吳質，並請他快想辦法。吳質聽後很冷靜，讓來人轉告曹丕說：「沒關係，明天你只要用大竹片箱裝上綢緞布匹抬進府裡去就行了。」結果可想而知，曹操因此而懷疑楊修想幫助曹植來陷害曹丕，十分氣憤，就更加討厭楊修了。

還有，曹操經常要試探曹丕和曹植的才幹，每每拿軍國大事來徵詢兩人的意見，楊修就替曹植寫了十多條答案，曹操一有問題，曹植就根據條文來回答，因為楊修是相府主簿，深知軍國內情，曹植按他寫的回答當然事事中的，曹操心中難免又產生懷疑。後來，曹丕買通曹植的親信隨從，把楊修寫的答案呈送給曹操，曹操當時氣得兩眼冒火，憤憤地說：「匹夫安敢欺我耶！」

又有一次，曹操讓曹丕、曹植出鄴城的城門，卻又暗地告訴門官不要放他們出去。曹丕第一個碰了釘子，只好乖乖回去，曹植聞知後，又向他的智囊楊修問計，楊修很乾脆地告訴他：「你是奉魏王之命出城的，誰敢攔阻，殺掉就行了。」曹植領計而去，果然殺了門官，走出城去，曹操知道以後，先是驚奇，後來得知事情真相，越加氣惱。

曹操性格多疑，深怕有人暗中謀害自己，謊稱自己在夢中好殺人，告誡侍從在他睡著時切勿靠近，並因此而故意殺死一個替他拾被子的侍從。可是當埋葬這個侍者時，楊修喟然歎道：「丞相非在夢中，君乃在夢中耳！」曹操聽了之後，心裡更是厭惡楊修，於是開始找岔子要除掉這個不知趣的傢伙。

不久，機會終於來了！建安二十四年（西元二一九年），劉備進軍定軍山，老將黃忠斬殺了曹操的親信大將夏侯淵，曹操率自大軍迎戰劉備於漢中。誰知戰事進展得很不順利，雙方在漢水一帶形成對峙狀態，使曹操進退兩難，要前進害怕劉備，要撤退又怕遭人恥笑。

一天晚上，心情煩悶的曹操正在大帳內想心事，此時恰逢廚子端來一碗雞湯，曹操見碗中有根雞肋，心中感慨萬千。這時夏侯淳入帳內稟請夜間號令，曹操隨口說：「雞肋！雞肋！」於是人們便把這句話當作號令傳了出去。行軍主簿楊修即叫隨軍收拾行裝，準備歸程。夏侯淳見了便驚恐萬分，把楊修叫到帳內詢問詳情。

楊修解釋：「雞肋雞肋，棄之可惜，食之無味。今進不能勝，退恐人笑，在此何益？來日魏王必班師矣。」夏侯淳聽了非常佩服他說的話，於是營中各位將士便都打點起行裝。

曹操得知這種情況，差點氣得吐血，大怒道：「匹夫怎敢造謠亂我軍心！」馬上喝令刀斧手，將楊修推出斬首，並把首級掛在轅門之外，以為不聽軍令者戒。

俗話說：「聰明反被聰明誤。」應該肯定，楊修是一個絕頂聰明的人，問題在於他被聰明所誤，處處都要露一手。所謂「恃才放狂」，不顧及別人受不受得了，不考慮別人討厭不討厭，而這個別人，卻是曹操這個同樣聰明過人、恃才傲物的頂頭上司。於是，針尖兒對麥芒，楊修終於送掉了自己的小命。

楊修智慧超人，卻因過於自負，不給曹操留一點面子，而喪了性命，這是每一個想以「聰明」博得上司歡心的下屬，應該吸取的一條教訓，曹操的「雞肋」、「一盒酥」及門中的「活」字等，都是一種普通的智力測驗，是一種文字遊戲。他的出發點並不是真為了給大家出題測試，而是為了賣弄自己的超人才智，因此，他主觀上並不希望有誰能夠點破，只想等人來請教。

在這種情況下，哪怕你猜著了，也只能含而不露，甚至還要以某種意義上的「愚笨」，去襯托上司的「才智」。但是，楊修卻毫不隱諱地屢屢點破了曹操的迷局。雖然說楊修鋒芒外露，好逞才能，因此而賠上了自己的性命，未免太可惜了，但楊修聰明反被聰明誤的故事告訴我們：在待人處世中，下屬千萬不可處處一味表現自己，放任自己，無視上司的自尊心和心理承受能力，鋒芒畢露，咄咄逼人，必然會招來上司的忌恨，引火燒身。

一般的人都會有過這樣的體驗：刀刃鈍的刀子再怎麼用力也切不下去，這是無法改變的事實；而刀刃鋒利的刀子雖然很好切，但一不小心反而容易切傷自己，非得小心不可。推此及彼，在待人處世中最好也不要鋒芒畢露，以免禍起蕭牆，惹火燒身。

例如，你對公司的內情十分了解，當那些弄不清楚真相的人在談論這件事的時候，其中有些人是想藉機探聽消息的，而你卻毫無戒心，把自己所知道的內情一五一十地全說了出去。結果，本來對這件事並不十分了解的人，反而從你嘴裡得到了情報。如果你恰好碰到的是別有用心的人，他再跑到上司面前去搬弄是非，讓上司以為是你在隨便散播小道消息的，結果本來是對自己很有利的情報，反而成為自己的絆腳石，這可真是得不償失。

看到這裡，你肯定會說：「這個道理不用說我早就已經知道了！」但是，你是否真的能時時刻刻地記住這個原則，並且隨時謹記在心呢？恐怕不盡然吧！

比如通常情況下，每個公司都會有能力好與能力一般的人，而主管總是喜歡把工作交代給能力比較好的人，認為能力好的人一定能夠不負所託地完成任務。但是，這一類的人卻多半容易驕傲自滿，一有了驕矜之心就容易鋒芒畢露，鋒芒太露的人反而容易遭人嫉妒。所以，在待人處世中，聰明的人一定懂得明哲保身之道，不隨便展現自己全部的實力，讓人了解自己有多少戰鬥力。

那麼，你是否感到自己在某方面的才華鋒芒畢露呢？別忘了寶刀不可隨便出鞘的道理。因為在決鬥一開始的時候，你就先亮出自己的傳家寶刀，讓對方一眼就看穿了你的寶刀，這一場決鬥你就輸定了。為此，鄭重提醒你：寶刀一定要在最後關頭方可出鞘，這樣你才有反敗為勝的機會。

任何時候都不可讓對方從一開始就追著你打，到最後你只能棄城投降一條路。對方越是不知道你的實力，越是不敢掉以輕心。

因此，待人處世不敗哲學告訴你：下屬想在上司面前顯示自己的精明時，應該明白上司的氣度到什麼程度，以不使上司感到過分為標準，絕對不可鋒芒畢露，讓上司感到難堪，更不可「聰明反被聰明誤」！

第4章

不要讓身段成為你的包袱

秀才有包袱，兵沒有包袱。
也就是說，秀才因為受過禮教的薰陶，
反而有些話不敢說，有些事不敢做，
當他遇見兵時，秀才二字便成了他的包袱；
而兵沒有禮教的束縛，反而什麼話都敢說，
什麼事都敢做，於是秀才就有理說不清了。

「秀才遇到兵，有理說不清」是流傳甚久的俗語。秀才是指讀書人，也就是知識份子，「兵」則指沒念過書的粗人，因為古代「好男不當兵」，只有老粗才會去當兵。因此知識份子碰到大老粗，在溝通上便會出現問題——

首先是語言的表達不同。雖然說的都是同一種語言，但因為二者所受教育不同，成長環境不同，語言的表達方式也就不同，結果「兵」聽不懂「秀才」說的，「秀才」聽不懂「兵」說的，於是秀才就有理說不清了。其次是價值觀念不同。秀才認為對的，兵不一定認為對，秀才認為錯的，兵不一定認為錯；而在溝通對錯時，秀才的語言又不為兵所理解，當然就有理也說不清了。

1．安祿山的陰謀

在待人處世中，通過自貶來抬高別人，特別是抬高上司來獲取對方的好感，往往效果奇佳。當然，「自貶」需要臉厚，必要時甚至還要「裝傻充愣」，即使受到羞辱，臉上也絕對不能有一絲一毫的不滿流露，甚至還要裝出滿心歡喜的樣子。

安祿山就是個非常善於「深藏不露」的厚黑大師。為了「起事」，在長達十年的時間裡，安祿山一直擺出一副癡直和篤忠的傻帽兒樣子，贏得唐玄宗百般信任，以致對他毫不防備。

西元七四三年，安祿山已任平盧節度使，入朝時玄宗常接見他，並對他特別優待。安祿山竟乘機上奏：「去年營州一帶昆蟲大嚼莊稼，臣即焚香祝天：我如果操心不正，事君不忠，願使蟲食臣心；否則請趕快把蟲驅散。下臣祝告完畢，當即有大批大批的鳥兒從北飛下來，昆蟲無不斃命。這件事說明只要為臣的效忠，老天必然保佑。應該把它寫到史書上去。」如此謊言本來十分可笑，但由於安祿山善於逢迎，臉皮已厚至無形，唐玄宗竟然信以為真，並更加認為他憨直誠篤。

安祿山是北方混血少數民族人，他常對玄宗說：「臣生長若戎，仰蒙皇恩，得極寵榮，自愧愚蠢，不足勝任，只有以身為國家死，聊報皇恩。」玄宗甚喜。

有一次正好皇太子在場，玄宗與安祿山相見，安故意不拜，殿前太監大聲喝斥道：「安祿山見殿下何故不拜。」安祿山假意驚叫道：「殿下何稱？」玄宗微笑說：「殿下即皇太子。」安祿山又假裝不明白似地問：「臣不識朝廷禮儀，皇太子又是什麼官？」玄宗大笑說：「朕百年後，當將帝位託付，故叫太子。」安祿山這才裝作剛剛醒悟似地說：「愚臣只知有陛下，不知有皇太子，罪該萬死。」並向太子補拜，玄宗感其「樸誠」，大加讚美。

西元七四七年的一天，玄宗設宴。安祿山自請以胡旋舞呈獻。玄宗見其大腹便便竟能作舞，笑著問：「腹中有何東西，如此龐大。」安祿山隨口答道：「只有赤心。」玄宗更高興，命他與貴妃兄妹結為異姓兄弟。安祿山竟厚著臉皮請求做貴妃的兒子。從此安祿山出入禁宮如同皇帝家裡人一般。楊貴妃與他打得火熱，玄宗更加寵信他，竟把天下一半的精兵交給他掌管。

其實，安祿山的叛亂陰謀，許多人都有所察覺了，並一再地向玄宗提出。但唐玄宗被安祿山「深藏不露」的厚臉假象所迷惑，將所有奏章看作是對安祿山的嫉妒，對安祿山不僅不防，反而予以同情和憐惜，不斷施以恩寵，讓他由平盧節度使再兼范陽節度使等要職。

安祿山的計策得手，唐玄宗對他已只有寵信，毫不設防，便緊接著採取「趁疏擊懈」的辦法，突然襲擊，燃起了「安史之亂」的大火。他的戰略部署是傾全力取道河北，直撲東西兩京長安和洛陽。

這樣，安祿山雖然只有十餘萬兵力，不及唐軍一半，但唐的猛將精兵皆聚於西北，對安祿山毫不防備，廣大內地包括兩京只有八萬人，河南河北更是兵稀將寡。且和平已久，武備廢弛，面對安祿山一路進兵，步騎精銳沿太行山東側的河北平原進逼兩京，自然是驚惶失措，毫無抵抗能力。因而，安祿山從北京起程到襲佔洛陽只花了三十三天。

不過，唐朝畢竟比安祿山實力雄厚，驚恐之餘的倉促應變，也在潼關阻擋了叛軍鋒銳，又在河北一舉切斷了叛軍與大本營的聯繫。然而，無比寵信的大臣竟突然反叛，唐玄宗無比震怒，又被深深地刺傷自尊心，變得十分急躁。

而孫子曰：「主不可以怒而興師，將不可以慍而致戰。」

安祿山的計謀已足以使唐玄宗失去了指揮戰爭所必須的客觀冷靜，憤怒焦急之中，忘記了當時最需要的就是先求穩住陣腳，贏得時間，待「勤王」之師到達後一舉聚殲叛軍之要義，草率地斬殺防守得當的封常青、高仙芝，並強令哥舒翰放棄潼關天險出擊叛軍，哪有不全軍覆滅、一潰千里的呢？

安軍佔領潼關後曾止軍十日，進入長安後也不組織追擊，使唐玄宗安然脫逃。可見安祿山目光短淺，他只想鞏固所佔領的兩京並接通河北老巢，消化所掠得的財富，好好享受大燕皇帝的滋味，並無徹底搗碎唐朝政權的雄圖大略。然而，就是這樣一個目光短淺的無賴之徒，竟然把大唐皇帝打得潰退千里，足見厚黑學的巨大功效了。

無獨有偶，懂得裝瘋賣傻、深藏不露厚黑之道的人，在崇尚直來直去的西方也同樣存在。莎士比亞的名劇《哈姆雷特》中講了這樣一個故事：有一個丹麥王子在見到冤死的父王的鬼魂之後，被神靈告知其母后與接替王位的叔父有姦情，叔父謀害了自己的父王。得知真情的哈姆雷特異常震驚，言談舉止之間自然露出了疑惑，他突然的反常變化被敏感的叔父發覺，本來就做賊心虛的叔父害怕陰謀被揭露，便想用對付老國王的方法對付王子，找機會害死哈姆雷特。

此時，哈姆雷特的處境非常險惡，稍有不慎，即會招致殺身之禍。為了贏得時間和機會，揭露陰謀，為死去的父王報仇，他含羞忍恥，裝成瘋子，整天在宮廷內外遊蕩，說些誰也聽不懂的瘋言癡語。但心底之下，卻在細心地觀察著身邊的一切，甄別善惡，區分真偽，隨時為復仇做著準備。

他的計畫成功了！篡權的叔父放鬆對這個「瘋」王子的戒備，哈姆雷特終於得以在關鍵時刻挺身而出，揭穿了一場宮廷大陰謀，殺死了敵手。雖然哈姆雷特最後也死於劍下，但他裝瘋賣傻的厚黑之道，卻取得了成功。

2．鄭莊公欲擒故縱

富有經驗的獵手都知道，兔子只有在跑起來的時候才好打。同樣之理，在待人處世中，有時明知道對方欲對自己不利，但由於對方藏得很深，表面上還無法看出對方的不臣之舉。厚黑大師告訴你：不妨假裝糊塗，故做不知，往往可以起到麻痹和驕縱對手的目的，待對方得意忘形、蠢蠢欲動的時候，你恰好可以一網打盡。

火車必有雙軌才能行進，在待人處世中行厚黑之道，也必須「鋸箭法」與「補鍋法」雙管齊下才能奏效。皮球要想踢得漂亮，須知借力使力的道理。同樣的道理，當皮球欲踢而不能使「鋸箭」不成，那就索性讓事態像「補鍋法」那樣加速惡化。

——「做飯的鍋漏了，請補鍋匠來補，補鍋匠一面用鐵片刮鍋底的煤煙一面對主人說：『請點火來我燒煙。』他趁著主人轉背的時候，用鐵錘在鍋上輕輕的敲幾下，那裂痕就增長了許多，及主人轉來，就指給他看，說道：『你這鍋裂痕很長。上面的油膩了，看不見，我把鍋煙刮開，就現出來了，非多補幾個釘子不可。』主人埋頭一看，很驚異地說：『不錯！不錯！今天不遇著你，這口鍋子恐怕不能用了。』及至補好，主人與補鍋匠皆大歡喜而散。鄭莊公縱容共叔段，使他多行不義才舉兵征討，這就是補鍋法了。歷史上這類事情是很多的。有人說：『中國變法，有許多地方是把好肉割了下來醫。』這就是變法諸公用的補鍋法。在前清官場，大概是用鋸箭法。民國初年，是鋸箭、補鍋二法互用。」

鄭莊公，是春秋時期最先建立霸業、「挾天子以令諸侯」的霸主是鄭國國君鄭武公的長子。當初鄭武公娶妻姜氏生有兩個兒子，大兒子寤生，二兒子共叔段。

說也奇怪，大兒子寤生打從娘胎裡出生時，先出兩足，最後出頭，與正常的嬰兒出生時先出頭後雙足相反，故取名「寤生」，意思是「倒著出生」，姜氏因生寤生時受了一番折磨，又嫌他出生時與常人相異，總是心裡不喜歡他，而特別偏愛小兒子共叔段。

但按照世襲原則，只能立長子為太子，將來以繼承王位。姜氏因為討厭大兒子寤生便在鄭武公活著時候，建議廢掉寤生，武公嚴然否決了她，鄭武公死後，寤生繼承王位，掌握了國家大權。姜氏便與小兒子共叔段暗中商議對策。最後訂下陰毒的計謀，欲奪取莊公寤生的王位，取而代之。

為了達到這個目的，姜氏就要求莊公把一個叫「制」的城邑封給共叔段。莊公早就知道母親想讓共叔段當國君的想法，也清楚姜氏不喜歡自己這個長子，由於制地地位太過重要，便假裝從完全關心弟弟的角度推辭說：「制地險要，原屬虢國，虢叔曾在那裡喪命，封給共叔段不大妥當。」見莊公如此說，姜氏不好特別堅持，便又要求封給一個叫「京」的城邑給共叔段。在這種情況下，莊公不好再推卻，便同意將京地封給共叔段。第一個回合，以莊公讓步而暫時告一段落。

當時大夫祭仲曾加以勸阻，認為將京地封給共叔段超越先王禮制，應該拒絕。然而莊公卻堅持說：「母親執意如此，不答應怎麼能行。」

共叔段得封京地，自恃朝中有姜氏寵愛，又有京地的人力和物力，更不把莊公放在眼裡。他不斷擴充勢力，欲和莊公抗衡。於是，大臣們又勸莊公早加處置，以免共叔段羽翼養成，難以對付。而莊公仍然假裝糊塗地說：「多行不義必自斃，等著看吧！」似乎對姜氏與共叔段的意圖絲毫不知。

不久，共叔段又把自己的勢力擴展到西部和北部邊境地區，公子呂對莊公說：「現在應該動手了，不然，他佔有的地方越來越多，控制的人力越來越多，就更難制伏了。」莊公繼續裝傻說：「對國君不盡義，對兄長不親近，土地越多，崩潰得越徹底。」對於莊公近乎大撒把（葛優主演的電影）的放縱，一點防備也沒有。朝中眾多關心莊公的大臣紛紛勸諫，可莊公仍然不理，繼續任共叔段姿意行事。

這時，共叔段在外邊更加緊了謀反篡位的步驟。修治城廓，集結兵力，整治武器裝備，徵調士卒和戰車，準備偷襲都城。姜氏在內也做好了接應的準備，並約好具體的起事日期。至此，鄭莊公才說：「現在可以行事了。」

為了讓共叔段與姜氏放心行事，莊公故意對外宣稱要出行去朝見周天子，暗地裡卻命令公子呂統率戰車二百輛去攻打京地。京地人早知共叔段不義，都背叛了他，紛紛幫著公子呂抓拿共叔段，共叔段只得逃往鄢地。鄭莊公又親自率領大軍攻打鄢地。此時的共叔段早已是眾叛親離，只好投奔到共國去了。後來，共叔段見大事已去，便引頸自殺了。

剷除共叔段後，莊公又從共叔段那裡搜出了姜氏寫給小兒子的謀反密信，盛怒之下的莊公，將其母姜氏逐出京都，並發誓道：「不到黃泉永不相見！」

這就是歷史上著名的「鄭伯克段與鄢」故事。其實，鄭莊公早就知道了共叔段和母親姜氏密謀造反之意，其執意不肯討伐的原因主要是因為共叔段反叛之行尚未昭彰，輕易討伐恐怕會落得個凌母欺弟的不義名聲。而其假裝糊塗，故裝不知共叔段的意圖，完全是為了麻痺和引蛇出洞。最後的結果是共叔段眾叛親離，鄭莊公又顯得仁至義盡。

這便是鄭莊公「欲擒故縱，伺機而動」的智謀所在。試想：鄭莊公為了對付母親和親弟弟而假裝糊塗，將親弟弟引蛇出洞而擊之，臉不厚心不黑能行嗎？

由此可見，「鋸箭法」是厚中有黑，而「補鍋法」則是黑中有厚，這二大待人處世絕招，乃萬變不離其宗，世人必得潛心研究才能在待人處世中運用自如。

3．裝傻要裝得恰到好處，不要弄巧成拙

在待人處世中，一個很重要的交往技巧就是「故意裝傻」。這也就是指不炫耀自己的聰明才智、不反駁對方所說的話。當然，要做到這一點是非常不容易的，必須要有很好的演技才行。因此，在待人處世中，並不是人人都可以傻得恰到好處，如果沒有掌握得恰到好處，反而會弄巧成拙。

鋒芒太露而惹禍上身的典型，在舊時是為人臣者功高震主。打江山時，各路英雄彙

聚一個麾下，鋒芒畢露，一個比一個有能耐。主子當然需要借助這些人的才能實現自己圖霸天下的野心。但天下已定，這些虎將功臣的才華不會隨之消失，他們的才能便成了皇帝的心病，讓他感到威脅，所以屢屢有開國初期斬殺功臣之事。韓信被殺、明太祖火燒慶功樓，無不如此。

凡是鮮花盛開驕豔的時候，不是立即被人採摘而去，也就是衰敗的開始。人生也是如此，提醒你：當志得意滿時，且不可趾高氣揚，目空一切，不可一世，這樣你不被別人當靶子打才怪哩！

所以，無論你有怎樣出眾的才智，都一定要謹記：不要把自己看得太了不起，不要把自己看得太重要，不要把自己看成是救國濟民的聖人君子似的，還是收斂起你的鋒芒，夾起你的尾巴，掩飾起你的才華，裝裝傻吧！

在待人處世中，如何才能應付得恰到好處的確很不容易。因為你不露鋒芒，可能永遠得不到重任；你鋒芒太露卻又易招人陷害。雖容易取得暫時成功，卻為自己掘好了墳墓。當你施展自己的才華時，也就埋下了危機的種子。

所以才華顯露要適可而止，具體來說，不妨把握以下幾點：

1．睜隻眼，閉隻眼　「為尊者諱」，這是官場的一條規矩。一個人，無論他原來的出身多麼低賤，有過多麼不光彩的經歷，一旦當上了大官，爬上了高位，他身上便罩上了靈光，變得神聖起來。往昔那種種見不得人的一切，要麼一筆勾銷，永不許再提；要麼重新改造，重新解釋，賦予新的含義。

因而，在待人處世中，要謹慎處理與上司的關係，最要緊的一點就是千萬不要傷害上司的尊嚴，同時注意替上司保守祕密。這就需要睜隻眼，閉隻眼，對於上司不願意讓人知道的事，看見了也要假裝沒看見。

一次偶然的機會，你發現了一個祕密：已婚的上司竟與某女同事大鬧婚外情。其實事情並不複雜，你只需裝聾扮啞，也就是說一切裝作不知，三緘其口。或者，你本來約了朋友在某餐廳吃晚餐，當你踏入餐廳，卻赫然見到他倆，你可扮作一派鎮靜，先環視一下四周，若你的朋友未到，事情就好辦得多，就當找不到人，離開那裡，在門外等你的朋友。即使朋友已坐在餐桌前，你也可以走上前，裝成有急事找他，與他一起離開那地方，再做詳細解釋。

第二天返回辦公室，對於昨天的「偶遇」一定要裝成若無其事，只管埋頭文件堆。就是有同事私談有關兩人之事，還是絕口不提為妙。對此等曖昧之事避之則吉。有時候知道的事情太多並不是件好事，尤其是上司的隱私千萬不能透露出去，否則就要大禍臨頭了。如果能夠及時替上司掩飾其「痛處」或「缺處」，則有可能被對方引為知己，收到意想不到的回報。

2．明知故犯，歪解詞意　有個相聲叫《歪批三國》，其中有這麼一段，甲問乙：「劉備賣過草鞋，張飛賣過肉，你知道趙雲賣過什麼？」乙說：「不知道。」甲說：「你沒聽過《天水關》（注：一齣三國戲）裡姜維在校場上唱的那兩句嗎？『這一般五虎將俱都喪了，只剩下趙子龍他老邁年高。』這趙雲不是賣年糕的嗎？」聽眾聽到這裡，無不捧腹大笑。把「老邁年高」理解為「賣年糕」，相聲的作者利用諧音製造歧義，造成了笑料，取得了幽默生動的效果。

3．荒誕之中明白事理　有時面對一個錯誤的推理或結論，從正面反駁可能無濟於事，這時不妨用另外一個類似的，並且明顯是錯誤的推理，來達到批駁的目的，效果反倒更好。這種錯誤的推理具有很強的荒誕性，含不盡之意於言外，會使人在含笑中明確是非，從而達到幽默的真正目的。推理越具有荒誕性，說出的話就越具有幽默感。

宋高宗時，有一次宮廷廚師煮的餛飩沒有熟，皇帝發怒了，把那個廚師下了大獄。沒過多久，在一次表演節目中，兩個演員扮成了讀書人的模樣，互相詢問對方的生日時辰。一個說「甲子生」，另一個說「丙子生」。這時又有一個演員馬上來到皇帝面前控告說：「這兩個人都應該下大獄。」皇帝覺得蹊蹺，問是什麼原因。這個演員說：「甲子、丙子都是生的，不是與那個餛飩沒煮熟的人同罪嗎？」

皇帝一聽大笑起來，知道了他的用意，就赦免了那個「餛飩生」的廚師。演員藉皇帝「餛飩生就下大獄」這個前提演繹出一個錯誤的結論：是「生」就該下大獄，甲子生、丙子生也該下大獄。這顯然是荒誕的，引人發笑。演員的推理語言婉轉，表達含蓄，蘊涵了豐富的趣味。這種幽默語言的產生，不能不歸功於巧奪天工般的荒誕推理。

4．答非所問妙解困　答非所問指答話者故意偏離邏輯規則，不直接回答對方提問，而是在形式上回應對方問話，通過有意的錯位造就幽默。答非所問並非是思維混亂，而是用假借的形式，幽默地表達潛在意圖。是待人處世中化解尷尬的厚顏黑心裝傻招術。

在一次聯合國會議休息時，一位發達國家外交官問一位非洲國家大使：「貴國的死亡率一定不低吧？」非洲大使答道：「跟貴國一樣，每人死一次。」

外交官問話是對整個國家而言，對非洲的落後存在挑釁，大使並不理會其問話的要害點，故意將死亡率針對每個人，頗具匠心地回答，營造出別樣的幽默效果。幽默有效地回敬著外交官的傲慢，維護了本國尊嚴。

答非所問講究機巧，抓住表面上某種形式上的關聯，不留痕跡地閃避實質層面，有意識地中斷對話邏輯的連續性，尋求異軍突起的表達，幽默旨在另起新灶，跳出被動局面的困擾。

有個愛纏人的先生盯著小仲馬問：「您最近在做些什麼？」

小仲馬平靜地答道：「難道您沒看見？我正在蓄落腮鬍子。」鬍子是自然而然長的，小仲馬故意把它當作極重要的事情，顯然與問話目的不相符合。小仲馬表面上好像是在回答那先生，其實並沒給他什麼有用資訊。小仲馬自然是懂得對方問話意思的，但他偏要答非所問，用幽默暗示那人：不要再糾纏。

5．裝作不理解以制止別人的中傷　朋友之間雖然很要好，但有時也會因開玩笑過頭，而大動肝火，傷了和氣，對於這種情況，不妨巧妙地運用「裝作不理解」，給他一個丈二和尚摸不著頭腦的怪問。

王強因身體肥胖，同事的趙明、李軍「觸景生情」，「冬瓜」長「冬瓜」短地做起買賣來，並時不時拿眼瞅王強，扮鬼臉。面對拿別人的生理「缺陷」來開過火的玩笑，實在讓王強氣憤。欲要制止，這是不打自招；如不管他，卻又按捺不住心中的怒火。怎麼辦呢？

此時，王強穩了穩躁動的情緒，緩緩地走過去，拍著二人的肩膀，輕言細語地問：「趙明，聽說你有一尺八米高，恐怕沒有吧！」接著又對李軍說：「你今天早上吃飯沒有？」一聽到這般溫柔怪誕的問話，興奮中的二人愣在當頭，大眼瞪小眼，如墜五里霧中。辦公室裡的其他同事沉寂了幾秒鐘，隨即迸發出哄堂大笑，二人方明白被愚弄了，剛才有聲有色的「買賣」，再也沒有興致繼續下去。

4．替慈禧太后治病

在待人處世中，有的事「做得說不得」，而有的事又「說得做不得」，特別是與之打交道的人，如果是一個「既想當婊子，又要立牌坊」的厚黑高手，就更是如此。因為，他也知道自己的喜好是為人所不恥的，所以，你在投其所好時，千萬不要張揚，天知、地知，你知、他知，雙方心領神會即可。

換句話說，與這樣的人相處時，當你靠厚黑之道達成了目的，你只要安心地享受成功的果實即可，至少你的法寶，就像錢財不可露白一樣，千萬不可張揚。這就是「做得說不得」，具體應把握以下兩點——

第一步，要千方百計地打聽到對方「難言之隱」之所在，並把這作為一個好機會加以利用。如果利用得好，對方一定會認為你是一個與眾不同的人，一個善解人意的人。

光緒六年，慈禧太后染上奇病，御醫日日進診，屢服良藥，竟不見好轉。此時，朝中尤為焦急，遂下詔各省督撫保薦良醫。兩江總督劉坤一薦江南名醫馬培之進京御診。馬培之，字文植，在江南被人譽為「神醫」。於是一道聖旨從北京下到江蘇，徵召馬培之進京御診。馬培之家鄉孟河鎮的人，無不為馬氏奉旨上京而感到自豪。可是年逾花甲的馬培之卻是歡喜不起來。他自忖：京華名醫如雲，慈禧太后所患之病恐非常病，否則斷不會下詔徵醫，可見西太后之病乃非同小可。此去要是弄不順，只怕毀了懸壺多年所得的盛譽，還可能會賠上老命。

七月底，馬培之千里跋涉抵達京都，即打探西太后之病況。關於慈禧之病，傳說紛紜，有人傳是「月經失調」，有人說是「失血症」，還有一些離奇的傳說。馬氏拜會了太醫院的御醫，先行打探，卻不得要領，心中不由十分焦急。後又連日訪問同鄉親友，最後還是一位經商的同鄉認識宮中一位太監，請這位太監向西太后的近侍打聽慈禧患病的真實起因以及有關宮闈之祕。果然，從這條黃門捷徑傳出了消息，這使馬培之大吃一驚：慈禧太后之病乃是小產的後遺症。慈禧早已寡居多年，何能小產？馬氏吃驚之餘，心中已明白了大半，也自覺心安了許多。

第二步，就是要善做「面子」工作，既要照顧到對方「面子」，還要考慮到自己的面子。最關鍵的是這種「塗脂抹粉」一定要自然，不露痕跡。

馬培之在太監的帶引下，不知拐了多少宮巷，跨過多少條門檻，終於來到了金碧輝煌、侍衛森嚴的體元殿。只見四十多歲的慈禧太后，臉上雖然塗著很厚的脂粉，卻難掩那血虧的面色。

西太后先詢問馬氏的籍貫、年庚，以及行醫經歷的一些細節。然後由太醫介紹聖體病況。當時在場的還有京外名醫薛福辰和汪守正等人，於是由薛、汪、馬三醫依次為西太后跪診切脈。診畢，三位名醫又各自開方立案，再呈慈禧太后。只見老佛爺看著薛的方案沉吟不語，再閱汪的方案面色凝重，此時三大名醫莫不緊張，無不沁出冷汗。但當太后看了馬的方案後，神情漸轉祥和，金口出言：「馬文植所擬方案甚佳，抄送軍機及親王府諸大臣。」

眾人聽罷，心中的石頭落地，而馬氏更是歡喜。馬培之對慈禧太后的病因本來已心中有數，再切其脈，完全暗含產後失血症。馬氏在其方案上隻字未敢言及婦產的病機，只做心脾兩虛論治。而在具體藥方上卻明棧暗渡，聲東擊西，用了不少調經活血之藥，此正中慈禧下懷。

西太后本來對醫藥就素有了解，見馬之方案，甚合己意，這是因為醫生開的藥方要抄送朝中大臣，所以必須能治好病，又可遮掩私醜、塞住眾口。馬氏的藥方正符合這兩種要求。而薛、汪兩位名醫的方案雖然切中病機，脈案明瞭，在醫術上無可挑剔，但免不了投鼠忌器而不中老佛爺的心意。

後來，慈禧服用了馬氏所開的藥，「奇病」漸癒，一年後基本康復。馬氏本人因此而深得慈禧太后的信任，留京良久，並且賞賜極豐。但馬培之對慈禧的病根兒始終守口如瓶，因而得以安享晚年。

5・楚莊王聰明裝糊塗的做法

楚莊王「三年不飛，一飛沖天；三年不鳴，一鳴驚人」的典故，說的就是楚莊王以退為進、以靜制動，表面上荒淫廢馳，實際上在觀察大臣的忠奸，最終終於知曉了臣僚的真實，親君子遠小人，一舉成為春秋霸主之一的例子。

據史書記載，西元前六一四年，楚穆公去世，他的兒子侶繼承王位，史稱楚莊王。看到楚國新王初立，晉國便想利用這個機會恢復已經失去了的霸業，並開始四處活動，利用自己尚未完全失去的影響，把幾個早就依付於楚國的小諸侯國都拉到自己的麾下，建立了以晉國為首的聯盟，楚國好不容易建立起來的勢力範圍眼看就有化為烏有的可能了。楚國上下一片恐慌，紛紛要求楚莊王採取措施，與晉國一決雌雄。

可是，楚莊王繼位後卻似乎一點也不關心國家大事，自繼位以來，整天就知道尋歡作樂，在長達三年的時間裡竟沒有發一道有關國家大事的命令，不免令人大失所望。群臣們紛紛上諫大王要節制淫樂，應該以國事為重。楚莊王對這些上諫都是不屑一顧，甚至對繼續上諫的大臣下了一道死命令：「今後如果再有人敢議論國君是非得失者，格殺勿論！」

命令下達後，果然上諫的人沒有了，楚莊王繼續全心全意地尋歡作樂。然而，畢竟還有不怕死的忠臣。一天，大夫伍舉要求見國王，說有要事稟告。這時的楚莊王正忙於和寵姬們作樂，哪裡有半點心思聽什麼要事。但是自己畢竟是一國之王啊，不見大臣又不行，只好下令帶伍舉上來。

伍舉走進大殿，只見楚莊王左手摟著一位從鄭國來的美女，右手把著一位從越國來的美女，正坐在一大片樂器中間，盡情地歡笑。看見伍舉走了進來，楚莊王才收住笑，滿臉不高興地對伍舉說道：「你有什麼要緊的事趕快說，沒看見我在這兒忙著嗎？」

伍舉知道現在發火只會把事情搞糟，而且還可能真的把自己的性命搭進去，便強忍住憤怒，笑著對楚莊王說道：「倒也不是什麼大不了的事。只是臣下聽說大王特別喜歡猜謎語，臣下這裡有一個謎語，許多人都猜不出來，所以今天特地來獻給大王，看大王是否能猜出來。」

楚莊王就喜歡猜謎語，特別是一聽說別人都猜不出來，興趣馬上來了，連忙對伍舉說：「快講給我聽。」

伍舉看到楚莊王已經進了自己的圈套，知道自己的生命是沒有什麼危險了，便慢慢說道：「山上有隻鳥，三年不飛翔，三年不鳴叫。請問大王這是隻什麼鳥？」

楚莊王明白，這是在說自己呢！可這是自己同意他說的，又不好問罪，便只好故意裝出一副失望的神情說道：「我還以麼是什麼妙謎呢，原來就是這麼一個呀，這有什麼

可奇怪的呢？三年不飛，一飛沖天；三年不鳴，一鳴驚人嘛！伍大人可以回去了，我明白你是什麼意思。」

伍舉本以為楚莊王既然明白了自己的意圖，肯定會有所收斂的。沒料到，此後的幾個月，楚莊王不僅沒有收斂，反而更是變本加厲，所做所為比以前有過之而無不及。

大夫蘇從實在看不下去了，再也不順什麼禁令，趁上朝的機會，在大殿之上慷慨陳詞，希望楚莊王能夠以國事為重，遠離身邊那些只知逢迎拍馬的人們，徹底治理國家，使楚國能夠稱霸中原。楚莊王似乎十分地疑惑不解，兩眼直盯著蘇從，任憑他往下說。等蘇從把話說完了，楚莊王才慢悠悠地說出了一句任何人聽了都會感到心有餘悸的話：「難道你沒有聽到我的命令嗎？」

蘇從鎮靜地回答說：「臣下是大王的臣下，對大王的命令豈能不知！」

楚莊王又問：「既然你知道我有不准任何人上諫的命令，你卻還在上諫。難道你不怕死嗎？」

蘇從回答道：「如果我的死，能夠使大王成為賢明之主的話，微臣則是心甘情願地去死！」

眾大臣看到蘇從竟敢和國王辯理，都以為這個蘇從肯定被殺無疑了。大家不由地都捏了一把汗，只等著楚莊王說出那句話了。

實際上，所有大臣沒有一個人了解，楚莊王表面上尋歡作樂，卻是無時無刻不在尋找忠臣、良臣和智臣。因而，楚莊王不僅一點火也沒有發，反而哈哈大笑起來。大臣們都被搞糊塗了，只聽著楚莊王一個人笑，誰也不敢說一句話。

楚莊王盡情地笑夠了，才滿面春風地對蘇從說：「我整整等了三年，終於盼到了像你這樣的忠臣。你們是楚國振興的真正希望之所在！」

隨後，楚莊王下令，殺掉了三年來圍在自己身邊的那些只知拍馬奉承的官員，並下令整頓治安，殺掉了數百名為非作歹的慣犯，提拔了數百名在這期間敢於上諫、治國有方的官員。

並任用伍舉和蘇從全面負責國家政務，全力發展生產，訓練軍隊。使楚國迅速地發展起來，終於打敗了晉國，成了中原的霸主，史稱「春秋五霸」。

6．臉皮薄的人往往不會成功

臉皮厚不僅是一個人待人處世獲取成功的不傳之祕，就是對於一個人事業的成功，也是非常管用的。比如說，許多人都飽嘗過的外語學習難。難在哪裡？就是張不開嘴，說不出來。所以學來學去，老是卡在那兒。深入分析來看，根子還是在臉皮兒薄，怕說不好丟面子。這時，假若你能夠利用一下厚臉皮，不怕出錯，管它三七二十一，大聲地說它一氣，讀它一通，自然能收到事半功倍之效。此時，可謂「臉皮厚，學得快」。

據一位精通數門外語的朋友私下對我說，他練習外語口語的祕訣就是「厚臉皮，薄嘴唇」，意思是，敢說，多說，並且在眾目睽睽之下，不怕出醜。

從歷史上看，臉皮薄而成功者極其罕見，大凡那些獲得超人成功者皆為厚臉皮者。最有名的莫過於越王勾踐，為了復仇，竟然在眾目睽睽之下替夫差親口嚐大便的味道。然而，他最終以自己的厚臉皮換來了「三千越甲可吞吳」的輝煌。

劉備出道以來整天惶惶不可終日，四處託庇於人，見人先哭後說話，依靠自己的厚臉皮忍辱負重，才終於有了三分天下。韓信更不用說，乞食於漂母，受辱於胯下，才有了垓下一戰功成。還有曾國藩，屢戰屢敗，幾次被打得羞憤難當想跳江，幸虧臉皮還算厚，沒打算真跳，做樣子時被人拉住之後終於功成名就。

不光是政治家，清朝時有個讀書人無依無靠，寄居寺廟靠和尚施捨度日，和尚為了趕走他，故意在吃飯時不敲鐘，一次等到吃完飯才敲響開飯的鐘聲，這個讀書人跑去一看啥都沒了。這個人可真算是厚臉皮了，在這樣的情況下他也只不過是牆上題詩兩句聊以解嘲，並沒有負氣出走，而是繼續死皮賴臉地「蹭飯」苦讀，總算換來高官得中的一天。衣錦還鄉回來一看，壁上兩句詩早已被綠紗罩上了，又寫出了——「二十餘年塵拂面，如今始得碧紗籠」的感慨與得意。

細思之，厚臉皮其實是在待人處世中「勝固欣然敗亦喜」的平常心，「走自己的路讓別人說去吧」的勇氣，越挫越奮、百折不撓的堅忍，抱負遠大、志在高遠的胸襟，還有志在必得的自信。歸根結柢就是心理素質好，實為當今成功者所必備。

對於社會上那些利用厚臉皮獲得成功者，厚黑教主李宗吾歸納為三個層次：

其一，雖然臉皮像城牆一樣厚，但是卻可以被戳穿。誰見到了都能發現他們的厚臉皮，此乃厚臉皮的初級選手。

其二，臉皮不僅既厚又硬，且吃得油光發亮，看起來很能吸引人。此種人，讓人感覺是可以信賴的人，在不知不覺中為其所利用，此乃厚臉皮的中等高手。

第三，臉皮厚得無形，根本看不出來。這是最高層次的厚臉皮者。修煉到這一層次的人看上去都是一些有德行的人，他們能不顧一切地利用他人追求自己的目標，同時，被他們利用的人還頌揚他們的美德。此乃厚臉皮的頂尖高手。修煉到這個地步的人通常認為，為了獲勝，沒有不能付出的代價，只要能夠贏得勝利，即使損害別人的利益也是在所不惜，反正目的就是一個——成功。

7·「軟飯」該吃還得吃

幽默大師林語堂曾經斷言：中國一向就是女權社會，女人總是在暗地裡對男人施加影響，左右著男人的心理情緒和處事態度，無形中便決定了事態的發展。然而，由於長期受封建傳統的影響，許多男人內心深處總有那麼一股子大男子主義，覺得堂堂男子漢靠女人來活命實在丟人，甚至把社會上那些靠女人來生活的人稱為「吃軟飯」。

不過，若「吃軟飯」活得滋潤，總比沒飯吃強吧？揭示待人處世祕訣的厚黑絕學，不光認為在某些情況下，「軟飯」該吃還得吃，且甚至鼓勵人們，當遇到特殊困難時，不妨專門在女人身上做手腳，利用女人擺脫困境。

為什麼有時男人做不到的事情女人往往輕而易舉呢？因為女人，特別是長相出眾的美女，比任何兵器都更具有威力。武力的攻伐往往帶來仇恨，遭到抵抗。而美色則可以消磨敵人意志，侵蝕敵人體力，引起敵人內部矛盾。美人媚眼稍稍一丟，細腰一扭，或者柔懷一送，再強的敵人也注定要灰飛煙滅。西施送秋波，勾踐滅吳國，誅了吳王；貂蟬獻柔情，王允使呂布殺了奸雄董卓……

如此眾多的事例不勝枚舉，反正許多情況下男人做不到的事，女人卻能信手拈來。這種性別差異的奇特現象，迫使每一個渴望成功的人，必須要厚下臉皮，拋棄大男子主義，學會如何吃女人的「軟飯」。

杜月笙能縱橫上海灘，除了他心黑手辣之外，在很大程度上利益於他的「厚」功。杜月笙在上海灘最初的起家，並且很快嶄露頭角，全是靠拍女人的馬屁，得到女人的提拔，吃女人的「軟飯」。一個人無論有多大的才能，如果沒有「伯樂」也只得自認倒楣。杜月笙腦袋瓜兒機靈，辦事老練，苦於沒有出人頭地的地方。後來他投靠黃金榮，在黃府做了一名打雜的僕役，混在傭人之中，生活倒也安穩。然而，杜月笙一心要飛黃騰達，並不甘為人下。

因此，他「眼觀六路、耳聽八方」，處處謹慎，把分配給自己的活做得又快又好，但因地位太低，還拍不上黃金榮的馬屁。好在他常與黃金榮的貼身奴僕接觸，靠此機會，百般討好，黃公館上上下下對他都有好感。

終於，機會來了！有一次，黃金榮的老婆林桂生得了病，經過好一陣子也沒治好，求神占卦，提出要年輕力壯的小夥子看護，據說可以取其陽氣，以鎮妖邪，杜月笙是被選中的一個。

這個時候，黃金榮正寵愛林桂生，杜月笙善於察顏觀色，又善於動腦筋，馬上想到這林桂生的枕頭風不亞於颱風中心，威力宏大，拍不上黃金榮的馬屁，拍林桂生的馬屁可能更有效，何況，異性相吸，這馬屁又更容易拍些。

於是，杜月笙「衣不解帶，食不甘味」，十二分盡力伺候林桂生，別人照顧，無非是隨叫隨到或陪坐一旁，杜月笙則全神貫注，不但照顧周到，且能使林桂生擺脫煩惱，心情歡快。

林桂生往往尚未開口，他已知道林桂生想要什麼東西，林桂生想到的，杜月笙想到了，有些林桂生沒有想到的，杜月笙也想到了，把林桂生服侍得心花怒放，引他為貼己心腹，甚至連背著黃金榮在外面用「私房錢」放債等隱密的私事，也交給杜月笙來經管。此後不久，在林桂生枕邊風的吹動之下，黃金榮終於將當時法租界的三大賭場之一——公興俱樂部交給杜月笙經管。杜月笙靠吃女人的「軟飯」，終於有了大展鴻圖的地盤。

另外，唐朝的大奸臣李林甫也深明其道，他不僅善於巴結權貴，還特別善於巴結權貴的夫人。當時，「武惠妃寵傾後宮」，其子壽王、盛王也因母受寵而倍受皇帝寵愛，皇太子則被冷落。李林甫經過了一番思謀，便通過宦官對武惠妃說：「願護壽王為萬歲計。」謀廢太子，以圖另立，實屬冒殺身之禍的險舉。

李林甫清楚，巧妙地利用皇宮內潛在的太子之爭，不僅不會有險，反會有利。果然，武惠妃對他頗為感激，時常在皇帝面前替他美言。朝中侍中裴光度夫人，乃是武三思之女，李林甫便對其暗中獻媚，以致使裴妻武氏「嘗私林甫」。侍中裴光度死，李林甫便迫不及待地欲繼相位。武氏更是鼎力相助，請深受皇帝寵信的宦官高力士幫助達此目的。高力士本出自武三思之家，對武氏所求自然非常效力。不過，皇帝已決定任用韓休為相。李林甫雖未如願，但足見其野心勃勃，而又善於走權貴夫人的門路。

古往今來，走權貴夫人的門路，往往比直接走權貴本人的門路還要奏效。

8．周瑜的反間計

在家靠父母，出門靠朋友，這句話可說是盡人皆知，但如何靠朋友，卻並非人人都知道怎麼做。待人處世不敗哲學認為：朋友能依靠就一定要靠，不要有什麼不好意思，臉皮厚一點，什麼也都過去了。另外，當「朋友」的切身利益與自己的利益發生矛盾衝突時，不妨巧妙地利用「朋友」為自己服務，至於事後朋友如何向他的上司交代，是不是能夠過得去，管那麼多幹啥！

周瑜威武剛毅，膽識過人。當曹操揮數十萬大軍乘勝東下，東吳群臣聞風喪膽，紛紛欲降之時，周瑜砥柱中流，堅如磐石，受命於危難之際，進軍於強敵之前，終於擊敗曹操，開拓荊州，贏得了鼎足而立，三分天下的關鍵性勝利，為東吳政權建立了巨大功勳。而在赤壁大戰期間，周瑜所上演的一齣精彩的利用「朋友」劇目，可說為最後取勝起了關鍵性的作用。

當時，不習水戰的曹操數十萬大軍，由於重用了熟悉水戰的荊州降將蔡瑁、張允，使曹軍的水戰能力大大提高。一天，當周瑜乘船察看時，發現曹軍設置水寨，竟然「深得水軍之妙」。熟悉軍事謀略的周瑜心裡很明白，在雙方實力相差懸殊的情況下，要想以劣勝優，必須揚長避短；而要揚長避短，就得防敵變短為長。於是，周瑜暗下決心：吾必設計先除此二人，然後方可破曹耳。

真是無巧不成書，正在周瑜絞盡腦汁設謀定策之時，曹操手下的謀士、周瑜的故友蔣幹來訪，想利用與周瑜的私交，或者勸降，或者探查吳軍虛實。周瑜一眼就看出蔣幹的來意，於是，馬上就想了一條利用「朋友」的妙計。

當天晚上，周瑜大擺筵席，盛情款待老朋友蔣幹。周瑜以「只談私情，不談公事」為由，堵住了蔣幹勸降之語。席間，周瑜開懷暢飲，喝得爛醉。

夜間，周瑜佯裝大醉之狀，挽住蔣幹的手說：「久不與子翼（蔣幹的字）同榻，今宵抵足而眠。」

當軍中打過二更，蔣幹起身，見殘燈尚明，周瑜卻鼻息如雷。這時，蔣幹突然發現帳內桌上堆著一疊公文，急忙近前觀看，都是來往書信，其中內有一封寫著「蔡瑁、張允謹封」，蔣幹大吃一驚，急忙取出偷看。其中寫道：「某等降曹，非圖仕祿，迫於勢耳。今已賺北軍困於寨中，但得其便，即將操賊之首，獻於麾下，早晚人到，便有關報。」蔣幹尋思，原來蔡瑁、張允竟然暗中勾結東吳，於是將書信藏在衣內，到床上假裝睡覺。

大約在四更時分，有人入帳低聲呼喚周瑜，周瑜故裝「忽覺之狀」。那人說：「江北有人到此。」周瑜喝道：「低聲！」又轉過頭來向著蔣幹喊了兩聲，蔣幹佯裝熟睡沒有作聲。於是，周瑜偷偷走出營帳，蔣幹趕緊爬起來偷聽，只聽得外面有人說：「張、蔡二都督道：『急切間不得下手……』」後面的話聲音更低，什麼也聽不清楚。不一會兒，周瑜回到帳內又睡了起來。

五更時，蔣幹低聲喊了周瑜幾聲，周瑜沉睡沒有應聲，蔣幹見周瑜熟睡未醒，當即披上衣服，溜回江北。他向曹操報告了所見，並交上那封偽造的書信，曹操勃然大怒，立即下令斬了蔡瑁和張允，當兩顆血淋淋的人頭獻上之時，曹操方才恍然大悟說：「吾中計矣！」就這樣，周瑜利用蔣幹這個老朋友，巧妙地假曹操之手，一舉除掉了兩個最大的隱患。從而才有了流傳至今的赤壁大戰火燒曹營的壯舉。

對於周瑜來說，蔣幹這個「老朋友」只是他謀略大棋盤上的一顆棋子，至於事後蔣幹在曹操那能不能交代，自然就不是周瑜所要考慮的事了。

9．李國輔「丟卒保車」

李輔國自幼進宮當太監，開始時幹最低賤的雜活兒，在皇帝的馬廄中清掃馬糞。他人長得很醜，卻極有心計，還粗通文墨，只是一直沒找到出頭的機會。後來巴結上了高力士，給他當了一段奴僕，到四十歲才撈了個馬廄管帳目的小官。

李輔國極有耐心，他認真管理，不許養馬的太監報假帳，把馬養得很肥壯，因此被推薦給太子李亨，讓他服侍太子，就這樣，李輔國爬了上來。李輔國十分明白，自己目前資歷尚淺，威望不足服人，必須以謙卑的態度來和大臣們交往，否則，即使有皇帝的支援，在平叛時期也站不穩腳跟。李輔國卑以辭色，還經常吃齋念佛，打坐誦經，從皇上到朝臣都覺得他十分和善，都很喜歡和信任他。

在逃避「安史之亂」時，楊貴妃和楊國忠在馬嵬坡被殺，宦官李輔國看準時機，向太子李亨獻計，認為趁此時機可以要求唐玄宗分給他一部分兵馬，以反擊叛軍，收復西京為號，另選落腳地。李輔國還串通好了太子的寵妃張良娣一同勸說李亨。這樣，李亨在李輔國、張良娣以及建寧王李炎的勸誘之下，沒跟唐玄宗逃到四川，而是到了靈武。不久，李輔國又勸說李亨即位，說是玄宗離逃，遠在四川，不足以聚攏人心平定叛亂。李亨覺得確實是即位良機，就在靈武即位，是為唐肅宗。

唐肅宗即位，確實使天下人心為之一振，因為人們已對唐玄宗失去信心，又兼唐玄宗平叛無力，遠在四川，所以，人們把安定天下的希望寄託在肅宗身上。肅宗自任天下兵馬大元帥，極其寵信李輔國，把他封為太子家令，判元帥府行軍司馬事，賜名護國。從此，李輔國發跡了。

平定安史之亂回長安後，唐玄宗當太上皇，與兒子唐肅宗之間不斷發生權力鬥爭，有時到了火拼的程度。一次，唐玄宗在宮中巡視，剛到睿武門，李輔國事先佈置好的五百名士兵，拿著刀槍衝了出來，攔在唐玄宗馬前。唐玄宗大驚失色，高力士卻挺身而出，厲聲喊道：「這裡是五十年的太平天子，李輔國你想如何？」

他這一喊還真有威懾力，許多士兵不敢妄動。高力士一看情況穩住了，就又厲聲疾喝，命令李輔國離隊出列。李輔國沒想到會節外生枝，見士兵猶豫，他便見風使舵，決定不再殺死玄宗，免得士兵不聽指揮，反弄得自己禍滅九族。李輔國下馬離隊，來到唐玄宗面前。

這時，高力士不失時機地大聲高喊：「太上皇向諸位士兵問好！」士兵們一聽，立刻放下心來，知道皇上不會問罪了，就都跪倒在路邊，大喊高呼：「太上皇萬歲，萬萬歲！」

李輔國一看，自己若不見機行事，馬上就有被當作亂臣誅殺的可能，於是，捨車保帥，立即刺死身旁的小頭目，割下他的頭顱向唐玄宗請罪。高力士又命令李輔國給太上皇牽馬，李輔國只得換下靴子，在一邊為唐玄宗牽著馬，和高力士一起把他送回宮中。

在性命悠關的時刻，李輔國果斷地以「丟卒保車」的厚黑方法，用小頭目的命，換來了自身的安全。雖然人們可能覺得他的做法有點「黑」，可反過來想一想，當你處於同樣的境地時，難道還能找到更好的方法嗎？恐怕很難！

你一定有過年關前大掃除的經驗，當你一箱又一箱地打包，你是不是很驚訝自己在短短的幾年內，竟然積累了那麼多的東西！你可能很懊悔，埋怨自己為何沒能在事前花些時間整理，淘汰一些根本就不可能再需要的東西。

其實，人生又何嘗不是如此呢？每個人不是都在不斷地積累東西？這些東西包括你的名譽、地位、財富、親情、關係、健康和知識等等。當然，也包括了煩惱、鬱悶、挫折、沮喪和壓力等。試問：在這些累積的東西中，到底有多少是真正有用的呢？又有多少是早就該丟棄而未丟的呢？

10．有付出才能有回報

日本繩索大王島村芳雄原在一家包裝公司當店員。有一天，他在街上漫無目的地散步時，偶然間注意到許多花枝招展的太太小姐們，除了手中拿著自己的皮包外，每個人手裡還提著個漂亮的紙袋。這些紙袋是他們在買東西時，商店給他們用來裝東西用的，用這樣的紙袋裝東西真是既實用又方便。經過多日的細心觀察，島村發現用紙袋的人真是越來越多，看來紙袋這玩意是一個極有發展前途的東西。

於是島村又設法參觀了一家造紙廠，果然工廠忙得像剛發生了火災的現場一樣。參觀後，島村怦然心動，他斷言，將來紙袋一定會風行一時！那麼，做紙袋的繩索也一定會大量需要。因此他毅然決定無論如何也一定要辭職大幹一番不可。

經過無數次的艱苦努力，島村終於從銀行申請到了一百萬元的貸款。資金有了，但如何能夠在競爭激烈的商界站穩腳跟呢？在創業伊始，島村決定先捨後賺，採用了一種奇怪的「原價銷售法」。

所謂「原價銷售法」，即他在種麻的產地以五角錢一條長四十五公分的價格大量購來麻繩，又照原價以每條五角錢的價格賣給東京一帶的紙袋工廠。

完全無利潤反而賠本的生意做了一年之後，「島村的繩索確實便宜」的名聲傳揚四方，各地的訂售單像雪片一般地源源飛來。於是，深謀遠慮早有計謀的島村，又按部就班地採取了他的第二步行動。

島村拿著購物收據前去與訂貨客戶們訴說：「到現在為止，我是一分錢也沒賺到你們的，但如果長此下去，我只有破產一條路了。」這樣與客戶交涉的結果，自然是他的誠實感動了客戶，使客戶心甘情願地把貨價提高到五角五分一條繩索。

與此同時，島村又來到麻繩產地與廠商商量：「你賣給我五角錢一條繩索，我是照原價賣出的，所以才有了這麼多的訂貨，不過，這種『喝西北風』的生意，我是不能再做下去了。」供貨廠商看到島村開給客戶們的收據發票，大吃一驚，因為他們頭一次遇見這種甘願不賺錢做生意的人，於是不加考慮地一口答應，每條繩索以四角五分的價格供應給他。

這樣兩頭一交涉，每條繩索就賺了一角錢，而他當時一天就有一千萬條訂貨，那麼利潤就是相當可觀的一百萬日元了。就這樣，短短的幾年功夫，島村從一個幾乎是一文不名、囊空如洗的窮光蛋，搖身一變而成為日本著名的繩索大王，創業十三年後，他日交貨量已經超過五千萬條，現在的繩索更為講究，有塑膠帶、緞帶、絹帶等等，每條售價五元左右，利潤更加可觀。

開始時島村先生吃了大虧，但隨之他卻佔了更大的便宜。因為完全無利潤的賠本生意，不僅使他贏得了大批的用戶，而且又迫使其他對手退出競爭，從而達到了自己的真正目的，擠走競爭對手使自己獨佔市場。這種會捨和敢捨的行事方法，非那些有膽有識、謀略過人、深諳此道之人不可用。

俗話說：「捨不得孩子套不住狼。」富有經驗的待人處世高手都知道，有「捨」才會有「得」，而且在通常情況下，「捨」的大小差不多與「得」成正比。因而他們在關鍵時特別敢於「捨」。

11．秦始皇「以捨取國」

對於個人來說，敢捨才能得利；對於國家來說，敢捨方能得國。秦國能掃平六國，統一天下，在很大程度上就是靠「捨」達到的，其中重金賄賂趙國重臣郭開，誘使趙王陣前換將就是最明顯的一例。

據史書記載，大梁人尉繚來到秦國後，向秦王提了一個「以捨取國」的計策，他對秦王說：「以秦國目前的強勢，其他諸侯已如同秦國的郡縣而已了。但最怕的是我們一時大意，讓諸侯因利害相結合。所以我希望君王能捨得花大錢賄賂諸侯的豪臣，以亂其政策。大約三十萬金左右，便可以把諸侯完全消滅掉。」

秦王政聽完尉繚建議後，非常高興。對於尉繚的建議照單全收，且在吞併六國的鬥爭中適時加以運用。長平一戰，越國損失慘重，被迫將晉北太原之地和晉中南的上黨之地，先後割讓給秦。

到秦王政時，趙國尚擁有中山、邯鄲、河間等地方，北有雲中、雁門、代等邊郡與匈奴相抗衡，西以太行山脈為屏障隔擋秦國。而齊、魏、燕國勢日衰，所以趙國仍不失為東方強國。而且，趙國地處東方諸國之中樞，在秦國向中原進兵時，趙國既為韓、魏之後援，又遮掩了秦對齊、燕兩國戰爭的鋒芒。因此，秦統一六國，趙國最為關鍵，所以秦始皇發動了大規模的滅趙戰爭。

秦國發動對趙戰爭，由名將王翦主持，從始皇十一年開始，始皇十九年結束，先後達九年之久，大致分為兩個階段。第一階段為始皇十一年至十四年，這是滅趙戰爭的準備階段。秦國趁趙用兵於燕之際，由王翦親率主力從晉中南上黨地區出發，向太行山高臺地區的趙軍發動攻擊，一舉攻佔了閼與、僚陽，直逼趙都邯鄲。王翦又令桓齮率部由南陽出發，沿太行山東南麓前進，攻取了河間六城，直接威脅邯鄲南部。

趙國則針鋒相對，分兩路抵禦秦軍，西路由名將李牧率軍對抗王翦，南路以扈輒為將阻擋桓齮。秦、趙對峙近兩年，王翦軍遭到李牧的有力阻擊，不得前進；桓齮則在始皇十三年攻佔了邯鄲東南之平陽、武城，斬趙軍十萬，殺趙將扈輒。第二年，桓齮又率部繞道上黨，攻取了趙之赤麗、宜安，加緊了對邯鄲的包圍。秦王政親赴河南，部署克邯鄲的戰事。當此緊急關頭，趙國急抽調李牧南下，將桓齮擊敗於宜安、肥下。桓齮畏罪逃往燕國，秦國滅趙戰爭受挫。

第二階段在始皇十五年至十九年，這是滅趙之戰的關鍵階段。王翦因前次西進受挫於李牧，遂改道北移，率主力由太原進攻井徑關，企圖出井徑關佔領邯鄲以北地區；另一部仍由南路經鄴邑、安陽進攻邯鄲之南。趙國主將李牧揣測到秦軍改道的意圖，便移主力北上，扼守井徑關，對抗王翦；而令司馬尚率另一部趙軍據守邯鄲之南，以抵禦南路之秦軍。結果，秦、趙兩軍又分別在北線和南線成對峙狀態。王翦被李牧阻於番吾，南路秦軍被司馬尚所擋，又是兩年時間，秦軍未得進展。

秦國為了打破戰爭的僵局，按照尉繚的計策，派人來到趙國，重金收買了趙王的寵臣郭開，令郭開挑撥趙國君臣關係，「言李牧、司馬尚叛反。」昏庸的趙王聽信讒言，派趙蔥及齊將顏聚替代李牧。李牧拒不受命。

於是，趙王以召見為名誘李牧回京入宮，令佞臣韓倉數列其罪狀，抓住李牧上朝行禮不恭的把柄，誣告李牧：「將軍戰勝歸來，大王親自舉爵為你祝酒，然將軍為壽於前而捍匕首，當死！」李牧申辯說：「臣身大臂短，不能及地，起居不敬，為此，特意請人給臣用木棒接長了手，並非袖藏匕首，大人若不信，請讓臣伸出手來看看。」說罷，李牧將接的手伸出衣袖，狀如棒捆，以布纏之，對韓倉說：「請公入告大王。」韓倉不肯通報，說：「受命於王，賜將軍死，不赦！」李牧自知無救，北面再拜趙王賜死之命，步出宮門，右手舉劍自誅，因臂短，便不及頸，遂口銜著劍，靠著柱子自殺身死。

李牧被殺三個月後，王翦率秦軍主力從上地出發，攻克了井徑關，大破趙軍，殺了替代李牧的趙軍主將趙蔥和顏聚。秦軍直逼邯鄲。另一路秦軍從南路進軍。原來駐守邯鄲之南的趙將司馬尚因李牧事件株連被廢，趙軍南線無得力將領，南路秦軍得以順利抵達邯鄲南郊。與北部的王翦軍形成南北夾擊之勢。最後，邯鄲城破，趙王被俘。秦國滅趙戰爭勝利結束，時間是始皇十九年。

第5章

人生要有多種的選擇

當然，人生有很多種可能，
並不是不吃回頭草就必「餓死」。
回不回頭完全是種選擇，但何妨有彈性一些，
在面臨回不回頭的利益關卡時，
思考一下我現在有沒有「草」可以吃？
如果有，這些草能不能吃得飽？
如果不能吃飽，或目前無草可吃，
那麼，未來會不會有草可吃？

1．焦芳的牆頭草主義

要想在待人處世中立於不敗之地，必須能夠借助別人的力量，並且在借助別人力量的時候，最好不明顯依靠任何一方，以免在對方倒楣的時候跟著下火海。那麼，到底該如何做才能獲得最大的利益呢？待人處世不敗哲學認為：下策是誰也不靠，沒有靠山；中策是一心投靠某一方做靠山，並與之同甘共苦；上策是腳踩兩隻船，讓兩方都將你視為心腹，吃完上家吃下家，從而保證自己獲得最大的利益。

明朝時的權臣焦芳，就是典型的善於腳踩兩隻船、上下兩家通吃的厚黑高手。

焦芳剛進入翰林院之初，精通厚黑之道的他，憑藉敏銳的嗅覺，立即開始尋覓政治上的強力靠山。不言而喻，在那個時代，要論靠山，當然莫大於皇帝了。

弘治十八年五月，明孝宗死，其獨子朱厚照繼位，是為明武宗。武宗是明代最昏庸腐敗的皇帝之一。他當太子時就驕橫不羈，貪於玩樂。即位後，更是整天沉湎於酒色犬馬，寵信閹宦，揮霍無度。

正德元年（西元一五〇五年）四月，吏部尚書馬文升去位，焦芳以阿諛投好、毀人譽己的厚黑招法，靠有前面的討好墊底，從皇帝那兒把吏部尚書撈到了自己的手裡。

武宗即位時，年歲僅有十五歲，對政事不熟，也沒什麼興趣，只是喜歡騎射遊獵，又十分寵愛他在當太子時陪他玩樂的太監劉瑾。而劉瑾呢？則盡力迎合武宗所好，經常會同手下的馬永成、高鳳、羅詳、魏彬、丘聚、谷大用和張永等人，弄來鷹犬、歌伎、角觝（觝同抵，古時一種娛樂活動）之類，供武宗玩樂，並經常陪同皇帝到宮旬遊玩。因此「帝大歡樂之，漸信用瑾」。劉瑾等八宦官由此得寵，橫行自恣，人稱「八虎」或「八黨」。

一向藉權勢為靠山的焦芳，早就準備要「深結閹宦以自固」。這時眼見劉瑾日得恩寵，便「欲與瑾為好，中外附和，凡瑾所言，與芳同出一口，其所中傷，無不立應。」

當時，朝廷內外對於劉瑾等「製造巧偽，淫蕩上心」，致使朝政荒廢，早已議論紛紛，譴責「八虎」逆行。先是「託孤」重臣、內閣大學士劉健、謝遷、李東陽等人見武宗無心理政，整天和那幫太監嬉遊無度，就與司禮太監王嶽、范亨和徐智等人聯合上疏規諫，接著戶部尚書韓文等各部大臣也聯合言官，上奏彈劾「八虎」，要求「縛送法司，以消禍萌」。朱厚照見到奏章後，「驚泣不食」，便在正德元年十月派王嶽、范亨、徐智等司禮監太監，一日三次「齊詣閣議」。朱厚照原想把劉瑾等遷居南京了事，但劉健等人則執意要殺掉劉瑾等人。

閣議中，劉健推案痛哭，聲淚俱下，使性情剛直的王嶽也受到感動，回奏說：「閣議此事！」朱厚照在群臣的壓力下，也「不得已而允之，待明日發旨，捕瑾等下獄。」

但是就在當天晚上，提前得到消息的焦芳便把此事偷偷告訴了劉瑾。結果，劉瑾等搶先一步，連夜趕到武宗面前，「環跪哭，以頭搶地」，劉瑾對武宗說：「陷害奴才的是王嶽。皇帝外出，玩玩鷹犬，何損於國事呢？朝臣所以敢於反對，是因為司禮監不得人；若司禮監得人，任憑陛下做什麼，誰還敢有異議！」

武宗一聽，怒火頓起，立即下令讓劉瑾接掌司禮監，兼提督京營，並責令馬永成掌東廠，谷大用掌西廠，讓「八虎」分據要職；還下令將王嶽等三人貶逐南京，逼劉健、謝遷辭職，韓文也被革職。

在這場朝臣與劉瑾等「八虎」的鬥爭中，精通厚黑之道的焦芳，再一次巧妙地玩了一齣「腳踩兩隻船」的把戲。按慣例，各部會奏，理當以吏部為首簽署。但當時任吏部尚書的焦芳，在收到韓文等彈劾劉瑾的奏疏後，先是推說：「諫非吾事。」唯恐禍及自身，不肯首署。

當韓文自願承擔責任並聲言自己負責後，焦芳才肯呈上奏疏。在他向劉瑾告密後，瞬息間所發生的變化，他還來不及獲知新的資訊。當第二天早上，皇帝下詔宣召大臣到左順門時，焦芳還以為是劉瑾當誅，得罪了太監，惴惴不安地「徐行在後」，還自我表白說：「今日之事，為首者自當之。」到了門下，焦芳對同僚說不出一句話，但在暗地裡卻向太監透露：「上疏是（韓）文的主張，我不知道。」

然而，正是由於焦芳的告密，使事態驟然大變。本應下獄甚至被殺頭的劉瑾轉危為安，並在一夜之間重權在握，操弄國柄，威福自恣；而正直的廷臣卻完全失敗，劉健、謝遷、韓文等被逼致仕。不久，劉瑾又假傳聖旨，把劉健、謝遷等五十三名朝臣誣為「奸黨」，有的被罷免，有的坐牢，有的戍邊，有的被殺頭。

劉瑾在掌管司禮監的當夜，就把太監王嶽、范亨、徐智三人「逐之南京」。在路上又將王嶽、徐智殺掉，打斷了范亨的臂膀。

武宗在貶斥了敢於勸諍的大臣之後，就更無所顧忌地玩樂，他大興土木，建築太素殿、天鵝房船塢，又另建一座多層的宮殿，兩廂設有密室，整天與一些宦官和宮女，在裡面花天酒地縱情淫樂。劉瑾總是在武宗玩得正高興的時候，上前奏事，或拿出一大堆奏章讓武宗裁決。正玩到興頭上的武宗，哪裡顧得上這些，便非常厭煩地揮揮手說：「你老是來找麻煩，朕用你幹什麼，去，去！」

這樣推拖幾次之後，劉瑾就不再奏請，獨自專斷，甚至發展到後來，劉瑾為了避免麻煩，而把奏章帶回家中處理。慢慢就形成了朝臣在朝見了武宗之後，還必須去拜見劉瑾。當時民間流傳著一種說法：「北京城裡有兩個皇帝，一個朱皇帝，一個劉皇帝。」

焦芳在關鍵時刻向劉瑾通風報信，立了「大功」，自然得到劉瑾等宦官的賞識，「遂引芳入閣，表裡為奸」。按明朝規制，吏部尚書是不得兼閣務的，這是高皇帝定下的祖宗成法之一。但是「自正德年間焦泌陽始」被破壞了。當然，不是劉瑾任用，焦芳自身是沒有這個能力的。這足見劉瑾一夥當時的威勢，同時也說明了焦芳受寵的程度。

2．費無忌借刀殺人

殘酷的現實告訴人們，在待人處世中，競爭對手之間因為有直接的利害衝突，往往相互之間都藏著一個心眼。諸如虛情假意、說話留半句、當面說好話、背後捅刀子、踩著對方往上爬等等，大都發生在競爭對手之間。那麼，當你在攀爬的狹窄通道，遇到與自己爭擠攀爬者，或者遇到影響自己仕途發展的人，該如何做呢？

在待人處世中，剷除異己有賢愚之分：笨者行事，直截了當地白刀子進去，紅刀子出來，表面上既英雄，又痛快，可是這樣一來，自然是難逃法律的制裁，人們還會說你是殘忍暴戾之徒。聰明者整人不需要自己動手，而是公開利用法律或假手他人，去執行自己殺人的意圖。這樣，目的達到了，在仁義道德的面具上還可以多塗一層油彩，這就是借刀殺人。

費無忌因為嫉妒圭宛，欲置之死地而後快。可費無忌不是笨蛋，而是一位絕頂的厚黑高手。他抓住機會，無中生有，嫁禍圭宛，自己不動聲色，讓囊瓦替自己除掉圭宛，實在是高明至極。

戰國時，楚昭王即位，以囊瓦為相國，由圭宛、鄢將師、費無忌三人共同輔佐相國執掌國政。有一年，圭宛出征吳國，大獲全勝，俘獲大量的吳兵和兵器。昭王大喜，將所獲戰利品的一半賜給他，並且以後每件事都會先和他商量，相國囊瓦也慢慢地開始寵愛圭宛。

費無忌心生妒忌，害怕圭宛會影響到自己的地位，便和鄢將師一起設計進行陷害。有一天，費無忌對囊瓦說：「圭宛有意請客，託我來轉報，不知相國肯不肯賞臉去一下？」

囊瓦立即回答：「既然來請，哪有不赴之理？」

費無忌又去對圭宛說：「相國早有意在貴府飲杯酒，大家快樂一下，不知你是否願意做這個東道主？現託我來問一問。」

圭宛不知是計，答應說：「我是他的下屬，難得相國看得起我，真是榮幸之至！明天好了，我當設宴恭候，請你先去報告！」

費無忌又問：「既然相國前來，你準備送他什麼禮物呢？」

「這倒提醒我了，」圭宛說：「不知相國喜歡什麼？」

「據我所知，唔……」費無忌故意停頓了一下才說：「他身為相國，女子財帛自是不希罕了。唯有堅甲利兵，他最感興趣，平日也曾對我暗示過，他很羨慕你分得的一半吳國兵甲，要來你家赴宴，無非是想參觀一下你的戰利品罷了！」

「這個很容易啦！」

圭宛隨即叫人拿出戰利品來，費無忌又幫忙挑選出一百件最堅固的兵器，並告訴圭宛說：「這些夠了，到時，你把這些放在門邊，相國來的時候，必問及此事，一問，你就拿給他看，乘機獻給他，如果是別的東西，恐怕他是不會接受的。」

圭宛信以為真，就將那百件兵器和被俘吳兵安排在門內，用布帳掩蔽起來。

第二天，圭宛大擺筵席，佈置堂皇，託費無忌去請囊瓦。囊瓦正準備起程，費無忌說：「圭宛近來的態度十分傲慢，此次設宴又不知其中緣故。人心不可測，待我先去探聽一下，看他擺宴情況怎樣，相國然後去，這樣比較安全些，好不好？」

「好！你先去看看吧！」囊瓦說。

費無忌出去在街上胡亂轉了個圈，踉踉蹌蹌地跑了回來，一撞一跌的，喘息未定，氣急敗壞地說：「幾乎誤了大事！我已探聽明白了，圭宛這次請客，是不懷好意的，打算置相國於死地。我見他門內暗藏甲兵，殺氣騰騰的，相國若前去，一定中他的計。」

囊瓦一聽，心裡不禁猶豫了起來，說：「我和圭宛平日並無過節，他肯定是不會這樣做！」

費無忌乘機挑撥說：「圭宛自從征吳有功，恃王之寵，早有對相國取而代之的野心了，這是盡人皆知的事，只瞞著相國一人，我和鄢將師正提防他早晚會有此一招。想想，過去吳趁我喪，我趁吳亂，圭宛本可以乘勝追擊，把吳國滅了，可他卻只是俘獲一些兵甲就班師，聽說他得了吳國很多的賄賂，他一定心懷鬼胎，想在本國打主意，說不定——此人若得勢，楚國就危險了！」

費無忌侃侃而談，漸漸把囊瓦的思緒打亂了，但囊瓦還是不大相信，便另派心腹去圭宛家裡打探個明白。

那心腹回來報告，說是確有其事，門內果然伏有甲兵。囊瓦登時雷霆大發，即叫人去請鄢將師，告訴他這件事，並問他如何處置？

鄢將師早就與費無忌串通好了，遂添油加醋地說：「圭宛他想造反並非一天兩天的事了，他和城內三家大族夥同一黨，正想謀奪國政，還好今日發覺得快，再遲可就後悔莫及了。」

氣憤至極的囊瓦把桌案一拍：「我非宰了他不可！」當即奏請楚王，命鄢將師包圍了圭宛的家。圭宛這才知道自己中了費無忌的奸計，欲哭無淚，欲訴無門，含冤莫辯，只好長歎一聲拔劍自刎。

就這樣，費無忌用厚黑術輕而易舉地除掉了行情看好的圭宛。

3．劉邦封齊王

中國人常說「後生可畏」，這句話有著年輕人前途無量，和不可輕易得罪兩層含義，所以在待人處世時，人們都習慣於首先衡量對方的實力和潛力，來確定與之交往的行為界限和方式。但是也有一些不聰明的人常常無視別人的實力和未來的發展，很不明智地用惡意的言行來對待別人，這樣的人既不為別人的未來考慮，也不為自己的未來考慮太多，最後常常發出——「早知今日，何必當初」的悔歎。

「水往低處流，人往高處走」，當一個人實力微弱、處境困難的時候，也就是最易受到打擊和欺侮的時候。這種情況下，人們的抗爭力最差，如果能避開大劫也算很幸運了。假如此時面對他人過分的「待遇」怎麼辦呢？待人處世不敗哲學認為：最好是「退一步海闊天空」，先忍下一時之氣，立足於「留得青山在，不怕沒柴燒」，用「臥薪嘗膽，待機而動」作為忍耐與發奮的動力。

當然，這裡我們所說的「臥薪嘗膽，待機而動」，應把握好以下行為界限——

第一，目的應該是為了渡過難關，克服別人給你製造的麻煩，以免影響你的正事；第二，這種信念所針對的麻煩應是對抗性的矛盾和衝突，而不是那些雞毛蒜皮的小事；第三，著眼於遠大目標，致力於成就大事，而不能採取卑鄙的報復行為；第四，這種信念的價值就在於以暫時之忍耐，換取長久的不受氣。

楚漢相爭之初，劉邦勢力較弱，常吃敗仗。漢高祖四年，劉邦被項羽圍困在滎陽。大將韓信領大軍北上作戰，屢戰屢勝，不但不來相救，反而乘機要挾劉邦封他為「假齊王」，劉邦一聽就勃然大怒，破口大罵：「他媽的，我坐困滎陽，日夜盼著你韓信來救駕，你不但不來，反要自立為王！我……」

正說著張良踩了一下他的腳，劉邦是何等聰明與能忍之輩，嚥了口唾沫馬上改了口，但仍接著剛才的口氣罵道：「男子漢大丈夫，要做就做真王，做什麼假王！」立即封韓信為齊王。

劉邦封韓信為齊王後，韓信率兵前來解了滎陽之圍。後來劉邦與項羽對陣相持時，劉邦又命韓信、彭越率軍合力攻打項羽，但韓信、彭越又一次按兵不動，結果劉邦再遭慘敗。張良分析了原因，認為劉邦一沒有給他們封地，二沒有許諾勝利後共用成果，所以韓信、彭越按兵不動，他建議劉邦先把自陣地以東直至海邊的地方都封給韓信，自睢陽以北，直至阿城之地都封給彭越，然後再許諾將來與他倆共分天下。

劉邦強忍著怒氣按張良的意見辦了。果然垓下一戰全殲楚軍。劉邦在創業時期可以說一忍再忍，都是不得已而為之，但他的忍換來的卻是最後的勝利，一旦天下平定大權在握時，他即能輕易地收拾得罪過他的人，殺韓信、誅彭越，真是君子報仇，十年未晚啊！

當然，我們這裡不去評價劉邦當上皇帝後大肆殺戮的做法，更不宣揚他厚顏寡恥，為了自己活命竟然不顧生身父親和親生兒女死活的做法，而是想通過劉邦厚顏的成功，告訴人們厚顏無恥在待人處世中的奇妙作用。

4．武則天的智慧

在待人處世中，如果情況對自己不利，再要繼續下去很可能身敗名裂，甚至丟了性命。那就必須考慮如何全身而退，先保住自己的本錢再說。此時，必須當機立斷，絕不可拖泥帶水，這時最能反映出厚顏無恥之士的功力深淺。因為，他們懂得如果本錢沒有了，一切就全玩完了。對於厚顏無恥之士來說，此時的退是為了以後的進，眼下的厚顏，是為了下一步的無恥。

一．要仔細評詁可能面臨危險的程度　慎之又慎地做出是否撤退的決定，因為「撤退」畢竟是一種退而求其次的手段，是為保存實力，不得以而為之的消極行動。如果再堅持一下就會成功，就絕不要輕言撤退。可見，做出這種決定必須要慎之又慎。

例如，武則天年方十四，便已豔名遠播，被唐太宗召入宮中，不久封為才人，又因性情柔媚無比，被唐太宗昵稱為「媚娘」。當時宮中觀測天象的大臣紛紛警告唐太宗，說唐皇朝將遭「女禍」之亂，某女人將代李姓為唐朝皇帝。種種跡象表明此女人多半姓武，而且已入宮中。唐太宗為子孫後代著想，把姓武之人逐一檢點，做了可靠的安置，但對於武媚娘，由於愛之刻骨，始終不忍加以處置。

唐太宗受方士蒙蔽，大服丹丸，雖一時精神陡長，縱欲盡興，但過不多久，便身形槁枯，行將就木了。武則天此時風華正茂，一旦太宗離世，便要老死深宮，所以她時時留心擇靠新枝的機會。太子李治見武則天貌若天仙，仰羨異常。兩人一拍即合，山盟海誓，只等唐太宗撒手，便可仿效比翼鴛鴦了。

在這種情況下，武則天當然不會考慮「撤退」，她還在安排如何大舉進攻，攀附上未來的天子。

二・當斷不斷，必受其害　情況不妙時，必須以極大的勇氣，當機立斷，主動撤退，否則，肯定是血本無歸。

當唐太宗自知將死時，還想著如何確保李家江山的長久萬代，要讓頗有嫌疑的武則天，跟隨自己一同去見閻羅王。

臨死之前，他當著太子李治的面問武媚娘：「朕這次患病一直醫治無效，病情日日加重，眼看是起不來了。妳在朕身邊已有不少時日，朕實在不忍心撇妳而去。妳不妨自己想一想，朕死之後，妳該如何自處呢！」

武媚娘冰雪聰明，哪還聽不出自己身臨絕境的危險。怎麼辦？武媚娘知道，此時只要能保住性命，就不怕將來沒有出頭之日。然而要保住性命，又談何容易，唯有丟棄一切的一切方有一線希望。於是她趕緊跪下說：「委蒙聖上隆恩，本該以一死來報答。但聖躬未必即此一病不癒，所以妾才遲遲不敢就死。妾只願現在就削髮出家，長齋拜佛，到尼姑庵去日日拜祝聖上長壽，聊以報效聖上的恩寵。」

唐太宗一聽，連聲說「好」，並命她即日出宮：「省得朕為妳勞心了。」

原來唐太宗要處死武媚娘，但心裡多少有點不忍。現在武媚娘既然敢於拋卻一切，脫離紅塵，去當尼姑，那麼對於子孫皇位而言，活著的武媚娘等於死了的武媚娘，不可能會有什麼危害了。武媚娘拜謝而去。

一旁的太子李治卻如遭晴空霹靂，動也動不了。唐太宗卻在自言自語：「天下沒有尼姑要做皇帝的，我死也可安心了。」

李治聽得莫名其妙，也不去管他。藉機溜出來，去了媚娘臥室。見媚娘正在檢點什物，便對她嗚咽道：「卿竟甘心撇下了我嗎？」

媚娘道：「主命難違，只好走了。」「了」字未畢，淚已雨下，語不成聲了。

太子道：「妳何必自己說願意去當尼姑呢？」

武媚娘鎮定了一下情緒，把自己的計策告訴了李治：「我要是不主動說出去當尼姑，只有死路一條。留得青山在，不怕沒柴燒。只要殿下登基之後，不忘舊情，那麼我總會有出頭之日……」

太子李治佩服武媚娘的才智，當即解下一個九龍玉佩，送給媚娘作為信物。太子登基不久，武媚娘果真再次進宮。在這件事中，武媚娘的機智之處在於，危難面前能迅速分清主次，並能果斷地「撤退」，從而保住自己的性命。後來，時機一旦成熟，武則天果斷地由退轉進，成為中國歷史上聲名赫赫的一代女皇。

5．勾踐與宋高宗

「厚黑救國，古有行之者，越王勾踐是也。會稽之敗，勾踐自請身為吳王之臣，妻入吳宮為妾，這是厚字訣。後來舉兵破吳，夫差遣人痛哭乞情，甘願身為臣，妻為妾，勾踐毫不鬆手，非把夫差置之死地不可，這是黑字訣。由此知：厚黑救國，其程度是先之以厚，繼之以黑，勾踐往事，很可供我們的參考。」

李宗吾認為：厚黑學的道理是放諸四海而皆準的，可是它的變化多端，妙用無窮。厚黑之用可大可小，既然可以救國，當然也可以解企業之圍，乃至做最佳的危機管理。

按照厚黑教主的說法，危機處理要訣不外乎先厚後黑而已！最為典型的莫過於越王勾踐的事例。

春秋時期，越王勾踐被吳王夫差打敗，退守在會稽山上。越王勾踐要求與夫差講和，並主動提出自己夫婦到吳國給夫差當奴僕。夫差答應了勾踐的請求。勾踐「厚」術初步成功。接下來，勾踐到了吳國，更將「厚」字訣發揮到了極點，他住在山洞的石屋裡。夫差每次外出，勾踐就親自為其牽馬，恭恭敬敬地讓夫差踏著自己的脊背跨上戰馬。為此，許多人嘲笑他，責罵他，他都毫不在乎，對夫差更加奴顏卑膝，討得夫差的歡心。

一次夫差病了，勾踐得知其病不久就會好，就去看望夫差，並親口嚐了夫差的糞便，然後向夫差道喜，說他的病體很快就會好轉。夫差問他是怎麼知道的，勾踐說曾經跟一位名醫學過醫術，只要一嚐病人大小便的味道就能判斷病情的好壞。他嚐了夫差的大便，味道略微苦，是得了時氣之症，不久就會好的。果然沒幾天，夫差的病就好了。夫差認定勾踐對自己親如骨肉，於是就把勾踐放了回去。

勾踐回國以後，繼續發揮自己堅持忍耐的特點，艱苦樸素，與百姓群臣同甘共苦，磨鍊自己的意志，不過舒服的日子，在床上鋪乾草，屋裡掛一隻豬苦膽，常常自己去嚐一嚐苦膽的味道，以不忘會稽失敗帶來的恥辱和痛苦。

經過數年的準備和忍耐，極大地發展了越國的勢力，於是勾踐與夫差決一死戰，一舉包圍了吳國，攻下了吳國的城池，活捉了吳王夫差。這時，夫差為了活命而向勾踐請求，自己夫婦到越國給勾踐當奴僕，然而勾踐卻沒有夫差當年那麼傻，他的心可比夫差當年黑得多，很堅決地拒絕了夫差的請求，要了夫差的小命。

無獨有偶，宋高宗趙構在南宋初期的危機中，也是靠先厚後黑的招術，順利坐穩了皇位。西元一一二八年，金國大將黏罕率領數十萬大軍再次南犯，由於與宗澤配合的義軍力量已經解散，金兵進展順利，連克開封、大名、相州、滄州等地，衝破了宋軍數道防線，並開始攻打高宗趙構的所在地揚州。

趙構狼狽而逃，從揚州到鎮江，從鎮江到常州，又從常州到秀州，二月二十三日在杭州落腳。沿途的官員以至百姓，看到皇帝這樣馬不停蹄地一路南逃，也都丟下家園，扶老攜幼，跟著逃命。道路上妻離子散，哭爹叫娘。

到了杭州，昏庸到家的高宗皇帝繼續寵信王淵、康履等一批腐敗無能的官員。原來護送高宗到杭州的苗傅、劉正彥所部，多是北方幽、燕一帶的人，也有的是兩河、中原一帶的，他們多次向高宗上書，要求收復河北，高宗對此根本不理睬。

於是，苗傅、劉正彥利用將士中對高宗的不滿，決定以武力「逼宮」。他們趁百官上朝之機，在路上埋下伏兵，殺死了王淵，然後帶兵驅入宮中，殺了宦官百餘人，並要求見高宗，高宗只得走到陽臺上去見眾將士。

苗傅在下面厲聲說：「陛下偏聽宦官的話，賞罰不公，將士們流血流汗不聞加賞；收買內侍盡可得官。王淵遇賊不戰，首先搶著逃命，又結交依勢欺人的內侍康履等人，反而升為樞密院事。現在我們已將王淵斬首，唯有康履仍在君側，乞陛下將康履交與臣等，將他正法，以謝三軍。」

高宗推辭道：「康履即將重責，卿等可還營聽命。」

苗傅說：「如今金兵南下，我大宋千萬生靈，肝腦塗地，這都與宦官擅權有關，若不斬康履，臣等絕不還營。」

高宗看看將士們一個個逼視著他，只得命人綁了康履，送到樓下，苗傅手起刀落，一下將康履砍為兩截。

高宗命苗傅等人還營，眾將士仍不走，並且對高宗說：「陛下不應當立登皇位，二帝尚在金邦，一旦歸來，試問若何處置？」

高宗無言以對，許以苗、劉二人高位，但兩人卻不肯罷休：「請太后聽政，陛下退位，禪位皇太子，道君皇帝早已有先例。」

宰相朱勝非勸慰無效，只好秉奏高宗。高宗沉吟著想：不答應的話，這批人殺入宮來，什麼事都幹得出來，不如先解除目前的危險，再另想辦法處理。打定主意後，就對朱勝非說：「我應當退避，不過需有太后手詔，方可禪位。」

太后出面對苗、劉兩人進行規勸，但苗、劉兩人仍然要求高宗退位。

宰相朱勝非獻計說：「苗傅有一心腹曾對我說過，苗、劉二將忠心有餘，但學識不足，並且生性執拗，一時無能說得通的。因此，臣請陛下眼前以退為好，暫且禪位，靜圖將來。」於是，高宗便提筆寫詔，禪位於皇子，請太后垂簾聽政。

自太后聽政，國家大事都由宰相朱勝非處理。勝非每日引苗、劉兩人上殿，以免兩人對他產生懷疑。苗見高宗仍在宮中，並在暗中處決國事，很不放心，便與劉正彥一起提出讓高宗出宮，遷居顯寧寺。高宗長歎道：「我已禪位閒居，他們還不放心，連我的起居都要他們干涉，太過分了！」

朱勝非建議道：「時機還未成熟，陛下還以讓步，逆來順受為好，暫時去睿聖宮居住，等到復辟時還宮，免得目前再鬧亂子。」

高宗說道：「這一切都靠愛卿安排了，朕聽你的忠諫就是了。不過復辟一事，愛卿負責，以速為貴。二賊密佈心腹，一旦得知，做好防備，就難辦了。」

勝非低語道：「已有把握，為防洩漏起見，不敢多言。陛下遷出行宮，屆時可以預先躲避。」高宗只好先率領妃子前往顯寧寺居住。

半個月後，平江留守張浚等聯絡眾將，一起發兵討逆，向杭州進發。在大兵壓境的情況下，苗、劉兩將慌作一團，只好去和朱勝非商議。

朱勝非說：「我替你們著想，只有迅速改正，否則各路大軍將到城下，二公將置身何地？」苗、劉兩人想了多時，確實只有這一條路可走，就聽從了勝非的建議，請高宗重定。

高宗重定後不久，就派人追殺了苗、劉二人。

在苗、劉二人兵變，形勢十分險惡的危機之時，高宗聽從朱勝非之計，暫為退避，禪位於太子，保全了自家性命，最後在時機成熟時又重新登上了皇位，並殺了逼自己退位之人，可說是典型厚顏無恥之人。

6．戴綠帽子的盧蒲嫳

盧蒲嫳是齊莊公手下的「勇爵」之一，也是一位深通厚黑之術者。為替主公報仇，處處迎合慶封。甚至當他看到慶封與自己的妻子私通時，也強忍在心，睜隻眼，閉隻眼，可謂臉厚至極！

周靈王二十三年齊國相國崔抒聯合慶封詐病殺了齊莊公，擁立齊景公。齊莊公手下「勇爵」一班人，有的為保齊莊公被崔抒殺掉，有的見大勢已去而自殺。

「勇爵」之一的王何對同伴盧蒲癸說：「主公一向對咱們不錯，現在他給人害了，咱們也應同死，才能報答主公對咱們的情義。」

盧蒲癸說：「死有何用？要想真心報答主公的情義，我們不如從長計議，暫且逃到別的國家。等將來有機會，再替主公報仇。」於是，兩人對天起誓，相約以後定要為齊莊公報仇，然後二人各自去了。盧蒲癸跑到了晉國。

盧蒲癸膽大心細且是個很有計謀的人，臨走前，他對兄弟盧蒲嫳說：「主公設立勇爵之位，就是為了自衛。現在主公被崔氏所害，我們要是再死了，對主公有什麼好處？所以我決定暫時躲避一時。我走後，你一定要想辦法接近慶封，並取得他的信任，然後再想法讓他召我回來。這樣，我們就有辦法替主公報仇了。」

盧蒲癸走後，盧蒲嫳便投靠了慶封，對他處處逢迎，很快便取得了慶封的信任，成為慶封的心腹。

再說那崔抒自從殺了齊莊公後，獨秉朝政，專恣益甚，慶封看在眼裡，氣在心中，有了要除崔抒之心。恰巧崔抒家中有了內亂，崔抒前妻的兩個兒子崔成、崔疆因不滿父親寵信東郭堰、棠無咎和崔明，想將他們殺死。

盧蒲嫳看準時機，出謀要慶封乘機除去崔抒。崔成、崔疆在慶封的幫助下，殺了東郭堰、棠無咎，而慶封反過來又殺了崔成、崔疆。崔抒見自家內亂，害得家破人亡，便自縊身亡。慶封從此獨攬齊國大權，對盧蒲嫳也更加信任。

慶封掌握大權後，日益驕淫自縱，盧蒲嫳讓妻子出來勸酒，慶封見其妻年輕美貌，便有心與她私通。盧蒲嫳一心想讓慶封把他哥哥盧蒲癸召回來，所以在這種事上，也是睜隻眼，閉隻眼。

慶封將國政交給兒子慶舍，自己天天沉緬於酒色之中，還讓妻妾搬到盧蒲嫳家中去住，與盧蒲嫳來個換妻大會，慶封與盧蒲嫳的妻子同眠，盧蒲嫳也與慶封的妻妾同宿，互不禁忌。有時兩家妻小合做一處，就像一家一樣，飲酒作樂，醉了便胡天胡地，亂成一團。旁人見了都掩口偷笑，慶封與盧蒲嫳也不在意。

有一天，盧蒲嫳趁慶封與高采烈之際，就請求他把自己的哥哥召回來，慶封自然答應了。

盧蒲癸回到齊國後，慶封見他挺有本事，就叫他去伺候兒子慶舍。

慶舍是個大力士，見曾是齊莊公「勇爵」成員之一的盧蒲癸也能力舉千斤，就非常喜歡他，並把女兒嫁給盧蒲癸，從此二人翁婿相稱，更加親熱。

慶舍常常帶著盧蒲癸出去打獵。盧蒲癸乘機顯露本事，慶舍直誇獎他的能耐。

盧蒲癸說：「這算什麼？我的朋友王何比我強多了。」

慶舍一聽，立刻叫盧蒲癸把王何請回來。

自從崔抒聯合慶封殺了齊莊公後，慶舍唯恐自己被人暗算，每逢出門，都帶貼心衛士防衛。所以，有了盧蒲癸與王何兩勇士後，慶舍便讓他二人做了自己的貼身衛士，不離左右。盧蒲癸、王何逃亡數年後，終於又回到了齊國，並取得了慶封、慶舍父子的信任。後來，他們趁慶封外出打獵，聯合幾位大夫，殺了慶舍。慶封逃到吳國去，後被楚靈王所殺。

7．別人不幹，我幹！

在保守的社會，「推銷自己」、「自我宣傳」，向來被視為心有所圖的卑劣行為。從前，只要你知道自己行，這就夠了。才能不受重視，或是不為人知，又有什麼？可在當今的社會，如果堅持這種想法，你只能沒沒無聞，一顯身手的機會是絕不會輪到你的身上來的。假如你有某一方面的才幹，某種旁人不能企及的能力，就得在上司面前有意無意地表露出來，讓他們發覺你是個可造之才。如果你一聲不吭，別人自然無法知曉。你的才能長期無法施展，對單位來說，是浪費了一筆財富，而對你個人來說，就是埋沒了大好人才。

平時就設法把自己的才能刻在上司的腦子裡，一到人事有變動的時候，上司自然就會首先想到你的才能，為你做適當的安排。再不然就是利用各種機會向上司推薦你的專長，你自然就有了脫穎而出的機會。

專長何在，即使整理人事資料的電腦記載得再清楚，也是無濟於事的。重要的是，上司對你的專長有所認識。否則，你就如同被丟棄在路邊的石頭，無人搭理。

當今世界，再也不是隱忍待機的時代，而是設法讓人認識你的時代了；也不是好職位自然輪到你的時代，而是好職位全力去搶的時代了。置身在這種時代下，為了推銷自己，何必有所顧慮？

在待人處世中，很多人都夢想一朝獲得上司的賞識，從而脫穎而出，獲得最大的利益，但卻常常忘了，自我形象的塑造必須通過一點一滴的積累。必須先有付出，然後才能有回報。比如說，每一個人都有自己喜歡或者不喜歡的工作。有些人喜歡在熱鬧喧嘩的環境中穿梭交際，而有些人則喜歡安安靜靜地埋頭於研究工作，這是因為每個人的性情各不相同。此外，有不少人原本並不喜歡自己所從事的工作，但在每天不停地投入心力後，便不知不覺地喜歡上自己的工作了。

或許，在你的周圍，有些工作是每個人都不想做的「討厭的工作」，大家對這樣的「苦差事」都是避之唯恐不及的態度。但是工作總是要有人來做，於是，眾人只好在心裡暗自祈禱千萬可別降到自己的頭上。

在這種情況下，如果你表明自願做這些沒有人願意做的工作會如何呢？這不但能贏得同事的尊敬，更能夠得到上司的認同和賞識。有時候甚至還會讓上司對你心存感激：「多虧了你的幫忙！」這是你展露才能、勇氣和責任心的大好機會。有時候，即使你有這一份心，也未必有這樣的差事讓你做。所以，碰到這樣自我表現的機會時，絕不要有一絲一毫的勉強，反而要心存感謝才對。

當然，這樣做需要有相應的心理準備。因為這一類的工作，大都是非常辛苦而且吃力不討好的，即使你付出了全部的心力，也不一定能達到效果。即使如此，你還是應該勇氣百倍地默默耕耘，這才是厚黑者的表現。

事實上，這一類工作往往比那些表面看起來華麗動人的工作，更能激發人類的鬥志及潛藏的樂趣。能夠從這樣的工作中找到樂趣的人，大多是精通厚黑之道的處世高手。所以，即使心中不滿，表面上也從不抱怨，仍然默默地做事，且他們並不在乎別人怎麼看怎麼說，甚至對什麼時候才能得到他人的認同也不多說。因為他們堅信只要付出肯定會有回報，而且付出與回報是成正比的。如果你唯恐自己吃虧而跟著大家一起推卸，那就等於是自己把機會往外推。

當然，人生誰也難免會碰到徒勞無功的情形，然而，唯有經歷過辛苦的人，才知道心存感激。也因而了解謙虛的必要性。我們每個人都有餓肚子的體會，越是饑腸轆轆的時候，越能夠體會出食物的重要性。這就像是唯有經歷過病痛折磨的人，才能夠深刻地體會出健康的重要性。同樣的道理，唯有經歷過逆境的人，才知道苦盡甘來的樂趣。

古人講：「塞翁失馬，焉知非福。」人生路途是很漫長的，從眼前分析來看或許所有的努力都是徒勞無功的，甚至是「瞎忙活」，但日後說不定就會有意外的收穫；相反的，眼前看起來很光鮮耀眼的事，或許很快就會褪色而變成了食之無味、棄之可惜的「雞肋」。

所以說，如果你認為做別人不願做的事就會吃虧，因而與其他人一樣地排斥這個工作，那你就和其他人一樣，永遠也不可能出人頭地。如果你能夠主動接受別人所不願意接受的工作，並能夠從中體會到無窮的樂趣，你就能夠克服艱苦，達到他人所無法達到的境界，獲得他人永遠得不到的豐厚回報——利益！

8．韓信為什麼會死

所有高明的賭徒都明白這樣一個道理：退得妙恰如進得巧。一旦獲得足夠的成功即使尚有更多的成功也要見好就收。聯袂而來的好運總是可疑的，比較安全的情況是好運與厄運交錯而來，這樣還可以使人享受到苦中帶甜之樂。

當運氣來得太猛太快時，它很可能會摔倒並把什麼東西都撞得七零八落。雖然幸運女神有時候也給我們補償，拿持續性來換取我們的緊張感。但如果她不得不把某個人老是長期背在背上，她一定會感到疲倦的。

楚漢相爭中，劉邦最重要的謀士和文臣武將，要數蕭何、張良和韓信三人。前兩人在劉邦戰勝項羽後，都先後或急流勇退，或處處小心謹慎才有個善終。只有韓信，由於沒有見好就收，功成後不知收斂，最終成了「兔死狗烹」的又一實證。

何謂「兔死狗烹」，原來它是來源於中國古代的一句俗語：「狡兔死，走狗烹；飛鳥盡，良弓藏。」雖然說，歷史上立下大功而遭致殺身之禍者不計其數，但韓信則是其中最為典型的「被烹」之人。

韓信指揮打仗確實棋高一著，很有一套，劉邦拜他為大將也的確選對了人。但是，劉邦始終對他不太放心，總怕他恃功謀反。而韓信呢？他的軍事造詣的確高，而且不知比劉邦要強多少，但厚顏無恥方面的才能卻絕對無法與劉邦相比。他始終對劉邦存有幻想，總以為自己為劉邦立有特殊戰功，劉邦不會對他下手。在劉邦面前說話不僅毫無顧忌，而且也沒有君臣分寸。

一天，兩人在議論諸將優劣時，劉邦問韓信說：「你看我能領多少兵馬？」韓信脫口而出：「陛下不過能領十萬兵而已！」劉邦又問：「那你能領多少兵馬？」韓信自信地說：「多多益善。」劉邦一笑：「君既多多益善，為何為我所控？」韓信老實回答：「陛下不善統兵，卻善馭將。」你看，劉邦對韓信的猜忌之意，誰都能體會出來，獨有韓信自己卻毫不覺察。

韓信的好友蒯通是個智謀過人的辯士，他早已覺察出劉邦對韓信的猜忌，曾經勸韓信趁早離開劉邦自立，否則後果不堪設想。誰知韓信聽了卻無動於衷。劉邦正式登基當皇帝以後，韓信從以前虛封的齊王改為淮陰侯，心中不快，因而不願隨劉邦出征謀反的陳豨。

呂后便藉此機會向韓信下手。她以韓信手下的隨從舉報韓信曾與陳豨通謀為名，讓與韓信私交甚好的蕭何去勸說韓信進宮。蕭何來到韓信府中說：「現在滿朝文武都進宮祝賀主上伏陳豨告捷，唯有你稱病不去似乎不太妥當吧？」韓信聽了蕭何的話，只得隨他進宮。

誰知剛入宮門，早就設下的伏兵一擁而上，把韓信立即抓了起來。長樂宮內，呂后怒氣沖沖地罵道：「你為何與陳豨通謀？」韓信莫名其妙：「此話從何講起？」呂后不由分說立即宣布：「現奉主上詔書，說陳豨謀反都是由你所指使，你的隨從也有揭發，你還有什麼可說的？」說完，不等韓信申辯，呂后立即下令將他推出處死，當即執行。

當年，是蕭何月下把韓信追回並推薦為大將；如今，又是蕭何把韓信引誘入宮殺害。正所謂「成也蕭何，敗也蕭何」，這世道變得真快呀！而那劉邦回到長安後，並未責備呂后擅自殺害功臣，可見劉邦至少對此是默許的。

現在看來，如果韓信當初聽了蒯通的話，及早離劉邦他去，大概就不會受此禍害。或者如果韓信能明智一點，及早像張良、蕭何那樣急流勇退或謹慎處世，恐怕也不至於遭致如此可悲的結局。因此，見好就收，好自為之，不因貪圖一時之富貴而頭腦發熱，這是待人處世中應當從韓信被誅而記取的教訓。

9．提防小人背後捅一刀

有一則寓言：一隻鹿瞎了左眼，鹿走到海邊，在那裡吃草。牠用好眼對著陸地，防備獵人襲擊，用瞎眼對著大海，以為那邊不會有什麼危險。誰知，恰好有人坐船從旁邊經過，看見這頭鹿，一箭就射中了牠。鹿倒下時自言自語地說：「我真是倒楣，原以為陸地危險，嚴加防範，而去投靠大海，想不到卻遇上了更沉重的災難。」

這則寓言提醒你在待人處世中，一定要隨時睜大雙眼，時刻提防，就連睡覺時也要睜著一隻眼睛，防止小人在背後捅刀子。

一般來說，所謂小人都是些人品低下、手段卑劣之輩。在與他們打交道的時候，一定要多加一百二十個小心才是。否則，一旦你得罪或者激怒了小人，則往往陷入絕境，因為小人做事向來是不擇手段的，他們會小題大做、添油加醋或憑空捏造事實，在暗中對你下手。

秦檜以「莫須有」的罪名置岳飛於死地，當時韓世忠爭辯說：「『莫須有』三字何以服天下！」這真是「以君子之心來度量小人了」，因為秦檜根本不需要「服天下」，只要他捏造的罪名經由「最高當局」——皇帝認可，他的目的就達到了。

春秋時期，宋國即將與鄭國開戰。戰前，宋國的統帥華元殺羊犒賞三軍，可能是一時疏忽大意而沒給他的駕車人羊斟吃肉。等到作戰時，羊斟說：「前天殺羊犒軍的事，由你作主；今天駕車作戰的事，由我作主。」於是，他故意把車駛入鄭軍之中，致使華元被俘，造成了宋軍大敗。

戰國時期，齊國有個名叫夷射的大臣，有一天他受齊王之邀參加酒宴，因為已經喝得酩酊大醉，便到門外吹風。守門的是個曾受刖刑（斷足，古代的一種酷刑）的人，他走到夷射的身邊懇求道：「你的酒味道真好，可不可以賞給我一杯呢？」

「什麼？一邊待著去！像你這樣的囚犯還敢跟我要酒喝，真是大膽至極！」當守門人還想再懇求時，夷射已經離去。這時，天剛好下了一陣小雨，門前積了一片小便狀的水灘兒。

第二天早晨，齊王出門時看到了這灘「小便」，大為不悅，厲聲問道：「是誰在這裡隨便小便？」當時，在門前小便是一種極不禮貌的行為。

「我不是太清楚，但小的昨夜只看見大臣夷射一個人在這裡站了好一會兒，再沒看見其他人來過這裡。」守門人誠惶誠恐地彙報說。

結果，齊王立即賜夷射毒酒而死。

一碗肉，一杯酒，本來不算什麼，華元和夷射卻在不經意間給自己留下了陷阱，被很不起眼的小人輕輕地送上了斷頭臺。

另外，在中國的舊小說或舊戲中，每逢寫才子佳人的套路時，常常要摻雜一個小人撥亂於其中。他或是在佳人面前中傷才子，讓佳人疑心才子始亂終棄，或是在才子面前中傷佳人，讓才子懷疑佳人不貞，總之，要讓天造地設的一雙璧人產生種種誤會，歷經九九八十一劫難，然後才「有情人終成眷屬」。

在中外的小說戲曲中一再出現這樣的情節，不能完全歸之為作者們的相互抄襲，它同時也表明這種無聊小人實在是生活中經常可以見到的現象。俗話說：「寧拆十座橋，不毀一門親。」為什麼小人會熱中於破壞別人的好姻緣呢？這也許是正人君子無意中得罪了這些卑劣小人，最終給自己招惹了麻煩。

中國古代號稱有「四大美人」，即西施、貂嬋、王昭君和楊玉環。其中人們最熟悉的恐怕還是那個楊玉環，也就是唐玄宗的妃子楊貴妃。

據說楊貴妃有羞花閉月之貌，沉魚落雁之容，深得皇帝的寵受。一個女人，特別是一個受到帝王寵愛的女人，總希望別人能讚美她，楊玉環自然也不例外。加之李隆基又是位出了名的風流天子，官廷中當然不乏一流的樂隊，也有許多詞臣不斷地撰寫歌詞。在眾多的詞臣中，翰林學士李白無疑是最為傑出的一位。

在一次宮廷酒宴中，李白曾於酒酣耳熱之際，作《清平調》三首，歌頌楊玉環的美貌與得寵。據說他在作這三首詩時醉態可掬，要楊貴妃親自為他磨墨，還命皇帝寵信的大太監高力士為他脫靴。太監的地位是卑賤的，但得寵的太監就不同了。李白要高力士當眾為他脫靴，高力士自然深以為恥，從此便種下了禍恨。

李白的三首《清平調》寫得確實很美：

雲想衣裳花想容，春風拂檻露華濃。
若非群玉山頭見，會向瑤池月下逢。

一枝紅豔露凝香，雲雨巫山枉斷腸。
借問漢宮誰得似，可憐飛燕倚新妝。

名花傾國兩相歡，長得君王帶笑看。
解釋春風無限恨，沉香亭北倚欄干。

李白在詩中把楊玉環寫得玉容花貌，像仙女一樣。楊玉環十分得意，常常獨自吟頌其中的清詞麗句。但是，李白在詩中卻提到了趙飛燕。這在李白，絕不存在絲毫諷刺的意思。他只是就趙飛燕的美麗與得寵同楊玉環相比較。可李白當時怎麼也不會想到，被自己羞辱得罪的小人高力士鑽了空子，並最終栽在了這個小人手裡。

一天，高力士又聽到楊玉環在吟誦《清平調》，便以開玩笑的口吻問道：「我本來以為娘娘一定會為這幾首詩把李白恨入骨髓，沒料到您竟然喜歡到如此地步。」楊貴妃聽後吃了一驚，不解地問道：「難道李翰林侮辱了我嗎？為何會使我這樣恨他呢？」

於是，高力士施展開移花接木的手段：「難道娘娘沒注意？他把您比做趙飛燕。趙飛燕是個什麼樣的女人，怎麼能同娘娘您相提並論呢？他豈不是把貴妃您看得同趙飛燕一樣淫賤嗎？」

聰明的女人在遇到切身利害問題時，也會變得很笨。楊玉環果然立即上當。當時，楊玉環早已是「後宮佳麗三千人，三千寵愛在一身」，她的哥哥、姊妹也都位高權重，聲勢顯赫。她唯一擔心的便是自己的地位是否穩固，絕不希望被人看做像趙飛燕那樣淫賤，更害怕也落到她那樣的下場。

機警的高力士摸透了楊玉環的心思，因此也就在她最軟弱處下了刀子。他輕而易舉地便把李白的詩同趙飛燕的下場嫁接起來，使讚美的詩篇成了譏嘲的證據，激起了楊玉環的反感與憎恨之情。後來，唐玄宗曾三次想提拔李白，但都被楊玉環作梗阻止了。高力士這個小人，就是靠此手段，達到了報復脫靴之辱的目的。打一次小報告，結果就葬送了「詩仙」的大好前程。

可以說，李白豪放不羈的個性和過於清高的辦事方法，使他最終未能在政壇上嶄露頭角。在他看來，像高力士這樣的小人根本不配與自己為伍，正邪勢不兩立，正人君子自然應嫉惡如仇。正是在這一思想指導下，李白巧藉酒醉之機公然在大庭廣眾之下侮辱了高力士，沒給他留絲毫的面子，這樣做自然可以泄一時之憤，但他卻沒有想到由此而產生的嚴重後果，得罪一個小人而斷送了自己的功名前途，這樣做值得嗎？應該說，笑到最後的還是高力士。

歷史上眾多沉痛的教訓，提醒你在待人處世中與小人打交道時，要隨時提防小人在你背後下絆子、打悶棍！

10・用心良苦的大將王翦

人們常說：「創業難，守業更難。」雖然說，在待人處世中，如何保全既得利益，有時比爭奪更困難，但對於厚黑之士來說，世上原本就沒有什麼困難之事，只要臉夠厚心夠黑，萬事皆不在話下。具體說來，就是得勢之時，千萬別有絲毫沽名釣譽的想法，因為以「貪心」而自毀名譽的方法，是最好的自保之道。

李宗吾說：「綬青與我同學時，常獨自一人，搖頭唸道：『大丈夫不能流芳百世，亦當遺臭萬年。』我聽了說道：『綬青你也太不自量力了！你我夠得上遺臭萬年嗎？掛名青史，談何容易！一部二十四史，掛名其中者，確數若干，無從統計，我想，至多不過一百萬人罷了。我國號稱四萬萬人，每一百年，此四萬萬人可以說得罄盡，請問五千年中，有若干四萬萬人？而掛名青史者，乃不過一百萬人。此百萬人中除去因事連帶書及，姓名附見者外，其經史臣詳列事實者，至多不過十萬人，事蹟彪炳者，不過萬人，其為文人學士所共知，不翻書本，能信口舉出者，大約不過千人。此千人中，無論好人壞人，其為婦孺知名者，不過數十人。此數十人者，又須假稗官小說之吹噓，戲臺之裝點，且有子虛烏有人物，摻雜其間，你我有何本事可以側身此數十人中？為好人固難，為壞人也不易，猛虎方能噬人，小犬一張牙，已被人踢出數步之外，雖欲害人，其何可得？你我莫說萬年，要想在全國中遺臭三日，也不可得。』」

的確如此，不管是想流芳百世或者遺臭萬年，都是相當不容易的。放下這種不切實際的念頭，就等於放下了無謂的負擔，這時你才會了解到，只有今生今世才是最重要而可靠的，才是最需要發揚厚黑絕學、行使厚黑絕學的大舞臺。

即使在今生今世，揚名立萬的比例也不會太高。因此，從根本上來說，你就不應該有出名的念頭。你唯一必須要做的，就是立足現實，培養自己的厚黑本能，徹底地厚，徹底地黑，其他的，管他呢！對於厚黑高手來說，打掉出名的念頭，簡直是太容易不過了，在許多情況下，為了自保往往要厚顏作踐自己，甚至以自己的「貪心」來壞自己的名聲。只要做到了這一點，相信即使沒有大成，自保還是綽綽有餘了。

戰國末期，秦國名將王翦奉命率六十萬大軍攻打楚國，大軍出發前，嬴政親自送行出咸陽五十里的壩上。在路上王翦一再向嬴政請求賜給大量的良田美宅，多得使嬴政都覺得王翦的要求過分，不由說道：「將軍放心出征，何必擔心貧窮呢？」

然而，王翦仍像一個小市民一樣，斤斤計較地說：「做大王的將軍，有功最終也得不到封侯，所以趁大王賞賜我臨別酒飯之際，我也及時地請求賜給我田園，作為子孫後代的家業。」秦王嬴政見王翦如此計較，不由大笑，便答應他的請求。

王翦率軍出征途中，在路上不斷派使者回咸陽向秦王嬴政索要田宅，先後派出五批使者，索要甚多，而秦王爽快地一一應允。有人對此不理解，對王翦說：「將軍之乞貨亦已甚矣！」甚至其心腹愛將私下勸告王翦。

王翦卻支開旁人，悄悄地說：「我並非貪婪之人。因秦王狡詐多疑，現在他把全國的軍隊交給我一人統率，心中必有不安。所以我請求多方賞賜，讓子孫安居樂業，以安秦王之心。」

事情也的確如此，秦始皇讓王翦帶走幾乎全國的大軍，很難放得下心。如果秦始皇產生什麼懷疑的話，那麼王翦破楚凱旋之日，也應該就是他及其全家綁赴刑場之時。

現在，王翦通過自己的「貪心」讓秦始皇明白，王翦只不過是貪圖利祿而無政治野心的「一般人」而已，遂感放心。這樣，王翦便可放手伐楚，功成則無功高震主、命喪黃泉的危險。

王翦滅楚後，終保一身榮華富貴，不僅自己善終，而且蔭及子孫，其孫王離在秦二世時尚為將軍，在趙高當權之時，許多功臣宿將慘遭殺害，而王翦家族卻能夠保全，這不能不說王翦有先見之明。當然，主要是王翦精通厚黑之道，巧妙地掩飾自己的鋒芒，既得收楚之功，又保存了自己，可謂是老謀深算矣！

無獨有偶，像王翦這樣用心良苦的侍君者，蕭何也是一個。漢高祖時，呂后採用蕭何之計，謀殺了韓信。高祖正帶兵征剿叛軍，聞訊後派使者還朝，封蕭相國，加賜五千戶，再令五百士卒、一名都衛做護衛。

文武百官都向蕭何祝賀，唯獨陳平表示擔心，暗地裡對蕭何說：「大禍由現在開始了。皇上在外作戰，你掌管國政。你沒有冒著箭雨滾石的危險，皇上卻增加了你的俸薪和護衛，這並非表示寵信。如今淮陰侯（韓信）謀反被誅，皇上心有餘悸，他也有懷疑你的心理。我勸你辭封賞，拿所有家產去輔助作戰，這才能打消皇上的疑慮。」

蕭何依計而行，變賣家產犒軍。高祖果然喜悅，疑慮頓減。

這一年秋天，英布謀反，高祖御駕親征，此間派遣使者數次問候蕭何。使者回報說：「因為皇上在軍中，相國正鼓勵百姓拿出家財輔助軍隊征戰，與上次所做的一模一樣。」

這時有個門客對蕭何說：「您不久就會被滅族了，你身居高位，功勞第一，便不可再得到皇上的恩寵。可是自您進入關中，一直得到百姓擁護，如今已有十多年了；皇上數次派人問及您的原因，是害怕您受到關中百姓的擁戴。現在您為何不多買田地，少撫恤百姓，來自損名聲呢？皇上必定會因此解除疑心的。」

蕭何認為有理，又依此計行事。高祖得勝回朝，有百姓攔路控訴相國。高祖不但沒有生氣，反而高興異常，也沒對蕭何進行任何處分。

王翦和蕭何難道說都不愛惜自己的名聲嗎？非也！因為與生存相比，名聲又算得了什麼呢？他們在巨大的成功面前，為了自保，不惜以「貪心」而自毀名聲，恰恰是最高明的處世之道。

11・多點防人之心

中國人喜歡說：「害人之心不可有，防人之心不可無。」這句話固然有其狹隘的地方，會使人變得謹小慎微、毫無磊落氣度。但這句話卻也並非沒有道理，待人處世中，任何時候都不可無防人之心。

三國時期，曹植與曹丕爭為太子。曹植才華橫溢，人們敬服，曹操也對他另眼相看，內心暗暗打算把王位傳給曹植。當曹植封侯的時候，曹丕在軍中還不過只混到郎官，比起曹植，太不起眼了。但精通厚黑之道的曹丕卻知道如何去打敗曹植。

曹操帶兵出征，曹丕與曹植都到路邊送行。曹植充分發揮其才能，稱頌父王功德，出口成章，引人注目，曹操也大為高興。曹丕則反其道而行，不能出口成章，就裝得很含蓄，假惺惺地哭拜在地上，曹操及他左右的人，都很感動，認為曹植有的只是華麗的辭藻，只有曹丕才是真正的忠誠厚道，是真實的情感。

在這種情況下，曹植繼續其文人的作派，我行我素，不肯用心計，這樣正中曹丕下懷。曹丕進一步行使厚黑之道，掩飾真情。於是王宮中的人及曹操身邊人都為他說話，終於被立為太子。曹植的日子，從此便一天天難過了。時間不長，不懂防人之道的曹植，終於被曹丕所「黑」，送了性命。

此外，還有一些人內心虛偽，對別人的奉承拍馬飄飄然，毫無防備地鑽進了圈套，中了別人的「厚黑」術。

清代的乾隆皇帝，應當說是一個比較有知識和修養的皇帝了，但他同樣自恃清高、天賦不凡。為了顯示自己的才華，乾隆幾下江南，遍遊名山古蹟，所到之處不是題字就是賦詩，然而他那些詩，沒有一首是值得傳之後世的。

御用文人紀曉嵐看透了他的這一弱點，便在主編《四庫全書》時，故意在容易發現的地方留下一、兩處錯漏之處，上呈御覽，有心讓乾隆過過「高人一等」的癮，乾隆當然很快便發現了這些錯誤，發下諭旨加以申斥，心裡十分得意，他甚至還特意召見紀曉嵐，當眾指出他的錯誤，紀曉嵐乘機對乾隆的「學識」大加稱頌，此後他一直在乾隆手下官運亨通。

像紀曉嵐這樣圓滑的厚黑人，物深深懂得沒有人喜歡別人比自己更高明，當一個人自以為處在居高臨下的境地時，他的寬容心會來得更多，他的權力給人帶來的私利也會更多。

在待人處世中，多點防人之心，可以避免遭遇不測，使自己處於大體不至於失敗的地位。戰國時期著名的軍事家孫臏被魏惠王請出山，按說該是他半生學業開花結果的時候。但他做夢也沒想到自己的老同學龐涓會害他，以至於受到挖去兩個膝蓋骨的酷刑，差一點連小命都丟了。

韓非的遭遇更壞，秦始皇讀了他的書，恨不得立刻見到他，派人把韓非請到咸陽，一度交談，相見恨晚，韓非的學業成功和將來的一番大事業似乎指日可待。然而就在此時，韓非也斷然沒有想到，他的老同學李斯會在秦始皇面前進讒言，置他於死地。這兩例，無論是孫臏臏足，還是韓非被害，對二人來說，都是防不勝防。正是因此這個原因，才見出防範預謀之必要。

現實社會是複雜的，待人處世之道認為：人在任何情況下都不能毫無防備地說話做事，雖然說人們不一定非得虛偽不可，但絕對需要防人。因此，為了生活的平安，為了事業順利，一定要多點防人之心，而且在任何情況下，絕不要一直想要當好人，其實啊！你如果學會一點點的壞，才能當更長久的好人呢！

第6章

大智若愚的智慧

1．為人臣者不可才高蓋主

為人臣者最忌才高蓋主。這會讓皇上不高興，會覺得自己的地位受到威脅，從而千方百計地把你給踹下去。大家讀過《三國演義》後可能注意到，劉備死後，諸葛亮好像沒有大的作為了，不像劉備在世時那樣運籌帷幄，滿腹經綸，鋒芒畢露了。在劉備這樣的明君手下，諸葛亮是不用擔心受猜忌的，並且劉備也離不開他，因此他可以盡力發揮自己的才華，輔助劉備，打下一份江山，三分天下而有其一。劉備死後，阿斗繼位。劉備當著群臣的面說：「如果這小子可以輔助，就好好扶助他；如果他不是當君主的材料，你就自立為君算了。」諸葛亮頓時冒了虛汗，手足無措，哭著跪拜於地說：「臣怎麼能不竭盡全力，盡忠貞之節，一直到死而不鬆懈呢？」說完，叩頭流血。劉備再仁義，也不至於把國家讓給諸葛亮，當他說讓諸葛亮為君，怎麼知道沒有殺他的心思呢？因此，諸葛亮一方面行事謹慎鞠躬盡瘁，一方面則常年征戰在外，以防授人「挾天子」的把柄。而且他鋒芒大有收斂，故意顯示自己老而無用，以免禍及自身。此乃是韜晦之計，收斂鋒芒是諸葛亮的大聰明。

你不露鋒芒，可能永遠得不到重任；你鋒芒太露卻又易招人陷害。雖容易取得暫時成功，卻為自己掘好了墳墓。當你施展自己的才華時，也就埋下危機的種子。所以才華顯露要適可而止。

嫉賢妒才，幾乎是人的本性。願意別人比自己強的人並不多。所以有才能的人會遭受更多的不幸和磨難。曹植鋒芒畢露，終招禍殃。文名滿天下，卻給他帶來了災禍，這難道是他的初衷嗎？他只是不知道收斂罷了！

唐人孔穎達，字仲達，八歲上學，每天背誦一千多字。長大後，很會寫文章，也通曉天文曆法。隋朝大業初年，舉明高第，授博士。隋煬帝曾召天下儒官，集合在洛陽，令朝中人士與他們討論儒學。穎達年紀最少，道理說得最出色。那些年紀大資深望高的儒者認為穎達超過了他們是恥辱，便打算暗中刺殺他。穎達躲在楊志感家裡才逃過這場災難。到唐太宗，穎達多次上訴忠言，因此得到了國子司業的職位，又拜酒之職。太宗來到太學視察，命穎達講經。太宗認為講得好，下詔表彰他。但後來他便辭官回家了。

南朝劉宋王僧虔，東晉王導的孫子。宋文帝時官為太子庶子，武帝時為尚書令。年紀很輕的時候，僧虔就以善寫錄聞名。宋文帝看到他寫在白扇子上面的字，讚歎道：「不僅字超過了王獻之，風度氣質也超過了他。」當時，宋孝武帝本來想以書法名聞天下，僧虔便不敢露自己的真跡。大明年間，曾把字寫得很差，因此而平安無事。

人的處世，在文場中，中國歷來有文人相輕的陋俗，名氣一大，流言便會滿天飛，若稍有不慎，必將惹下大禍。在名利場中，要防止盛極而衰的奇災大禍，必須牢記——

「持盈履滿，君子競競」的教誡。「欹器以滿覆，撲滿以空全」，這是世人常用的一句自警語。欹器是古人裝水的一種巧器，呈漏斗狀，水裝了一半它很穩當，但裝滿了，它就會傾倒。撲滿是盛錢的陶罐，它只有空空如也，才能避免為取其錢而被打破的命運。

所謂文人相輕，恃才傲物，普通人之間尚且互相瞧不起，更不用說君臣之間了。其實，在中國歷史上，絕大多數皇位是從祖宗那裡繼承來的，幾乎沒有幾個是靠自己的真本領爭來的，即便有幾個所謂的雄才大略的開國皇帝，也多是流氓或豪強出身，至於文采智計，也並非樣樣都能高人一等。然而，嫉妒是人的本性之一，如果臣下不懂得謙遜退讓，不懂得韜光養晦，而是處處張揚自己的才華，弄得君主或是上司經常難堪，那你也就好景不長了。

隋代薛道衡，六歲就成了孤兒，特別好學。十三歲時，能講《左氏春秋傳》。隋高祖時，做內史侍郎。隋煬帝時任潘州刺史。大業五年，被召還京，上《高祖頌》。隋煬帝看了不高興地說：「這只是文詞漂亮。」拜司隸大夫。隋煬帝自認文才高而傲視天下之士，不想讓他們超過自己。御史大夫於是說道衡自負才氣，不聽訓示，有無君之心。於是煬帝便下令把道衡絞死了。天下人都認為道衡死得冤枉。但他不也是太鋒芒畢露而遭禍的嗎？

三國時期的曹操是一位奸雄，其文采智計，可謂當世難得其匹，但他手下的主簿楊修，卻處處窺破曹操的心意，曹操如何能容，必置楊修於死地而後快。後來果然羅織罪名殺死了他。而曹操的另一個謀士荀攸，則以自謙避禍全身。

荀攸自從受命軍師之職以來，跟隨曹操征戰疆場，籌劃軍機，克敵制勝，立下了汗馬功勞。平定河北後，曹操即進表漢獻帝，對他的貢獻給予很高的評價。建安十二年（西元二〇七年），曹操下了一個《封功臣令》，對於有貢獻之臣論功行賞，又說：「忠正密謀，撫寧內外，文若是也。公達其次也。」可見在曹營眾多的謀臣之中，他的地位僅次於荀彧，足見曹操對他的器重了。後來，他轉任中軍師。曹操建魏時，任命他為尚書令。

荀攸有著超人的智慧和謀略，不僅表現在政治鬥爭和軍事鬥爭中，也表現在安身立業、處理人際關係等方面。他在朝二十餘年，能夠從容自如地處理政治漩渦中上下左右的複雜關係，在極其殘酷的人事傾軋中，始終地位穩定，立於不破之地。三國時代，群雄並起，軍閥割據，以臣謀主，盜用旗號的事情時有發生。更有一些奸佞小人，專靠搬弄是非而取寵於人。在這樣風雲變幻的政治舞臺上，曹操固然以愛才著稱，但作為封建統治階級的鐵腕人物，剷除功高蓋主和略有離心傾向的人，卻從不猶豫和手軟。荀彧身為第一號謀臣，因為死保漢室而不支援曹操做魏公，一樣被逼迫自殺，別人又當如何呢？荀攸則很注意將超人的智謀應用到防身固寵、確保個人安危的方面，正如文書所裁他「深密有智防」。

那麼，荀攸是如何處世安身的呢？曹操有一段話很形象也很精闢地反映了荀攸的這一特別的謀略：「公達外愚內智，外怯內勇，外弱內強，不伐善，無施勞，智可及，愚不可及，雖顏子、寧武不能過也！」可見荀攸平時十分注意周圍的環境，對內對外，對敵對己，迥然不同，判若兩人。參與謀劃軍機，他智慧過人，迭出妙策，迎戰敵軍，他奮勇當先，不屈不撓。但他對曹操、對同僚，卻注意不露鋒芒、不爭高下，把才能、智慧、功勞儘量掩藏起來，表現得總是很謙卑、文弱、愚頓、怯懦。作為曹操的重要謀士，為曹操「前後凡劃奇策十二」，史家稱讚他是「張良、陳平第二」。但他本人對自己的卓著功勳卻是守口如瓶、諱莫如深，從不對他人說起。

荀攸大智若愚、隨機應變的處世方略，雖有故意裝「愚」賣「傻」之嫌，但效果卻極佳。他與曹操相處二十年，關係融洽，深受寵信。從來不見有人到曹操處進讒言加害於他，也沒有一處得罪過曹操，或使曹操不悅。建安十九年（西元二一四年），荀攸在從征孫權的途中善終而死。曹操知道後痛哭流涕，對他的品行，推崇備至，被曹操讚譽為謙虛的君子和完美的賢人，這都是荀攸以智謀而明哲保身的結果。

袁紹更是忌才之人。一次，他帶領冀、青、幽、并等州的人馬七十多萬，前往官渡，進攻許昌，袁紹的謀士田豐從獄中上書給袁紹說：「現在應當靜守，以待天時有利於我，不可隨便興兵，否則恐有不利的事情發生。」田豐分析當時的情況，敏捷地看到袁紹兵雖多，但人心不齊，長途征討，如果被破襲了糧草，局面是不堪設想的。可是袁紹驕橫粗蠻，根本不聽。田豐的對頭逢紀又乘機進讒言說：「主公征伐曹操，是仁義之舉，田豐為什麼要說這種不吉祥的話呢？」袁紹大怒，就想殺了田豐，眾官苦苦哀求，方才作罷，他還是憤恨不休地說：「等我破了曹操，再來治田豐的罪！」

果然不出所料，袁紹被曹操劫燒了烏巢糧倉，又中了曹操的許多計謀，被殺得大敗而回，去時帶了七十萬人馬。回時只引八百餘騎。看守田豐的獄吏聽說袁紹吃了敗仗，心想一定會放了田豐。便來與田豐賀喜說：「袁將軍大敗而歸，您將來一定會被袁將軍重用的。」田豐苦笑了一下說：「我是死定了！」獄吏吃驚地問道：「人們都在替你高興，你為什麼說自己死定了呢？」田豐說：「袁紹外表顯得很寬厚，實際上內心忌恨刻薄，不愛考慮別人的忠誠和恩惠。如果他這次打了勝仗，心情好，又證明我是錯的，他是對的，也許能赦免了我；如今徹底失敗，他一腔怨怒，再加上事實證明我的話是正確的，他的做法是錯的，他怎能忍受別人比他高明呢？我豈不是死定了嗎？」獄吏們都不相信。

不久，袁紹派的使者來到，帶著袁紹劍和信，來取田豐的首級。獄吏們這才相信。田豐說：「大丈夫生於天地之間，不識其主而事之，是無智也！今日受死，復何足惜！」於是自殺而死。

中國人的傳統觀念是：居官要時時自惕！時時處處謹慎，切勿不留餘地，越是處權勢之中，享富貴至極，越是要不顯赫赫奕奕的氣派，收斂鋒芒，以保退路。在官場熱鬧處要能以一雙冷眼相觀，避免無形中的殺機。

曾國藩深通文韜武略，也深知功名之靠不住和害處，所以他是「以出世的精神，幹入世的事業」，不把功名放在心上的，成為中國近代少有的「內聖外王」的典範。他反覆囑咐兒子曾紀澤要謹慎行事，甚至於大門外不可掛相府、侯府這樣炫耀的匾額。很多位居高官的人或者尸位素餐，或者請求致仕，主要就是收斂鋒芒，以免成為眾矢之的啊！所以古人說：「露才是士君子大病痛，尤莫甚於飾才。露者，不藏其所有也。飾者，虛剽其所無也。」

2．驕氣放浪不及謹慎陰柔

春秋戰國之際，衛國有一個大臣叫彌子瑕，很得衛靈公的寵愛，所以他從不把清規戒律放在眼裡。衛國規定，私自偷乘國君專車的人要刖腳。一天夜裡，彌子瑕突然得到稟報，說他母親得了急病，一著急，就駕上衛靈公的座車疾馳回家了。又有一次，他與衛靈公遊御花園，走過一片桃林的時候，見到樹上結滿了又大又紅的桃子，就摘了一個嚐鮮，咬了幾口後，說桃子好吃，就把剩下的桃子給衛靈公吃。朝廷中有人認為他置君臣體統於不顧，但衛靈公卻說，彌子瑕是個孝子，為了母親，竟不顧自己觸犯法律的後果；又說彌子瑕是個忠臣，連一個桃子好吃這樣的小事也首先想到君王。但不久彌子瑕仍是在眾人側目的情況下失勢。由於彌子瑕恃寵犯上的事甚多，經眾臣的挑唆，衛靈公大罵彌子瑕是個叛臣，說他犯上作亂，擅自以我的名義乘君王之車，說他對君王不誠不敬，有侮慢之心，連吃剩的東西也敢獻上來，還美言欺君，偽作忠順！

夏言是明朝嘉靖皇帝的寵臣，曾是當朝的首輔大臣，專權二十餘年，然而由於他不知掩蔽鋒芒，驕氣奪人，敢衝敢撞，樹敵過多，直至七十多歲時被棄市並當街斬殺。

明世宗嘉靖皇帝是明朝在位時間最長的皇帝之一，其時，明王朝已是一派中衰氣象。這位十五歲登基、在位四十五年的皇帝，其上臺與在位均與一般皇帝有些區別。他本不是前朝荒淫無恥的武宗之子，因為武宗過度沉湎於女色，早衰無子，三十一歲死後，作為憲宗孫、孝宗侄、武宗堂弟的世宗得以入繼大統。

由於是以世子即過繼身分即位，依照廷議當尊堂兄武宗之父孝宗為父，而稱己父為叔，這對於非常孝順的世宗來說又是大不忍。他偏要尊自己父親為帝，因而釀成明中期「大禮儀」之獄，世宗將反對立父為帝的大臣或杖死，或入獄，或貶謫，致使世宗對朝臣產生特殊的仇恨，在位四十多年中表現出極度的反覆無常、諸事以己之好惡而定，並以此擴充皇帝的尊嚴，終使後期佞臣當道，奸臣嚴嵩專權二十餘年，將腐朽的明王朝再向崩潰的邊緣推進一步。

夏言本只是朝中一個不起眼的小官，只因順迎世宗帝意，才得以順利升遷，而且官升得非常快速。

嘉靖七年（西元一五二八年），世宗想將天地合祀為二祀，加上日月二祀為四祀，分建於四郊，此種變更禮法的做法遭到大臣的反對，大學士張孚敬也不敢表態，酷通道佛迷信的世宗占卜亦不吉利，世宗眼看此議即將作罷，已升為七品的吏部，都給事中夏言卻別出心裁為世宗解開了這道難題。

夏言上書請世宗親自在南郊耕種，皇后在北郊種桑植蠶，為天下倡農桑之事，並建議請分天地二祀，這當然甚合世宗心意，親自下令賜夏言四品朝服和俸祿。連升三級的夏言再次建言，請世宗把日月分為二郊配餉，順利地解決了四祀、四郊的問題。受到世宗恩寵，令他任二郊祀壇建設的監工。

是年，延綏發生饑荒，夏言推薦僉都御史李如圭為巡撫，未為世宗允准；吏部改任他人，一一為皇帝否決，最後世宗亮出底牌，要求夏言出山。這遭到御史熊爵的彈劾，說夏言開始薦舉李如圭是故作姿態，沽名釣譽，為自己打算，夏言則辯稱並無出任之意，博得世宗的信任；同時對於朝中如日中天的張孚敬大學士，夏言不避權貴，大膽彈劾，再得到世宗特別信任，被世宗再次選為侍讀學士，以隨從皇帝充作顧問，成為天子身邊的近臣和信臣。

嘉靖十年九月，世宗提拔夏言為禮部尚書，位列六卿，為正二品。三年之內，連升五級，升遷之快，為明朝開國以來所未有。

夏言為官能折節下士，與臣僚同事關係頗為融洽，但又敢與眾臣所惡的權貴爭鬥，因而博得同僚的信任；更重要的是，夏言投世宗所好，他語句華麗，講話流利通暢，不帶鄉音，文思極快，與世宗作詩唱和也深合帝意，因此世宗引其為心腹，日日有賞賜，成為滿朝第一紅人。

但做官過於順利的夏言，在世宗寵信的大背景下，開始頤指氣使，欺壓同僚，驕氣奪人，漸漸為一些人嫉恨。嘉靖十五年，夏言升為太子太保進少傅兼太子太保兼武英殿大學士，參與內閣，後又至首輔，成為一人之下、萬臣之上的不是宰相的宰相；嘉靖十八年，再被特封為光祿大夫上柱國，這是明代大臣的最高封銜，有明一代只有夏言與張居正有此加封，而且張氏還是虛銜，所以夏言此種榮譽可謂空前絕後。

盛極而衰是封建官僚官運的運行鐵律。正在夏言春風得意之時，因收復河套之議，遭到世宗寵信的大奸臣嚴嵩的陷害，從而走上幾起幾落的陷阱，終致慘死。

嚴嵩既是夏言的同鄉，早年受到夏言的照顧與提攜，但又是個極有心計也頗有文才的奸臣，他對夏言之高位和早年只被當成門客的待遇十分嫉恨，伺機加以陷害；而且嚴嵩已完全摸清世宗的嗜好與個性特點，曲意逢迎。一方面打擊攔在升官晉爵路上的擋路石，一方面則緊緊抓住這座大靠山，依賴皇帝以售其奸。

嘉靖十八年（西元一五三九年），夏言與嚴嵩等隨世宗去安陸謁拜興獻王陵墓，謁陵完畢，夏言按慣例請求皇帝回京，到朝宮再接受群臣賀拜的表章；而嚴嵩已摸清世宗心底，則請世宗就地停留，接受賀拜，這極合世宗心意，因而世宗以「禮樂自天子出」為理由大事鋪張，接受賀拜禮儀，在此之後，世宗開始疏遠夏言，寵信嚴嵩。

是年，夏言因一件小過錯莫名其妙遭到世宗重責，夏言驚恐之下請罪，卻反惹得世宗大怒，認為是以辭職請罪相要挾，頒敕追回所賜銀章和手敕，令他以少保尚書大學士之職銜退休，並削去所有其他官職。過了八日，世宗怒氣稍解，又盡復其職，但夏言上表的謝呈不合他意，再次遭到斥責；後來世宗又兩次令其退休，到二十一年（西元一五四二年），雖再次盡復夏言各職，但寵信已不如前。

世宗篤信道教，喜戴香葉巾，並命宮人仿製五頂香葉巾賜給夏言、嚴嵩等大臣，以示寵信。夏言認為，此種用物非朝廷禮制規定必須戴用，所以公開表示只藏而不戴；而嚴嵩則每次進宮都戴上，並故意在上面的官袍外露出一截，以討好世宗，果然得到世宗的歡心。

一山難容二虎，一朝不容二強，夏言與嚴嵩矛盾公開化，兩人互相指使大臣上書攻訐，嚴嵩甚至在皇帝面前哭訴夏言的輕侮，並使用奸臣慣用的伎倆進行誣告。

二十一年六月，嚴嵩密見世宗，跪在地上痛哭流涕，力訴夏言之非，並誣夏言有輕慢犯上之罪。世宗龍顏大怒，將夏言革職，拜嚴嵩為武英殿大學士，代他入閣。這是夏言第四次罷官。

二十四年，世宗微覺嚴嵩主持閣政，多有不法事，乃復夏言職，以其為首相，但嚴嵩並未遭到貶遠，仍與夏言共事。

重新復職的夏言仍是縱橫博辯，對大臣較為傲慢，引起朝臣側目；而嚴嵩則夾起尾巴做人，盡力巴結天子身邊的近臣，尤其是對世宗派到府中的小太監，每次親自執手請坐，並以重金賄賂，讓他們在世宗面前美言，而夏言則甚為簡慢，只以為奴才，這樣這些宦官就在皇帝面前淨是說嚴嵩好話，對夏言則大加詆毀。

夏言與嚴嵩均是才質非凡之人，尤其擅長世宗喜愛的「青詞」，即在敬奉神道儀式上所用的文字，一般以駢文形式寫成，以砂筆寫在特製的青藤紙上，故有「青詞」的雅稱。現在年邁體衰的夏言精力顧不過來，只交給幕僚寫作，又不加潤色，內容陳舊，使世宗大為生氣，經常怒擲於地；同樣年邁的嚴嵩則高度重視，一絲不苟地寫作、修改，經常弄到深夜，再加上太監說嚴嵩日以繼夜完成皇帝的任務的美言，使得夏言又漸漸失寵。而真正使夏言遭致死罪的是河套收復之議，深得夏言倚重的兵部侍郎、三邊軍務總督曾銑於二十六年（西元一五四七年）提出收復河套地區計畫。由於夏言位至首輔，未有出色的功勞，只有世宗的寵信，因而極力贊成曾銑這一建功立業的計策，開始也得到世宗的稱許，撥專銀三十萬兩以作開支。曾銑率部也取得一些成績。

但是此時京城和內宮突生異常變異：京城大風，內宮失火，皇后去世。迷信道教的世宗以為這是上天垂示的不祥之兆，嚴嵩就以曾銑為突破口，乘機攻擊夏言，密告世宗說這些災異是曾銑「開邊啟釁」的惡果，因此世宗立即改變態度，停止收復河套的計畫，下詔將曾銑逮捕下獄。

嚴嵩又從獄中提出與曾銑有仇怨的甘肅總兵仇鸞，要他上書誣陷曾銑掩蓋敗情、剋扣軍餉，並誣告夏言的岳父蘇綱收受賄賂，並涉及夏言。聞訊怒極的世宗便再詔令夏言退休。

但嚴嵩此時已不會再放過夏言，就發動朝臣群起攻之，世宗終在二十七年以「雷同誤國」罪名，將其逮捕入獄。

夏言入獄前上書為自己辯解，並對嚴嵩進行淋漓盡致的揭露，指斥嚴嵩是當代的共工、王莽、司馬懿，昏饋的世宗對嚴嵩深信不疑，於捕後九月，將夏言殺於西市。夏妻蘇氏流放廣西。夏言死後，嚴嵩成為世宗第一親信，專政首輔二十年之久，是明朝走向衰亡的轉捩點。

夏言在二十年的宦途生涯中，五起五落，一切皆由自己不謹慎的言行和不知收斂的風格所致，正應了所謂「跳得高、摔得重」的古話，實在是中國歷史上一個典型案例。

3．皇太后下嫁大臣以色謀權

西元一六四三年（清崇德八年），清朝雄才大略的開國皇帝皇太極病重，他自建立清朝以來，可謂發揚光大了努爾哈赤的事業，對內改革政治，對外開疆拓土，使滿清呈現出一片繁榮興旺的景象，但年僅五十二歲便一病不起。他深深地知道，滿清的基業還不穩固。明朝依然十分強大，尤其是內部，皇太子雖然早已冊立，但諸王之間仍然爭權奪利，互相傾軋，因此，在安排後事方面，皇太極十分重視。

太子的母親吉特氏（吉特氏全稱博爾吉特氏，屬蒙古科爾沁部，父名塞桑，其姑是皇太極的正宮皇后，即孝端皇后。吉特氏在其子即位後被尊為皇太后，亦即皇太極的皇后，死後諡為孝莊仁宣誠獻恭懿至德純徽翊天啟聖文皇后，一般稱為莊妃或孝莊皇后）是皇太極的寵妃，史稱莊妃。

莊妃長得十分美麗，而且精明強幹，很有見識，皇太極在許多方面都得助於她，因而在安排後事上對她甚為倚重。

皇太極在自己不起之時，叫來了莊妃，握著她的手氣喘吁吁地說：「我今年五十二歲，即使死了，也不為夭亡，只恨未得統一中原，不能與愛妃共用天下，不免遺恨。我死之後，福臨可以即位，但他年幼無知，不能親理政事，只好由諸親王攝政了。」於是，皇太極把幾個親王叫到病床之前。

皇太極把濟爾哈朗和多爾袞找來，對他二人說：「我已病入膏肓，就要與二王訣別了，所擔心的是皇太子福臨剛剛滿六歲，不能理政，一旦即位，還望二王能顧念本族血親，好好輔佐他。」濟爾哈朗和多爾袞聽了，連忙跪在地下，對天發誓道：「如背聖諭，皇天不容。」皇太極又指著濟爾哈朗說：「他們母子二人，全仗二王，二王不得食言。」就這樣，皇太極「託孤」於濟爾哈朗和多爾袞二親王。

西元一六四三年九月二十日，皇太極病死於瀋陽清寧宮。雖然皇太極臨終前已有了安排，但圍繞皇位繼承問題還是鬧了一場不小的風波。少數少壯派貝勒想立皇太極的長子豪格，因為豪格年齡較大，在青年貝勒中有一定的影響。代善之孫阿達禮（多爾袞之侄）和其叔碩托親王想立多爾袞，按當時的情況來看，多爾袞一派力量較為強大一些，尤其是多爾袞本人，既軍權在握，又驍勇善戰，在軍隊中頗有威望，性格也剛毅果斷，所以才有一些人想擁立他。但多爾袞考慮到自己若登皇位怕會引起內亂，尤其是皇太極的長子豪格一派的力量更是難以制伏，所以，他還是決定立福臨為帝。

其實多爾袞立福臨為帝的用心大家是看得很清楚的，福臨年僅六歲，即位後必然由多爾袞攝政。多爾袞就可以一步步地翦除異己，控制局面，在適當的時機再登皇位。因此，一些親王不願意同多爾袞合作，阿濟格就稱病不出，撒手不管。

在這種情況下，多爾袞必須採取一定的措施，穩住人心。於是，他以謀逆罪殺了要擁立自己的阿達禮，以證明自己並不想篡位。他這一舉動，在一定程度上起到了收攏人心的作用，阿濟格也出來視事了，表面上的局勢又穩定了下來。

福臨即位，是為順治皇帝。嫡母和生母吉特氏俱被尊為皇太后，多爾袞攝政，被尊為皇父。

莊妃心裡也十分明白，孤兒寡母秉政，若無人盡心輔佐，必然權位不保，所以對多爾袞一意籠絡。在順治即位後不久，多爾袞親自告發並主持審理了阿達禮、碩托叔侄的謀逆案件，殺了阿達禮，並罪及其妻子，以表明自己的心跡，這使得莊妃極為感激，從此對多爾袞更加信賴。

多爾袞也可謂「兢兢業業」，凡事無論大小都一概稟告莊妃，莊妃也讓多爾袞隨便出入宮廷，便宜行事，不必事事奏告，也不必多避嫌疑。於是，多爾袞隨意出入宮禁，有時甚至留宿宮中。

多爾袞其人據說長得一表人才，十分精幹秀拔，但卻是一位好色之徒，莊妃也正值盛年，時間一久，便有了苟且之事，宮廷內外便有了一些閒言碎語，連顧命大臣濟爾哈朗也說三道四。多爾袞知道以後，告訴了莊妃，讓她擬了一道聖旨，派濟爾哈朗前去攻打山海關，把他遠遠地支派了出去。

莊妃是個十分精明的人，關於她和多爾袞的苟且之事，到底是出於多爾袞的逼迫，還是莊妃自願趨獻，或是二者皆有，已無法用史實來證明。其實，這種事，就是放在今天，也難以說清。不過，有一點是很清楚的，多爾袞嗜色如命，莊妃既年輕美麗，又聰慧能幹，多爾袞想漁獵其色，恐怕是可想而知的事。多爾袞的好色無恥，還可以用另一件事來證明。

一次，多爾袞在莊妃那裡見到了一位十分美麗的婦人，與莊妃之美不相上下，十分眼饞。回去一打聽，才知道原來是皇太極的長子、肅王豪格的福晉。從此，多爾袞又迷上了這位福晉，後來終使肅王豪格死於獄中，多爾袞把豪格的福晉納為自己的妃子。但不久又生厭棄，迷上了朝鮮的兩位公主，把豪格的福晉冷落在一邊，任她撒潑使性，只是避居不理。從這件事看來，多爾袞對莊妃主動發起進攻，應當是可以想見的。

在這種情形之下，莊妃的態度如何呢？以莊妃之精明，她不會不考慮到苟且之事對她的身分地位，尤其是聲譽所帶來的影響，但如果拒絕了多爾袞，恐怕帶來的問題就更大了。莊妃十分清楚，多爾袞不是一個具有雄才大略的人，其好色如命更是他性格上的極大缺陷，如果施以溫柔之計，也許會很容易地籠住其心，利用他去控制住權力，順治的皇位和自己的太后之位就會較為穩固，而且會一天天地穩固起來。也許莊妃就是出於這種考慮，才同多爾袞有了「和親」之舉。

當然，以莊妃之盛年，以多爾袞之儀表和熱情，也並非沒有因此而苟且的可能，但總的看來，這只是一個次要的原因或根本就不是原因。在中國歷史上，女皇武則天和其女兒太平公主以及其他許多的皇后公主曾經多養面首，但基本上沒有與權臣發生什麼情感糾葛，根本原因就在於她們的權力已很穩固，不需要再施「美人計」來穩住統治地位了。她們甚至要遠遠地躲開權臣，以免自己的私生活以及其他什麼祕密為權臣所竊，被他們拿到把柄來攻擊自己。

由此可見，莊妃與多爾袞的關係，其根本的原因還在於出於維護權力的需要。

多爾袞在後來的日子裡建立了赫赫的軍功，尤其在招降明朝山海關總兵吳三桂、擊敗李自成的軍隊上更顯突出。

李自成的農民起義軍攻陷了北京城後，沒收了明朝山海關總兵吳三桂的家產，也搶走了他的愛妾陳圓圓。吳三桂知道後，十分憤怒，拒不投降李自成，大詩人吳梅村在

《圓圓曲》中寫道：「全家白骨成灰土，一代紅妝照汗青；慟哭六軍皆縞素，衝冠一怒為紅顏。」吳三桂跑到多爾袞的軍中，剪髮宣誓，正式做了滿清軍隊的馬前卒。這時，李自成的軍隊也來到山海關前的一片石，列陣於山、海之間，準備與吳三桂決戰，多爾袞讓吳三桂打頭陣，自己立馬觀看。吳三桂親自上陣，與李自成的軍隊打了十多個回合，被裹在了軍中。

正在這時，一陣狂風忽起，多爾袞眼見吳三桂要失敗，便催動數萬鐵騎從兩側衝來。李自成大驚，他根本沒有想到滿清軍隊會參戰，慌了手腳，走下指揮臺，先行撤退。李自成的軍隊大敗，在吳三桂的引領下，滿清軍隊正式入關，定都北京。順治是滿族人入關以後的第一個皇帝。

入關以後，多爾袞的權力更大了。在攻打農民起義軍和消滅明朝留下來的各股勢力的反覆征戰中，多爾袞也顯示了很強的指揮能力，他調兵遣將，攻下明朝的一個個城池，隊伍逐漸向南推進。這時，皇太極的長子豪格已死在獄中，多爾袞就成天與豪格的福晉朝歡暮聚，鬼混在一起。豪格的福晉雖是他的侄媳，多爾袞卻思想解放得很，一點也不顧忌，一時間輿論大嘩。

這一時期，努爾哈赤的幾個握有兵權的兒子相繼病死或戰死，孝端皇太后也駕崩了。平時，莊妃雖與孝端皇后同為皇太后，但畢竟名分上有差，一是正室，一是側室，所以雖時有專權之舉，還是多少有所顧忌。好在孝端皇太后並不過問朝政，莊妃也就放心。孝端皇后一死，莊妃再無顧忌，便大膽地處理起政務來。就在這時，多爾袞那邊的情況又發生了變化。

原來，多爾袞的原配妻子聽說多爾袞與侄媳鬼混，就經常與多爾袞吵鬧，多爾袞一如既往，無絲毫的改悔，她極為氣憤，日久生疾，竟得了氣鼓病，不久就死了。多爾袞辦完了喪事，便明目張膽地娶了豪格的福晉，做起正式夫人來了。

莊妃知道，如果任其發展下去，自己同多爾袞的關係可難得保住，於是當機立斷，派小太監把多爾袞請來，與他密談了半日。回去以後，多爾袞忙找范文程等極為老成持重而又大有學問的老臣來商量，他們耳語了半天，只見多爾袞面上有紅羞之色，范文程則眉頭皺了幾皺，但最後還是范文程大有主意，向多爾袞獻了一計，多爾袞大喜，忙拜託他們幾個人辦理。

范文程等人給順治帝上了一道奏章，這恐怕是中國歷史上最為奇怪的一道奏章了，其內容是要皇上嫁母的，大概內容如下：皇父（多爾袞）剛剛死了妻子，而皇太后又獨居寡偶，秋宮寂寂。這不合我們皇上以孝治天下的辦法。根據我們這些愚陋的臣下的見解，應該請皇父皇母，到一個宮室裡居住，以盡皇上的孝敬之道。

這千古一絕的奏章一上，立即交由內閣討論，大家都知道多爾袞勢大，皇太后又同意，哪個還敢反對，於是大家都隨聲附和，連聲說好。

順治六年（西元一六四九年）冬，順治十歲，頒下了一道嫁母聖旨：

> 我在很幼小的時候即位為皇帝，安撫占有了中原以及南北地區。皇宮之內靠的是皇太后的教育，皇宮之外靠的是皇父攝政王的扶持，得以承繼了先人的事業，沒有中途墜落。如今，皇父和皇太后獨居無偶，寂寂寡歡，皇父又剛剛死了妻子，我覺得極為歉疚。諸王以及大臣們一致強烈呼籲，認為父母不宜分居，應該住在一起，我也好定時前去拜望。我想來想去，覺得十分合意。茲定於×年×月×日，恭行皇父皇母大婚典禮，謹請他們合宮同居。希望禮部要盡職盡力，不要辜負了我們孝道治天下的意圖。此致！

朝廷內外忙了好多天，大婚之時，朝臣全往拜賀，十分熱鬧，倒像滿清入關以來的第一大壯舉。

莊妃與多爾袞結婚之後，倒也恩愛，但多爾袞還忘不了那位侄媳，不免偷寒送暖，經莊妃盤問，多爾袞皆據實相告。奇怪的是，莊妃居然讓多爾袞把豪格的福晉立為側福晉，莊妃之賢德，令人感動。

後來多爾袞寵愛朝鮮的兩位公主，經常出外打獵，讓兩位朝鮮公主陪伴，很長時間不回宮廷。側福晉備受冷落，多有吵罵，多爾袞生就的喜新厭舊的脾氣，對她則不再理會。至於對待莊妃，多爾袞一則敷衍，一則命令宮中的太監使女緊密封鎖消息，不讓莊妃知道。

不久，多爾袞因縱欲過度，在喀喇城圍獵時，得了咯血症而身亡。

多爾袞死後，平時怨恨他的大臣就乘機上書攻擊多爾袞，起初莊妃還從中調護，後來大臣得知順治帝隱恨多爾袞，便放膽揭發，把多爾袞寵愛兩位朝鮮公主的事告知了莊妃。莊妃大怒，才知道多爾袞時常出獵，原是為此。於是發狠說：「如此看來，他死得遲了。」

至此，許多大臣羅列了多爾袞的罪狀：收受賄賂，逼死豪格，引誘侄媳，私製御服，私藏御用珠寶等。

順治下詔，誅除多爾袞的黨羽，追奪多爾袞家屬所得的封典。

順治就是在這樣一位母親的庇護下坐穩了皇位，長大成人，也是在這樣一位叔父的權勢之下戰戰兢兢地度過了少年時代。儘管在滿族人看來叔娶其嫂並非是大逆不道的事情，但順治還是感到深受其辱，順治以後的行為和他在二十五歲就不明不白地結束了生命（一說出家當了和尚），與他童年、少年時代的經歷不無關係。

對於維持朝廷的穩定和順治帝位的穩固，莊妃的做法不能說沒有作用。她抓準了多爾袞的特點，自始至終把他牢牢地掌握在自己的手裡。

最後，多爾袞還是因縱欲過度而死亡，說明莊妃對多爾袞的認識是極有眼光的。以此法來制此人，可謂深得其道。多爾袞死後，順治已長，權力也不再集中在某個大臣手中，清朝的統治集團就穩固了，多爾袞始終沒有篡權，這也是清朝能夠統一中國的重要原因之一。

4．置春申君於死地的「美人計」

西元前二六三年秋天，在位三十六年的楚頃襄王一命嗚呼，太子熊元繼立為君，史稱考烈王。以黃歇為令尹（宰相），號為春申君，與考烈王一起執掌楚國的大政。春申君黃歇是此時列國中知名的四公子之一，其餘三人是魏國信陵君魏無忌、齊國孟嘗君田文、趙國平原君趙勝，這四人均因招蓄門客、禮賢下士、足智多謀而譽滿天下。

考烈王當了十幾年國君，享盡榮華富貴，後宮中姬妾成群，但卻是位男性不育症患者，始終未有子女。作為首輔大臣的春申君亦用盡渾身解數，廣泛搜求國內適於生子的女子送進宮中，可是進宮後皆鴉雀無聲，沒有懷孕的消息。考烈王有些失望焦躁，春申君更是著急，而春申君的一個門客卻暗自高興。

這個門客叫李園。此人奸詐陰險，做門客多年未受重用，一直悻悻不樂。考烈王無子、春申君著急的情形被他知道後，就打起了壞主意。他有個妹妹叫李嫣，姿容俏麗，善獻媚邀寵，也頗有心計。李園想把妹妹獻入宮中，但又怕妹妹入宮後也不受孕而失寵。就想出一個「偷樑換柱」，讓春申君代君生子的萬全之策。

當天下午，他向春申君黃歇請假五天回家處理雜事。回家後，故意過期不歸，一直到第十天才回去。黃歇見他超假五天，自然要問緣由。

李園裝作無可奈何的樣子說：「真是沒有辦法。我有個妹妹叫李嫣，生得有些姿色。齊王聽說了，特派專使前來求婚，我陪著使臣宴飲數日，實在無法脫身，所以誤了歸期。」

黃歇一聽，暗想：一個普通民女竟名聞異國，想必是個傾城傾國的絕世美人。心中一動，便問道：「你已經接受齊王的聘禮了嗎？」

李園回答說：「方才進行議婚，尚未接受聘禮。」古禮以下聘受聘為訂婚之則，此禮未行，婚事尚在兩可之間。黃歇聞言暗喜，忙問：「能讓我見一見你的妹妹嗎？」李園說：「我在您的門下，我的妹妹不就等於您的婢妾嗎？敢不從命？」黃歇大喜。

當天晚上，李園把妹妹盛妝打扮一番後悄悄送進黃歇府中。李嫣生得本來就很漂亮，再一化妝，配上華麗鮮豔的服飾，更是花枝招展。黃歇見了難以自持，立即賞賜李園兩雙白璧、三百兩黃金，留下李嫣侍寢，大加寵愛。從此，黃歇與李嫣儼如夫妻一般，恩愛非常。

未到兩個月，李嫣已暗結珠胎，她便把這種情況告訴了哥哥。李園聽後，喜形於色，說：「當妾和當夫人哪個尊貴？」

李嫣笑著答道：「妾怎能比得上夫人？」

李園又問道：「夫人與皇后比較，又是哪個更尊貴些？」

李嫣又笑著答道：「當然是皇后尊貴無比了。」

李園說：「妳在春申君府中，自然比在家富貴多了，但畢竟只是一個小小寵妾而已！如今楚王無子，妳已有娠，若進宮侍奉楚王，日後生子必為王后，妳就是國君的母親，是尊貴無比的太后，難道不比當妾勝強百倍嗎？」

於是，把自己的謀劃和盤托出，告訴李嫣在枕席間如何向春申君進言方可奏效。李嫣連連點頭，兄妹二人開始使出奸計的第一步。

當天晚上，李嫣按時去春申君府中侍寢。二人正在相親相愛之際，李嫣卻面帶愁容，彷彿滿腹心事。黃歇忙問緣故。

李嫣深情地說：「妾擔心我們的幸福不會長久。」

黃歇忙問何意，李嫣慢慢地說：「楚王非常信任您，您的富貴地位連楚王的兄弟都趕不上。可是您當令尹近二十年，楚王還無後代。楚王千秋萬年之後，必將改立他的兄弟為君。俗話說，一朝天子一朝臣，您對他們沒有絲毫恩德，他們必定要各自使用自己親信的人。到那時，您的令尹地位還能保得住嗎？您江東的封邑還能保得住嗎？您若沒了勢位，我們倆的幸福又怎能長久呢？」

黃歇聽罷，暗暗點頭。稍一停頓後，李嫣又接著說：「妾所慮不僅如此，您權高位重，執政很久，難免對待國君兄弟有禮數不周、得罪他們的時候與地方。如果真的是他們即位為君，您可能會大禍臨頭的，這就不只是江東封邑保得住保不住的問題了。」

聽到此處，黃歇嚇得額頭上滲出一些小汗珠，驚愕地說：「妳說得對！妳說得很對！我還沒考慮這麼遠，可如今該怎麼辦呢？」

李嫣嬌滴滴地說：「妾有一計，不但可以免禍，而且可永保富貴。但若用此計，妾感到有些愧疚。雖大有利於君，心中實在不願意，又怕您不聽，所以就不想說了。」說完故作情態，欲言又止。

黃歇心中已很害怕，忙追問道：「妳是為我打算，我怎能不聽呢？計如果可行，我全聽妳的。」

這時，李嫣微低下頭，面帶羞澀地說：「妾受君寵愛，連日來多承恩澤，今已懷孕，外人誰也不知道。況且妾侍君未久，外人也不知道。以您的身分把妾送進宮中，憑您的特殊地位，再憑妾的姿容，大王一定會寵倖我。如果老天保佑，他日生下男孩兒，必立為太子，日後繼位為君，實質上就是您的兒子當楚王了，楚國都可得到，哪裡還會有不測之罪呢？只是妾捨不得離開您啊！」

聽完這席話，黃歇大夢初醒，連說：「太妙！太妙了！人們常說『天下有智婦人，勝於男子』，這說的就是妳啊！就照妳說的辦！」

第二天，黃歇召李園入密室，將此計告之。李園佯為不知，故作驚詫，聽後又假裝沉思了一會兒，表示贊成。

黃歇即刻入宮見楚王說：「我聽說李園有個妹妹叫李嫣，很有姿色，相面的人都說她必有兒子，而且必得富貴，齊王方派人來求婚，大王不可不先納之。」

楚王見是春申君推薦之人，自然重視，立命內侍宣召李嫣入宮。李嫣大獻媚態，把個老楚王哄得滴溜轉，樂得楚王不知東西南北，如獲至寶，百般寵愛，萬種溫存。不久李嫣果有懷孕之喜，到產期則不生則已，一生就是兩個，生下一對雙胞胎，兩個活生生的胖小子。

楚王給長的命名叫熊捍，小的叫熊猶，楚王老年得子，整天樂得手舞足蹈。滿月後即立李嫣為王后，立熊捍為太子，李園為國舅，與春申君共執國政。

但是，李園是一個權力占有欲非常強的奸邪之徒，他見春申君有這麼高的權勢一直非常妒嫉，現在自己已有機會，就決心依賴楚王與妹妹，扳倒春申君，自己獨掌權柄，因此他表面上對黃歇更加恭謹，暗中卻在等侯時機。

幾年後，考烈王身染重病，將不久於人世。李園想到李嫣懷孕入宮之事，只有自己和黃歇知道。太子若立為君，一旦知道原委，無論後果如何都對自己不利，不如先下手殺人滅口。如除去黃歇，便沒了後患。自己和妹妹可高枕無憂地操縱楚國了。於是，李園暗中派人訪求一些亡命之徒，藏在私宅裡。

黃歇有個朋友叫朱英，聽說李園陰蓄死士，知道是為圖謀黃歇，就去見春申君說：「天下有無妄之禍，有無妄之人，您知道嗎？」

黃歇問道：「什麼叫『無妄之禍』？」

朱英說道：「李園是國舅，位在您之下。表面雖柔順，心裡實不甘。況且兩勢不並立，聽說他陰蓄死士，等楚王一薨，李園必先入內據權殺您奪位，這就是『無妄之禍』啊！」

黃歇又問道：「什麼叫『無妄之人』？」

朱英說：「李園的妹妹在宮中，宮中的消息李園隨時都可知道。而您住在城外，得到消息必然要晚。如果您安排我做郎中令，我可統領禁軍。如果李園先入，我就替您殺了他。然後您就可穩操勝券，這就是『無妄之人』。」

黃歇聽後，笑著說：「您太過慮了，李園是個懦弱之人，對我非常恭順，哪裡用得著這麼做呢？」

朱英說：「您今日不用我的計謀，等到時後悔可就晚矣！」

黃歇推託說：「你先回去，等我仔細想一想，如有用你之處，即去相請。」

朱英回去靜等二天，不見有人來請，知道自己的計策未被採納，就收拾行囊悄悄出走，到五湖間隱居去了。

朱英走後十七天，考烈王死了。李園早與妹妹及宮中的侍衛約好：「王一旦駕薨，要先通知我。」於是他第一個得到資訊，急忙進宮。傳令任何人不准走漏消息，祕不發喪，安排那些亡命之徒埋伏在棘門之內。挨到天黑，才派人報告黃歇。黃歇聞信大吃一驚，也不和門客們商量，急匆匆駕車前往，剛進棘門，兩側甲士持刀衝出，大喊：「奉王后密旨，春申君謀反宜誅！」黃歇見狀大驚，想要回車已來不及，手下人早被殺散，他也被一刀砍下頭顱。李園見大事已畢，傳令緊閉城門，把黃歇的腦袋扔在城外，然後發喪。立太子熊捍為君，這就是楚幽王，當時只有六歲。這一年是西元前二三八年。

幽王即位後，由母親和娘舅幕後專政。李園自立為相國，獨專國政，奉李嫣為王太后，盡滅春申君黃歇之族。此後，少主寡后深居宮中，李園一人獨掌大權。

李園以七年的等待，以一個置春申君於死地的「美人計」，終於實現奪權篡位的野心與夢想。

5·王猛擇賢而發力

王猛本來是漢族的知識份子，他出生在青州北海郡劇縣，年幼時因戰爭動亂，他隨父母逃難到了魏郡。當時，氐族在長安建立了前秦政權，漢族人的東晉政權還依然存在。王猛為什麼要投奔到氐族苻堅的手下呢？

這是因為王猛在自己的人生道路上，做了極為認真的選擇。他心裡明白：一個人再有才能，如果沒有一個聰明能幹的上司，其才能是無法發揮出來的。而正確地選擇自己的上司，本身就是一個人才能和智慧的體現。

王猛年輕時，曾經到過後趙的都城——鄴城，這裡的達官貴人沒有一個人瞧得起他，唯獨有一個叫徐統的，見了他以後非常驚奇，認為他是一個了不起的人物。於是，徐統便召請他為功曹，可王猛不僅不答應徐統的召請，反而逃到西嶽華山隱居起來。因為他認為自己的才能不應該幹功曹之類的事，而是幫助一國的君王幹大事的，所以他暫時隱居山中，看看社會風雲的變化，等待時機的到來。

西元三五一年，氐族的苻健在長安建立前秦王朝，力量日漸強大。西元三五四年，東晉的大將軍桓溫帶兵北伐，擊敗了苻健的軍隊，把部隊駐紮在灞上。王猛身穿麻布短衣，徑直到桓溫的大堂求見。桓溫請他談談對當時社會局勢的看法。王猛在大庭廣眾之下，一邊把手伸到衣襟裡面去捉蝨子，一邊縱談天下大事，滔滔不絕，旁若無人。

桓溫見此情景，心中暗暗稱奇。他問王猛說：「我遵照皇帝的命令，率領十萬精兵憑著正義來討伐逆賊，為老百姓除害，可是，關中豪傑卻沒有人到我這裡來效勞，這是什麼緣故呢？」王猛直言不諱地回答說：「您不遠里來討伐敵寇，長安城近在眼前，而您卻不渡過灞水去把它拿下來，大家摸不透您的心思，所以不來。」桓溫沉默了好久都沒有回答，因為王猛的話正暗暗地擊中了他的要害，他的心思實際上是，自己平定了關中，只得個虛名，而地盤卻歸於朝廷，與其消耗實力，為他人做嫁衣裳，還不如擁兵自重，為自己將來奪取朝廷大權保存力量。

桓溫聽了王猛的話，更加認識到面前這位窮書生非同凡響。過了好半天，他才抬起頭來，慢慢地說道：「江東沒有人能比得上你。」

後來，桓溫退兵了，臨行前，他送給王猛漂亮的車子和優等的馬匹，又授予王猛高級官職「都護」，請王猛一起南下。王猛到華山徵求老師的意見後，拒絕了桓溫的邀請繼續隱居華山。

王猛這次拜見桓溫，本來是想出山顯露才華，幹一番事業的，但最後還是打消了這個念頭。因為在考察桓溫和分析東晉的形勢之後，他認為桓溫不忠於朝廷，懷有篡權野心，未必能夠成功，自己投奔到桓溫的手下，很難有所作為。這是他第二次拒絕別人的邀請和提拔。

桓溫退走的第二年，前秦的苻健去世，繼位的是中國歷史上有名的暴君苻生。他昏庸殘暴，殺人如麻。苻健的侄兒苻堅想除掉這個暴君，於是廣招賢才，以壯大自己的實力。他聽說王猛不錯，就派當時的尚書呂婆樓去請王猛出山。

苻堅與王猛一見面就像知心的老朋友一樣，他談論天下大事，雙方意見不謀而合。苻堅覺得自己遇到王猛好像三國劉備遇到了諸葛亮；王猛覺得眼前的苻堅才是值得自己一生效力的對象。於是，他十分樂意地留在苻堅的身邊，積極為他出謀劃策。

西元三五七年，苻堅一舉消滅了暴君苻生，自己做了前秦的君主，而王猛成了中書侍郎，掌管國家機密，參與朝廷大事。王猛三十六歲時，因為才能突出，精明能幹，一年之中連升了五級，成了前秦的尚書左僕射輔國將軍、司隸校尉，為苻堅治理天下出謀劃策，幹出了一番轟轟烈烈的大事業，成為中國封建社會傑出的政治家。

西元三七五年，王猛因病去世，終年五十一歲。苻堅這時才三十八歲，他為失去這位得力的助手十分痛心，經常悲傷流淚，不到半年頭髮都斑白了。

古人說：「良禽擇木而棲，賢臣擇主而從。」歷史上多少有才能的人由於投錯了主人而遺恨終生。王猛同諸葛亮一樣在動盪不安的形勢下，正確選擇了自己的道路，所以才有他事業的成功，才有他一生的輝煌。他忍住一般人求遇心切，急於求取功名富貴之心，認定了正確的人選才投身仕途，這是他獲得成功的重要經驗，也告訴我們在日常工作中，應該盡力去選擇一個你認為合適的領導，這是你事業順利發展的前提。

6．陳平因劉邦成名謀

西元前二〇九年，陳勝揭竿而起，宣告一個群雄爭霸時代的來臨。就在這時，陽武縣戶牖鄉一個叫陳平的年輕人，前去投奔魏王咎，被任命為太僕，替魏王執掌乘輿和馬政。陳平非常聰明，年少就有大志，且勤於讀書。他來投奔魏王，本來想有一番作為，但他多次獻策不僅未被採納，反而遭他人的詆毀，陳平認識到魏王咎是一個平庸之輩，於是毅然出走，投奔到項羽麾下，參加了著名的巨鹿之戰，跟隨項羽進入關中，擊敗秦軍。項羽賜給他卿一級的爵位，但這樣職位徒具虛名，並沒有實權。

西元前二〇六年四月，楚漢戰爭正式揭幕。陳平看到項羽無道乏能，難成大氣候，便封裹其所得黃金和官印，派人送還項王，自己單身提劍抄小路逃走。在渡過黃河的時候，艄公見陳平儀表非凡，又單身獨行，懷疑他是逃亡的將領，身上一定藏有金銀財寶，頓起謀財害命之念。陳平察顏觀色，知道他們心懷歹意，心生一計，故意脫掉衣服，往船板上用力一甩，袒露上身，幫助他去撐船。船夫由此知道他一無所有，才沒有動手。

陳平一路直奔修武，因為當時劉邦正率領部隊駐紮在那裡。他透過漢軍將領魏無知見到了劉邦。劉邦賜給他酒食，並說：「吃完了，就休息去吧！」陳平說：「我為要事而來，我對您要說的事不能挨過今天。」劉邦聽他這麼一說，就跟他談了起來，兩人高談縱論天下大事，談得非常投機。劉邦問陳平：「你在楚軍裡擔任什麼官職？」

陳平回答說：「擔任都尉。」當日劉邦就任命陳平擔任都尉，讓他當自己的驂乘，主管監督聯絡各部將的事。這事一傳出，帳下將領不禁大嘩，紛紛對劉邦說：「大王得到楚軍一個逃兵，還不知道他本領有多大，就同他坐一輛車子，反倒來監督我們這些老將。」劉邦聽到這些議論後，反而更加親近陳平，同他一道東伐項王。這樣一來，將領們越發不服氣。過了一段時間，他們推舉周勃、灌嬰晉見劉邦說：「陳平雖然美如冠玉，恐怕是徒有其表，未必有什麼真才實學。我們聽說他在家時就德行不佳，與嫂子通姦，而且反覆無常，侍奉魏王不能容身，逃出來歸順楚王，歸順楚王不行又來投奔漢王，如今大王器重他，給予他高官，他就利用職權接受將領的賄賂。這樣的人，漢王怎麼能加以重用呢？」

經這麼多人一說，劉邦也不能不懷疑起來，他把推薦人魏無知叫來訓斥了一番。魏無知根據劉邦豁達大度、不拘小節的特點，以及求賢若渴、爭奪人才的特殊形勢，回答得非常精彩。他說：「我所說的是才能，陛下所問的是品行。這兩者在爭奪天下的過程中，哪一方面最重要呢？我推薦奇謀之士，是為了有利於國家，哪裡還管他是偷還是接收賄賂呢？」

對於魏無知的回答，劉邦也沒有什麼好說的。他又把陳平叫來責備說：「先生您侍奉魏王不終，又去追隨楚王；追隨楚王不終，現在又來與我共事，講信用的人應該這樣三心二意嗎？」

陳平聽後回答說：「我侍奉魏王，魏王不能採納我的主張，所以我離開他去侍奉楚王。楚王不信任人，所以我棄楚歸權，封金還印，只落得獨自一身，聽說漢王能用人，才來投靠漢王。我空手而來，不接受金錢便沒有可供花銷的。如果我的計謀有值得採納的，大王就採納；如果沒有，金錢都還在，我可以封存起來送到官府，請求辭職。」

劉邦聽陳平說完這段話後，立即表示道歉，並說：「你能幫助我成就大業，我也要叫你衣錦榮歸。」於是，更加厚賜陳平，把他升為護軍都尉。從此以後，諸將領再也不敢說什麼了。

西元前二〇四年。正是楚漢戰爭打得最酷烈的一年，雙方在滎陽爭奪得你死我活。劉邦心裡非常的焦急，他問陳平道：「天下紛紛擾擾，什麼時候才能真正安定呢？」

陳平看到劉邦如此地看重自己，知道是展露自己才華的機會到了，於是他從容地分析說：「項王為人，恭敬愛人，廉節之士、好禮之徒大多歸附了他，但是到了論功行賞的時候，卻又吝嗇爵位和封邑，因此士人又不願再依附他。漢王則簡慢無禮，廉節之士不大來投奔。然而，大王能將官爵、食邑慷慨地賜給有功之人，因而，無恥之徒多來投奔漢王。如果哪一方能去掉兩方的短處，吸收兩方的長處，那麼，他只要揮一揮手，天下就可以定奪下來。」

劉邦聽到這裡不免臉紅耳熱，他最關心的是如何揮一揮手即可安定天下，但陳平並不急於說出，話鋒一轉，斗膽說起劉邦的毛病來。他又說：「然而，漢王喜歡任意侮辱人，這怎麼能集楚王之長，得到廉節之士呢？」劉邦聽到這裡，不免又失望起來，到這時，陳平才說出他的計謀來：「我想楚國存在著可擾亂的因素，項王身邊就那麼幾個剛直之臣，如范增、鍾離昧、龍且、周殷之輩。如果大王捨得花幾萬金，可以行使反間計，離間他們君臣關係，使之上下離心。項王本來愛猜忌，容易聽信讒言，這樣，必定會引起內訌和殘殺，到那時，我軍再乘機進攻，就一定會獲勝的。」

劉邦聽完陳平的分析點頭稱是，便拿出四萬公斤黃金給陳平，聽任他怎麼處置，從不干涉。

於是，陳平向楚軍派遣大量間諜，用很多黃金收買楚軍中的將士，使他們散佈謠言說：「鍾離昧等人身為楚軍大將，功卓著，然而卻不能裂地封王，因此想同漢軍結成聯盟，消滅項王，瓜分楚國的土地，各自稱王。」

項羽本來生性多疑，聽到這種議論後，就派使者到漢軍探聽虛實。陳平讓侍者準備最高規格的菜餚，叫人端去，但一見楚使，故弄玄虛作吃驚地說：「我以為是亞父的使者，原來是項王的使者。」於是吩咐把菜餚端走，換上粗劣的食物。楚使見此情景，極為生氣，回去後一一告訴了項王。

項王於是懷疑起范增來，當時范增建議項羽迅速攻下滎陽城，但項羽就是不採納，氣得范增發怒說：「天下大事大體上已成定局了，大王自己幹吧！請求賜還我這把老骨頭，退歸鄉里。」不料項王准其所請。

范增在回家途中，因背上毒瘡發作，猝然而死。陳平略施小計，竟使項羽失去第一謀士，楚漢成敗，由此可知。以後，大將周殷在英布引誘下叛楚，鍾離昧也因遭猜忌而得不到重用。陳平的奇計竟產生了如此巨大的效果，可見謀略的力量啊！

第二計是西元前二〇四年五月，陳平在滎陽設計喬裝誘敵，使劉邦得以逃走。第三計是西元前二〇三年十一月，漢軍大將韓信在平定齊地以後，想自立為代理齊王，派使者向漢王報告。劉邦聽後脫口大罵韓信，但卻被陳平、張良阻止了。陳平讓劉邦順水推舟，封韓信為齊王，這樣，避免了可能發生的兵變，以至形成楚、漢、齊三足鼎立之勢。第四計是在楚、漢大戰後，項羽率領部隊東歸，劉邦也想引兵西返。此時，陳平、張良再次不謀而合，他們都以謀略家敏銳的洞察力，看到了項羽的困境，建議派兵追擊項羽，終至在垓下全殲楚軍，贏得了楚漢戰爭的勝利。

7．姚廣孝一步登天急流勇退

姚廣孝（一三三四～一四一八年），長洲人。因家貧，十四歲剃度出家，當了和尚，法名道衍。洪武三十一年（西元一三九八年），朱元璋去世，皇太孫繼位後削除諸王兵權，燕王朱棣很有實力，姚廣孝以利害喻之，以相術惑之，使之起兵，朱棣終於在他的幫助下廢建文帝，奪得帝位。姚廣孝功成後不受高官，依然為僧，並以其超眾的文才幫助解縉等纂修了世界上最早和最大的一部百科全書：《永樂大典》。

在古代社會裡，佛教盛行，和尚自然很多。歷代王朝，風雲變幻，政權交替，獻謀逞計者亦不可勝數，但集和尚和權謀家於一身者，可謂少之又少矣，因為這兩者是那麼不和諧。姚廣孝卻正是一個將兩種矛盾著的角色集於一身的神祕而奇特的人物。

姚廣孝少年家貧，正趕上元末動亂，喪失父母，因隻身無依，四處流蕩，被好心的和尚引進山門，剃度為和尚，法名道衍，字斯道，但緊閉山門苦苦修行絕不是他的真正心願。他本就聰明，少年敏求，善寫詩詞，豈能在山中隱行一生？於是，他向道士席應真學習陰陽術數之學，並與詩人、文學家王賓、高啟、楊孟載等相交甚密，一顆深藏在光頭和尚體內的心，早就不知飛向何處。

明朝洪武年間，朝廷下詔，命精通儒術的名僧集於禮部考試，姚廣孝被選送應試。由於才學出類拔萃，考試名列前茅。本可授予宮職，但他不願受封，僅接受僧服之賜，似乎一真正僧人。然而歸返途中，經北固山，憑弔古蹟，緬懷古賢，姚廣孝為詩成篇，大發感慨。詩中欽羡古人建功立業，封侯做霸，一種投身政治鬥爭的激情已流露無遺。他的同行夥伴宗櫪聞之，也發覺——「此詩雖好，不過豈是釋門詞語」。可見，姚廣孝拒不受官，並非其想與塵世斷絕。他甚至連激烈的政治鬥爭也無所懼，還怕什麼？只不過是時機未到而已！

是的，作為一個智者，姚廣孝之所以不肯輕易出仕為官，是有著很深遠的考慮的。若為一個小吏，終日忙忙碌碌，官場裡關係複雜，盤根錯節，自己沒有什麼靠山，又是一個和尚出身，將很難立足，升遷的機會絕無僅有，獲罪的風險卻將時時存在，政治生命隨時都可能夭折。因而他要不動聲色地等待更加有利的時機的到來。

時機終於出現了。洪武十五年（西元一三八二年）八月，皇后馬氏死去，明太祖朱元璋命選有道高僧侍奉諸王，為諸王誦經祈福。宗櫪此時官為左善世，他對老朋友道衍的才學頗為了解、欽佩，遂向明廷舉薦。姚廣孝這次沒有拒絕，這樣，他可以一下子就步入明王朝最高統治階層，窺測方向，以圖一展其奇才大志。他與明太祖第四子朱棣相見交談，甚為投契，彼此頓生相見恨晚之感。

洪武三年（西元一三七〇年），朱棣被封為燕王。洪武十三年（西元一三八〇年）朱棣乘船北上。姚廣孝認為朱棣「智勇有大略」，正是心目中尋覓已久的明主，如果能助他以成大業，功名富貴，豈不一蹴而幾？因此他毅然跟隨朱棣北上，來到北平。一場奪取皇位的鬧劇早在此時或此前就已經醞釀開始了。

然而，明太祖朱元璋在應天（今南京）通統全國，雄威尚在，以子逆父，天下將不容，主意是不能往這上面打的，只有等朱元璋死後，再做籌謀。於是，姚廣孝極力攛掇朱棣，想盡辦法向朱元璋表示忠心和才能，希望朱棣能直接成為朱元璋指定的繼位者。

但是，北平距應天十分遙遠，朱棣要想去應天，還得朱元璋批准，使者往返，又難盡己意，這對朱棣是很不利的。姚廣孝建議先謀臣下，再謀近人，使君側盡為自己心腹。朱棣聽從了他的計謀，遂派姚廣孝攜重金收買籠絡宮廷裡各級官吏，連朱元璋最寵愛的妃子也被姚廣孝收攏，常在朱元璋面前說朱棣的好話。姚廣孝之計果然奏效，朱元璋想讓朱棣繼位的意思，也常常表現出來。

這可惹惱了其他一些窺視帝位的人。他們立即行動起來，打擊朱棣的勢力。有一次，朱元璋的寵妃正在誇獎朱棣，旁邊一個宦官忽然問道：「娘娘怎麼知道朱棣的事情，他離京城這麼遠，是誰告訴妳的？」

朱元璋聽完，心頭一愣，覺得事出有因。雖然以罪名殺了那位宦官，卻從此對朱棣懷有戒心，再也不提讓他繼位的事了。

洪武三十一年（西元一三九八年），明太祖朱元璋病死，皇太孫即位為建文帝。建文帝即位後，著手削藩。姚廣孝勸燕王舉兵反事。從此，燕王朱棣的軍隊與朝廷軍隊展開了拉鋸戰，一打就是三年。燕王往往「親戰陣，冒矢石，以身先士卒。常乘勝逐北。然亦履瀕於危。」「所克城邑，兵去旋復為朝廷守。僅據有北平、保定、永平三府而已！」戰爭的膠著狀態令燕王朱棣十分著急，因為朝廷統治著大部分疆域，地廣人多，兵力充足，供應及時，而處於反叛地位的他，物資供應常靠掠取，兵源又少，長此以往定將以失敗而告終。朱棣憂心忡忡，野心漸去，姚廣孝察覺到朱棣已明顯不滿自己了。他託病藏在家中，暗中思考進一步的對策。

一天，朱棣到姚廣孝那裡探病，一見姚廣孝滿面紅光，頗為氣憤。他質問姚廣孝，自己統兵征戰，何故他卻沒病裝病，躲在家裡？姚廣孝聽到質問，卻不回答，只是回問近來戰事如何。朱棣氣憤地訴說了近來的遭遇。姚廣孝聽完，微微一笑，對朱棣說：「三年用兵，我已盡力了。盡人之力，而不能取得更多的地盤，不如放棄這個打算吧！」

朱棣聽說，怒氣沖天：「難道你是說我該自縛家人，到應天請罪嗎？」

姚廣孝急忙搖手，連說：「不然。」接著又問朱棣：「主公以為爭得一城一邑事大，還是得到江山事大？」

朱棣被問得莫名其妙，「不得城邑，怎得江山？」

姚廣孝說：「三年來，我們在北平附近拔州克縣，雖無所成，但亦無所敗。朝廷昏庸，沒有能力威服我們，只限於擊東應東，擊西應西，把大部分兵士用來防守我們的進攻。主公請想一想，應天這個大本營會有多少兵力防守呢？」

朱棣聽言，眼前一亮，急忙問道：「以你看來，該當如何？」

姚廣孝肅容而起，手指南方，說道：「毋下城邑，疾趨京師。京師單弱，勢必一舉而下。」

朱棣聞言，擊掌叫絕：「你何不早出此計，今吾空勞三載！」

姚廣孝說：「主公此言差矣，若早趨京師，京師有備，事不可成。遊蕩騷擾三載，才使朝廷大兵主力悉數北調，京師空虛，故曰無此三載之力，亦無今日之功也。」

朱棣頓首，急令大軍南攻，假掠州縣，實際上只是一戰即去。朝廷軍隊來援，報已經離去，正自錯愕，又有報朱棣大軍復來矣！

燕王朱棣大軍主力從愛文帝三年（西元一四〇一年）十二月破釜沉舟，出師決戰，遠襲京師，第二年正月由館陶渡黃河逼徐州。三月設伏肥河大敗平安軍，五月攻下泗州，此後克盱迂，趨揚州，迅速到達長江北岸，離應天僅一江之隔。而在北平一帶朱棣僅留一部分軍隊佯攻騷擾各處。

直到這時，應天朝廷才明白過來，然而回救已然不及。朱棣大軍甩掉了所有圍追之師，四、五個月便兵遏應天，出兵之速，運兵之神令人匪夷所思。若無姚廣孝之謀，不知何年何月才到京城呢？建文帝根本沒有料到朱棣有此一舉，驚惶失措，割地求和，朱棣自然不予理會。六月，朱棣揮師自瓜州破江，圍應天。應天守將見建文帝大勢已去，開門獻城，應天失落。建文帝不知所終。

佯攻他處卻以主力之師直襲空虛的京師，這一策略，抓住了建文帝的要害，成為朱棣奪取政權的關鍵性謀略決策。僅以此，姚廣孝不但可以位列朱棣王朝的功臣之首，而且也足以擠身於中國古代傑出謀略家的行列。

建文帝四年六月，朱棣攻下應天，繼承帝位，改號永樂，史稱成祖。論功行賞，姚廣孝功推第一。

成祖即位後，姚廣孝位勢顯赫，極受寵信。永樂二年（西元一四〇四年）四月拜資善大夫太子少師。復其姓，賜名廣孝。成祖與語，稱少師而不呼其名以示尊寵。然而當成祖命姚廣孝蓄髮還俗時，廣孝卻不答應；賜予府第及兩位宮人時，仍拒不接受。他只居住在僧寺之中。他終生不娶妻室，不營私產。將朝廷所賜金帛財物散給宗族鄉人。唯一致力其中的，是從事文化事業。曾監修太祖實錄，還與解縉等纂修《永樂大典》。

永樂十六年（西元一四一八年）三月，姚廣孝八十四歲時病死。

著名「相者」袁珙見姚廣孝後，對他的相貌十分驚奇，歎曰：「此僧人何其奇異，目成三角，如同病虎，性情必然嗜殺，然智謀不下於劉秉忠。」

姚廣孝超群的智謀確是應該加以研究的。在明王朝初年那風雲變幻、驚心動魄的政治舞臺上，姚廣孝身披袈裟，口宣佛號，以一個和尚的身分掩飾自己，殫精竭慮的策劃兵變，導演了一齣複雜而又尖銳的歷史話劇。他功高不受賜，終以僧歸西，反映了他對統治階級上層殘酷傾軋的清醒認識和明哲保身的老謀深算。他在晚年嘔心瀝血地著書立說，為中國文化做出了貢獻。然而，姚廣孝「偏要放下經卷，橫來招是搬非」，令叔侄相殘，天下百姓方患元末戰亂之苦，又招內亂之災，死人無數，血流成河，卻是不能肯定的，為他的智慧和謀略塗上了厚厚的陰影。

8．上善若水，柔能克剛

老子說：「上善若水，水善利萬物而不爭。」水總是往下流，處在眾人最厭惡的地方，流入最卑微之處，站在卑下的地方支援一切，與天道一樣恩澤萬物。水沒有形狀，在圓形的器皿中，它是圓形；放入方形的容器，則是方形。但是水可為滔天巨浪，摧枯拉朽，吞噬一切，可鑿岩穿石，水滴洞穿。它又擁有絕對的力量，它是至柔至剛的完美結合。

「柔」被弱者利用，可以博得人同情，很可能救弱者於危難之間。弱者之柔很少有害，往往是弱者尋找保護的一個護身符，穆贏夫人就是靠了她的柔情而使趙盾等君臣放棄了廢棄太子另立國君的念頭，而仍然立太子為君。

春秋魯文公六年（西元前六二一年），晉國君主晉襄公死了，太子夷皋年齡很小，少不經事，朝內一片混亂，諸大臣各有主張，都希望立一個對自己有利的人為國君。他們各自保薦的王子，有的是已受他們控制，上位後他們就可挾天子而號令天下；有的是王子很信任他們，登上王位後必定重用他們。在這些臣子中，有兩個人勢力最為強大，競爭最為激烈，互相排斥、互相攻擊，都希望擊敗對方而立自己舉薦之人，趙盾想立襄公的弟弟公子雍，而賈季則想立襄公的另一個弟弟公子樂。當時兩公子都不在晉國，必須從國外把他們接回來。趙、賈的競爭開始在迎君方面展開。賈季派人去陳國接公子樂回晉，他動作迅速，走在了趙盾前面。

眼看公子樂接近晉國疆域，趙盾豈能善罷甘休。他立即派人悄悄地跟上公子樂回晉的隊伍，在半路把公子樂截殺了。公子樂死了，趙盾從容不迫地派人前往秦國去迎接公子雍回晉。為了安全起見，秦國派軍隊護送公子雍上路。

公子樂已死，賈季知道自己大勢已去，也就無心再與趙盾爭權。此時形勢，公子雍似乎已坐定晉國君位無疑。眼看各大臣趁襄公駕崩之際紛紛爭權奪利，擁立自己一派的公子，國內局勢大亂，襄公夫人穆贏作為一個軟弱婦人，也無計可施。只是看著年幼的太子就要失去繼承君位的權利，而且很有可能遭受暗算，而自己一個婦道人家，沒有什麼強硬手段可以控制群臣，那該怎麼辦呢？她覺得自己應該為先帝和太子做點什麼，但是也只能使出哀兵之計，力圖以柔克剛。事實上，在當時的情勢下，以她們幼兒寡母的力量恐怕也別無他法可想。

每次群臣朝會議事，穆贏就抱著小太子在朝堂痛哭，說：「先君到底在哪一點上有過失？年幼的太子有什麼罪？太子雖然還小，但總也還是先君親自冊立的，難道誰說廢就可以廢嗎？廢掉嫡嗣而去從外邊迎立新君，你們把太子放在哪裡？你們不怕壞了祖制嗎？你們眼裡還有先祖還有君王嗎？先君啊，今日我們孤兒寡母任人欺凌，您就不能睜睜眼顯顯靈嗎？」她往往掩面長泣，太子年幼，見母后傷心流涕，雖不明白怎麼回事，卻看也看得傷心，也就在一旁跟著放聲大哭。到傷心處，母子抱成一團，泣聲如訴，場面甚是淒涼感人。群臣即使不以為然，卻也不免有些心酸，次數多了竟也開始逐漸地有了做賊心虛的感覺。

穆嬴還經常在散朝後抱著太子去趙盾家裡，以情動之，說：「先君倚重您，臨終之前抱著這個孩子把他託付於您。先君的殷殷叮囑，無盡的信賴，擔心而又滿懷希望的目光，妾身都還清清楚楚地記得，您難道就忘了嗎？先君擔心太子年幼，但因為您那麼懇切地答應照顧太子，他也就放心地去了。而今您卻要廢黜太子，您難道不想一想先君對您的厚待和重託嗎？丈夫豈可不忠君？丈夫豈可不守信？百年之後，您打算如何去見先君呢？而且，太子何辜啊！」趙盾一面於情不忍，一面擔心這樣下去會鬧得人心惶惶，國內將不得安寧，而且會讓自己失去人心，自己擁立的新君也將失去人心，那樣豈不是得不償失。於是他與群臣商議，派軍隊去攔截秦國護送公子雍的軍隊，不讓公子雍進入晉境，仍然立太子夷皋為君，就是晉靈公。

「柔」若被正者利用，則正者更正，為天下所敬佩。正者之「柔」，往往是為人寬懷，不露鋒芒，忍人所不能忍。

宋代的韓琦就是這方面的典範。韓琦曾經同范仲淹一道共行新政，北宋時長期擔任宰相職務，他在戰場上從不妥協退讓。抵禦西夏時，曾有——「軍中有一韓，敵人聽了就膽寒」的威名。但在為人處事上，他卻能做到柔韌不發，成熟練達。有一年，他與同僚王拱辰、葉定基等人在開封府主持科舉考試，王、葉二人經常為考生卷子的優劣爭得面紅耳赤，韓琦生性好靜，並不惱火，只是聽而不聞，視而不見，坐在桌前專心判卷。沒想到人不找事兒事兒找人，王拱辰氣韓琦不幫自己說話，跑過來對韓琦嚷道：「我說你在這裡練習氣度啊？」韓倚聽了這帶刺的話，不但不生氣，反而趕緊好言好語地賠不是說：「實在抱歉，不知你們在爭論什麼事。」

同處一室，二人大聲爭吵，韓琦不可能沒聽到。但是當二人都吵得像鬥紅了冠子的公雞時，你該向著哪一方?你無論向著誰都不高興的。這不，韓琦還沒有張嘴，王拱辰已經跳來向他吹鬍子瞪眼了。出人意料的是，韓琦居然給鬧事者賠了不是。這樣一來，看你還有何話可說。當時二人就都蔫了。事後，韓琦耐心地做了二人的工作，很容易就把事情解決了。

韓琦在定武統率部隊時，夜間伏案辦公，一名侍衛拿著蠟燭為他照明，那個侍衛不小心一走神兒，蠟燭燒了韓琦鬢角的頭髮，韓琦沒說什麼，只是急忙用袖子蹭了蹭，又低頭寫字。過了一會兒一回頭，發現拿蠟燭的侍衛換人了，韓琦怕主管侍衛的長官鞭打那個侍衛，就趕快把他們召來，當著他們的面說：「不要替換他，因為他已經懂得怎樣拿蠟燭了。」軍中的將士們知道此事後，無不感動佩服。按理說，侍衛拿蠟燭照明時沒有全神貫注，把統帥的頭髮燒了，本身就是失職，韓琦責備一句也是應該的，即使不責備，挨燒時「哎呀」一聲也難免。

可他不但忍著疼沒吱聲，發現侍衛換人了還怕侍衛受到鞭打責罰，極力替其開脫。他這種容忍比批評和責罰更能讓士兵改正缺點，盡職盡責，對他不肝腦塗地才怪呢？而且韓琦統率的是一個大部隊，事情雖小，影響卻大，上上下下一知曉，誰不願意為這樣的統帥賣命。

韓琦鎮守大名府時，有人獻給他兩只出土的玉杯，這兩只玉杯表裡毫無瑕疵，是稀世珍寶。

韓琦非常珍愛，送給獻寶人許多銀子。每次大宴賓客時，總要專設一桌，鋪上錦鍛，將那兩只玉杯放在上面使用。結果有一次在勸酒時，被一個官吏不小心碰到地上摔個粉碎。在座的官員驚呆了，碰壞玉杯的官吏也嚇傻了，趴在地上請求治罪。可韓琦卻毫不動容，笑著對賓客說：「大凡寶物，是成是毀，都有一定的時數的，該有時它就出來了，該壞時誰也保不住。」說完又轉過臉對趴在地上的官吏說：「你偶然失手，並非故意的，有什麼罪呢？」

這番話說得十分精彩！玉杯已經打碎，無論怎樣也不能復原，叱罵、責打一頓肇事者吧，徒然多了一個仇人，眾位賓客也會十分尷尬，好端端一場聚會便不歡而散，也會大大有損自己的形象。而他此言一出，立刻博得了眾人的讚歎，而肇事者對他更感激涕零，恐怕給他做牛做馬也心甘情願，這就叫會處事。

元代吳亮在談到韓琦時說：「韓琦器量過人，生性淳樸厚道，不計較疙疙瘩瘩一類的小事。功勞天下無人能比，官位升到臣子的頂端，但不見他沾沾自喜；他所擔任的責任重大，經常在官場的不測之禍中周旋，也不見他憂心忡忡。不管什麼情況下，他都能做到泰然處之，不被別的事物牽著走，一生不弄虛作假。在處事上，被重用，就立於朝廷與士大夫們公平議事；不被重用，就回家享受天倫之樂，一切出自真誠。」

「柔」還有可能被奸者、邪者所利用，這就很可能是天下之大不幸。他們往往欺下罔上，無惡不做；在強者面前奴顏卑膝，阿諛奉承，在弱者面前卻盛氣凌人，欺橫霸世，他們以「柔」來掩蓋真實的醜惡嘴臉，讓人看不到他的陰險毒辣，然後趁你不注意狠狠地戳你一刀。這才是最可怕的。

宦官石顯雖不能位列三卿，但也充分利用皇帝對他的寵信而日益驕奢淫逸，濫施淫威。在皇帝面前他卻顯出一副柔弱受氣的小媳婦神態，不露一點鋒芒，以博得皇帝的同情和信賴，藉此卻又更加胡作非為。嚴嵩是一代奸相，可謂赫赫有名，恐怕要永留罵名於後世了，他奸也是奸得很有水準，把個皇帝玩得團團轉。奸賊在皇帝面前往往是以忠臣的面孔出現的，總是顯得比誰都忠於皇上忠於天朝；而在皇帝背後卻欺凌百姓，玩弄權術，惡名昭著。正是這種人才善於耍手腕，以他的所謂「柔」來戰勝他的敵人，達到他不可告人的目的。他們往往長於不動聲色，老謀深算，滿肚子鬼胎，敵手往往來不及防備便遭暗算。

柔並不等於弱，剛也並不一定等於強，關鍵在於人怎樣去利用它，怎樣恰到好處地利用它。柔中含剛，剛中存柔，剛柔相濟，不偏不倚，才是處世的正宗。

這一理想化的處世方式，一個小小的太極圖表現得最為形象。在一個圓圈中有一個白色的陽魚和一個黑色的陰魚，陽魚頭抱陰魚尾，陰魚頭抱陽魚尾，互相糾結，渾融婉轉，恰成一圓形，無始無終無頭無尾，無前無後，無高無下。最妙的是陰魚當中有陽眼，陽魚當中有陰眼，相互包容，相互蘊含，相互激發，相互轉化而又相互促生。

不論在歷史中還是現實中，剛者居多，柔者居少，若能以柔為主，寓剛於柔，其表現方式往往就是「柔道」。然而，儘管「柔道」是治國治民、為人處世的最佳方法，卻由於貪婪、暴躁、逞一時之快、急功近利、目光短淺等人性中的弱點，人們一般不去施用，或是施行得不好。中國歷史上的許多以「柔道」處世，以「柔道」治國的成功事例，早已證明「柔道」比「剛道」更加行之有效，其事半功倍、為利久遠之特點，更是「剛道」所遠為不及的。

春秋戰國時期，「楚歸晉知罃」的故事十分著名，其原因就在於知罃能夠不卑不亢、外柔內剛地對待楚王。當時，晉國人把從楚國那裡俘虜來的楚國公子及楚國大臣的屍首交給了楚國，希望能夠換回包括知罃在內的晉國戰俘，楚王答應了。在送別知罃的時候，楚王問道：「你怨恨我嗎？」知罃回答說：「兩國交戰，我沒有才能，不能勝任自己的職務，所以做了俘虜。君王的左右沒有用我的血來祭鼓，而讓我回國去接受殺戮，這是君王您的恩惠。我確實沒有才能，又能怨恨誰呢？」

楚王又問道：「那麼，你反而要感激我嗎？」知罃回答說：「兩國各為自己的百姓打算，希望能讓老百姓平安，各自抑制住憤怒，互相原諒。兩國都釋放各自的戰俘以結成友好。我又能感激誰呢？」

楚王又問：「你回去以後，用什麼來報答我呢？」知罃說：「我沒有什麼怨恨，也沒受大王的什麼恩德，我不知道該報答什麼！」楚王說：「即使是這樣，你也要告訴我些什麼。」知罃不卑不亢地說：「好吧！託君主的福，作為囚犯，我能回到晉國，我的國君如果殺了我，我死而不朽。如果由於君王的恩而赦免了我，或是君王同意把我殺掉祭拜祖先，那我也死而不朽。如果蒙君王恩寵，再讓我承襲原職，按次序擔任晉國的政事，率領一部分軍隊駐守邊城，即使遇到楚國的文武官員，我也不會違反禮儀，不會有二心，只好竭盡全力，盡做臣子的本分。如果說有報答的，這就是我要報答大王的。」

楚王聽了這番話，知道不能折服他，就對大臣們說：「晉國的臣子真是無法爭取啊！」於是，楚王用隆重的禮節把知罃送回了晉國。

楚王對知罃的這番談話，大概有兩個意圖，一是想找個空子折辱晉國的戰俘，一是想留下一些後路，為將來的楚、晉作戰爭取晉國的人心。但知罃始終不亢不卑，據實而答，逐次回駁，弄得楚文王灰頭土臉又無可挑剔，最後只好以禮相送。知罃的這種以柔為主、柔中寓剛的答辯成為千古名論。

漢朝的開國皇帝劉邦有時也能施行「柔道」。在楚、漢相爭之時，項羽曾任用季布去攻打劉邦，季布多次把劉邦打得十分狼狽，甚至差點抓住劉邦，所以劉邦十分憎恨季布。西漢剛剛建立，劉邦就急不可耐地發布了一道命令，懸賞一千兩金子捉拿季布，有膽敢留藏季布的人，誅殺本人及其父兄全家。

季布藏到了濮陽一個姓周的人的家裡，那人說：「漢朝搜查您非常急迫，快要搜到我的家裡來了，您如果願意聽我的話，我才敢獻出我的計策，如果不聽，我就自己先自行了斷，免得連累全家。」季布聽了他的話，他就給季布剃光了頭髮，脖子上套上鐵圈，穿上破衣服，裝在賣棺材的車裡，賣給了當時著名的大俠朱家，朱家知道他是季布，還是買下了，並將他安置在田間的屋舍裡。

然後，朱家到了洛陽，見到了汝陰侯滕公，勸他說：「季布有什麼罪過嗎？臣子各為其主，那是做臣子的職責啊！項羽的部下難道都能殺乾淨嗎？現在皇上剛剛坐穩天下，卻為自己的私怨去搜捕一個人，這向天下人顯示皇上的胸懷是多麼狹窄啊！而以季布的賢能，漢朝又搜捕得這樣緊急，這不是逼迫他向北逃往匈奴，或是向南逃往越地嗎？把豪壯而勇敢的人趕往敵國，這就是楚王的屍體遭到伍子胥鞭打的原因啊！您為什麼不偷空給皇上說說這件事呢？」

滕公心裡知道朱家是個大俠客，季布一定藏在他的家裡，但又覺得朱家說得很有道理，便在上朝議事的時候說了上述的話。劉邦果然被說服了，赦免了季布。

季布變剛為柔，能伸能縮，在當時也贏得了美名。劉邦還召了季布，拜他為郎中。劉邦因為赦免了季布而安定了人心，特別是那些過去與劉邦為敵而準備謀反的人都安下心來，奉事漢朝，劉邦也得了個氣度豁達的好名聲。

9．劉秀借「柔道」而有天下

在中國歷史上，能夠從始至終地貫徹「柔道」的人，當數東漢的光武帝劉秀，他不僅在為人處世上以「柔」為主，在政治、軍事諸方面也都體現出了這種精神，應該說他是以善玩「柔道」而取得巨大成功的開國皇帝。

劉秀生於西元前六年十二月，是漢高祖劉邦的九世孫。其父劉欽是南頓縣令，在劉秀九歲時病故，此後，劉秀與哥哥劉縯便被叔叔收養。據說劉秀身長七尺三寸，美鬚目，大口隆鼻，生有帝王相。兄長劉縯獨有大志，好養俠客，而劉秀卻好稼穡傭耕。一次到親戚家做客，賓朋滿座，貴客雲集。其主人蔡少公精通圖讖之學，在述及讖語時說道：「將來劉秀必為天子。」原來王莽的大臣劉散精通讖文，故改名為劉秀，大家也以為是大臣劉秀。誰知座上忽起笑聲：「怎見得不是我呢？」大家回頭一看，竟是劉縯的弟弟劉秀，不禁一陣哄堂大笑。

劉秀思慮謹密，言語不苟，與人相交，也不記小怨，喜怒哀樂不行於色，史書上曾稱讚他為人「謹厚」。在他二十八歲的時候，王莽的「新政」很不得人心，加上天災人禍，各地的農民紛紛起義，尤其是綠林、赤眉兩支起義軍，聲勢浩大，直可與王莽軍一較高低。在這種風起雲湧的形勢下，劉秀借甫陽一帶穀物歉收，與兄劉縯謀劃起義，得眾七、八千人。

劉秀起義後，逐漸與當地的其他起義軍匯合，一度並入綠林軍。西元二三年二月，綠林軍為了號召天下，立劉秀的族兄劉玄為帝，年號更始，綠林軍的勢力得到了迅猛的發展，以至於王莽「一日三驚」。王莽糾集新朝主力約四十萬人，號稱百萬，派大司空王邑、大司徒王尋率領，直撲綠林軍。劉秀等人放棄陽關，率部退守昆陽。

昆陽守軍只有八、九千人，敵人則連營百里，勢力太過於懸殊。有些人主張分散撤出，劉秀堅決反對，認為如果並力禦敵，尚有保全的希望，如果分散突圍，必被包圍消滅。他親自率領十三騎乘夜突出南門求救，他說服了定陵、郾城等地的起義軍，親率精兵數千人偷渡昆水，突襲敵人，使敵人手忙腳亂，陣腳不穩，終至大敗。昆陽之戰是中國軍事史上以少勝多的光輝範例，也為起義軍推翻王莽政權奠定了基礎。

但不久起義軍內部發生了分裂，劉秀的哥哥劉縯被殺。因為自打敗了王邑、王尋的軍隊以後，劉縯、劉秀的威名日盛。這就遭到另一派起義軍將領的嫉妒，加上劉縯當初曾反對立劉玄為帝，正好藉此進讒，說劉縯不除，終為後患。劉玄懦弱無能，並無主張，便聽了人言，準備伺機發動。劉玄借犒軍之機，大會群將；劉縯在列，劉秀領兵在外，未得參與。

劉玄見劉縯腰佩寶劍，故意說有些奇異，要他獻上來觀看。劉縯並無防備，把寶劍呈了上去。劉縯的部下見事情不對，暗為劉縯著急，其實劉玄也是想藉劉縯獻劍之機，說他行刺，以便拘捕。

但劉玄手裡拿著寶劍，卻猶豫起來，欲殺劉縯的諸將忙使人獻上玉玦，「玦」與「決」同音，仿效范增催促項羽殺劉邦的故事，是催劉玄快點決斷的意思，但劉玄還是沒有下令逮捕劉縯。回去以後，劉縯和諸將談起這件事，都覺得劉玄無能，不足為慮，也就一笑做罷。

不久，劉玄要殺曾不同意立他為帝的將軍劉稷，劉縯知道後，跑到劉玄面前據理力爭，劉玄理屈詞窮，不能做聲，但有些將領則鼓動劉玄拿下劉縯，劉玄的「拿」字剛一出口，劉縯即被人拿下，並立刻推出斬首。

劉秀當時正在父城，聽到哥哥被殺，十分悲痛，大哭了一場，立即動身來到宛城，見了劉玄，並不多說話，只講自己的過失。劉玄問起宛城的守城情況，劉秀歸功於諸將，一點也不自誇自傲、回到住處，逢人弔問，也絕口不提哥哥被殺的事。既不穿孝，也照常吃飯，與平時一樣，毫無改變。劉玄見他如此，反覺得有些慚愧，從此更加信任劉秀，並拜為破虜大將軍，封武信侯。

其實劉秀因為兄長被殺而萬分悲痛，此後數年想起此事還經常流淚歎息。但他知道當時尚無力與平林、新市兩股起義軍的力量抗衡，所以隱忍不發。劉秀的這次隱忍，既保全了自己，又在起義軍中贏得了同情和信賴，為他日後自立創造了一定條件。

等到起義軍殺了王莽，迎接劉玄進入洛陽，劉玄的其他官屬都戴著布做的帽子，形狀滑稽可笑，洛陽沿途的人見了，莫不暗暗發笑。唯有司隸劉秀的僚屬，都穿著漢朝裝束，人們見了，都喜悅地說：「不想今日復見漢宮威儀。」於是，人心皆歸劉秀。

劉玄定都洛陽以後，便欲派一位親近而又有能力的大臣去安撫河北一帶，劉秀看到這是一個發展個人力量的大好機會，便託人往說劉玄，劉玄同意了這個請求，劉秀就以更始政權大司馬的身分前往河北。開始了擴張個人勢力，建立東漢政權的活動。

當時的河北有三股勢力，最大的是王郎，他自稱是劉邦的後代，號召力很大，其次是王莽的殘餘勢力，再次是銅馬、青犢等農民起義軍。劉秀在河北每到一地，必接見官吏：平反冤獄，廢除王莽的苛政，恢復漢朝的制度，釋放囚犯，慰問饑民。所做之事，均都順應民心，因而官民喜悅。

當時，有一個叫劉林的人向他獻計說：「現在赤眉軍在黃河以東，如果決河灌赤眉，那麼百萬人都會成為魚鱉了。」劉秀認為這樣太過殘忍，定會失去民心，就沒有這樣做。

劉秀初到河北之時，兵少將寡，地方上各自為政、無人聽他指揮，雖能「延攬英雄，取悅民心，立高祖之業」，但畢竟沒有大量軍隊。他為王郎所追捕，曾多次陷入窘境。後來，他逐漸延攬了鄧禹、馮異、寇恂、姚期、耿純等人才，又假借當地起義軍的名義招集人馬，壯大聲勢，並聯合情都、上谷、漁陽等地的官僚集團，才算站住了腳。由於他實行「柔道」政策，服人以德不以威，眾人一旦歸心，就較為穩定。

劉秀認為「柔能制剛，弱能制強」，他多以寬柔的「德政」去收攬軍心，很少以刑殺立威，這一點，在收編銅馬起義軍將士時表現得最為突出。當時，銅馬起義軍投降了劉秀，劉秀就「封其渠帥為列侯」，但劉秀的漢軍將士對起義軍很不放心，認為他們既屬當地民眾，又遭攻打殺掠，恐怕不易歸心。銅馬義軍的將士也很不自安，恐怕不能得到漢軍的信任而被殺害。

在這種情況下，劉秀竟令漢軍各自歸營，自己一個人騎馬來到銅馬軍營，幫他們一起操練軍士。銅馬將士議論說：「蕭王（劉秀）如此推心置腹地相信我們，我們怎能不為他效命呢？」劉秀直到把軍士操練好，才把他們分到各營。銅馬義軍受到劉秀的如此信任，都親切地稱他為「銅馬帝」。

在消滅王郎以後，軍士從王郎處收得了許多議論劉秀的書信，如果究查起來，會引起一大批人逃跑或者造反。劉秀根本連看都不看，命令當眾燒掉，真正起到了「令反側子自安」的效果，使那些惴惴不安的人下定決心跟劉秀到底。

西元二五年，劉秀勢力十分強大，又有同學自關中捧赤伏符來見，說劉秀稱帝是「上天之命」，劉秀便在諸將的一再請求下稱帝，年號建武。稱帝之後，便是和原來的農民起義軍爭奪天下，此時，他仍貫徹以柔道治天下的思想，這對他迅速取得勝利起到了很大的作用。

劉秀輕取洛陽就是運用這一思想的成功範例。當時，洛陽城池堅固，李軼、朱鮪擁兵三十萬，劉秀先用離間計，讓朱鮪刺殺了李軼，後又派人勸說朱鮪投降。但朱鮪因參與過謀殺劉縯，害怕劉秀復仇，猶豫不決。劉秀知道後，立即派人告訴他說「舉大事者不忌小怨」，朱鮪若能投降，不僅絕不加誅，還會保其現在的爵位，並對河盟誓，絕不食言。朱鮪投降後，劉秀果然親為解縛，以禮相待。

西元二七年，赤眉軍的樊崇、劉盆子投降，劉秀對他們說：「你們過去大行無道，所過之處，老人弱者都被屠殺，國家被破壞，水井爐灶被填平。然而你們還做了三件好事：第一件是攻破城市、遍行全國，但沒有拋棄故土的妻子；第二件是以劉氏宗室為君主；第三件事尤為值得稱道，其他賊寇雖然也立了君主，但在危機時刻都是拿著君主的頭顱來投降，唯獨你們保全了劉盆子的性命並交給了我。」於是，劉秀下令他們與妻兒一起住在洛陽，每人賜給一處宅屋，二頃田地。就這樣，劉秀總是善於找出別人的優點，加以褒揚。

劉秀極善於調解將領之間的不和情緒，絕不讓他們相互鬥爭，更不偏袒。賈復與寇恂有仇，大有不共戴天之勢，劉秀則把他們叫到一起，居間調和，善言相勸，使他們結友而去。對待功臣，他絕不遺忘，而是待遇如初。

征虜將軍祭遵去世，劉秀悼念尤勤，甚至其靈車到達河南，他還「望哭哀慟」。中郎將來歙征蜀時被刺身死，他竟乘著車，帶著白布，前往弔唁。劉秀的這種發自內心的真誠，確實贏得人心。

劉秀實行輕法緩刑，重賞輕罰，以結民心。他一反功臣封地最多不過百里的古制，認為——「古之亡國，皆以無道，未嘗聞功臣地多滅亡者」。他分封的食邑最多的竟達六縣之多。至於罰，非到不罰不足以毖後時候才罰，即便罰，也儘量從輕，絕不輕易殺戮將士。鄧禹稱讚劉秀「軍政齊肅，賞罰嚴明」，不為過譽。

在中國歷史上，往往是「飛鳥盡，良弓藏；狡兔死，走狗烹；敵國滅，謀臣亡」，但唯獨東漢的開國功臣皆得善終，就這一點，就足以說明劉秀「柔道」治國的可取性。

劉秀在稱帝之前就告誡群臣，要「在上不驕」，做事要兢兢業業，如履薄冰，如臨深淵，日慎一日等等。在後來的歲月裡，劉秀一直始終如一地自戒戒人，這種用心良苦的告誡，雖不能從根本上扭轉封建官場的習氣，但畢竟起到了一定的作用。當時軍中武將多好儒家經典，就是很好的證明。

劉秀「柔道」興漢，少殺多仁，不論是在軍事方面、政治方面，還是外交方面，都治理得很好。

第7章

當斷則斷，不要留下遺憾

1．朮律皇后快刀斬亂麻

西元九二六年七月，一生戎馬征戰的遼太祖阿保機駕崩於扶餘城（奉天開原縣），國家大政一下子落到了皇后朮律平的肩上。翌日，「皇后稱制，權決軍國事」。朮律平從容不迫地將丈夫阿保機的靈柩運回。

阿保機的死，使剛烈的朮律平在情感及心理上，遭受了很大的打擊與刺激，甚至似乎有些精神變態。朮律平陷入了一種殘忍血腥的瘋狂中，一口氣便殺了百餘大將，人為地製造出了百餘同她一樣的新寡婦，這種陰暗變態的瘋狂舉措，叫人毛骨悚然。

最後，當殺到千州人趙思溫時，聰明的趙思溫死活不肯去阿保饑的墓前送死，朮律皇后說：「你與先帝曾非常親近，為什麼不去？」趙思溫回答說：「要說與先帝最親近的，誰能與皇后相比？如果皇后在前面先行，那麼為臣的也不敢有所推辭了。」朮律皇后說：「我並非不想隨先帝於地下，只不過因為當今皇嗣幼弱，國家無主，不能即此甩手，置國家社稷於不顧。」於是砍下自己一隻手腕，置於阿保機的墓中，趙思溫也因此得以倖免。

朮律皇后的屠殺，在其失去理智瘋狂殺戮的表象下面，實際掩藏著一種叫人瞠目心駭的目的明確、步驟縝密的理智與冷靜。這種「借酒撒瘋」式的屠殺，實際上是朮律平日後弄權、廢立太子的一個必要的鋪墊。朮律平所殺者盡是些當年隨太祖久經沙場，手握重兵，日後足以對朮律平構成威脅的戰將。不僅如此，以後每當耳邊有了不馴或狡詐的人時，朮律平就對親兵說：「替我到先帝的墓所通報一聲，然後殺了他。」

當一場空前的大屠殺伴隨著隆重的遼太祖阿保機下葬典禮基本完畢後，新寡的朮律平便開始冷靜地著手解決皇嗣繼承的問題了。

按照正常的程式，接下來就該是太子耶律突欲入承大統了。突欲是太祖阿保機與朮律平的長子，自幼聰敏好學，外寬內摯，神冊元年（西元九一六年）即被冊立為太子。一向跟隨太祖東征西討，阿保機十分看重，為防疆場上的意外不測，特意讓他留守東丹國，為人皇王，眾臣皆知太祖之意，心中早已將他當成未來的皇帝。

然而，朮律平一心卻要將自己喜歡的二兒子耶律德光立為新的皇帝。德光少時即有雄才大略，史稱其「貌嚴重而性寬仁」。經常隨同父母參預軍國大計，天贊元年（西元九二二年）即出任大元帥，獨立率兵南征北戰，立下赫赫戰功，成為契丹國的主要軍事統帥。朮律平很可能暗中已將兩個兒子的優劣做過一番比較，顯然一向注重軍事的她對於「性好讀書，不喜射獵」的知識分子型的太子突欲並不滿意，認為國家正在草創，需要的還是次子德光這種長於軍事的領袖人物。

儘管事先已殺了一大批重臣將領，但朮律平欲廢太子、重立次子的動意還是遭到了巨大阻力。為此，主意已定的朮律平並不退讓，而是再次玩弄手中的權柄，對這些老臣們，或殺、或抓、或威脅，進行了強力的壓服。為了威懾諸臣，就連朮律平的弟弟蕭敵魯的妻子（蕭翰的母親）也「無罪」而被殺。一向以建言勸諫著名的大臣耶律鐸臻，朮律平嫌他太愛多嘴，索性將他給囚禁起來，並發誓說：「哪一天鐵鎖腐朽了，就把你放出來。」而耶律鐸臻的弟弟突呂不，雖然文武雙全，屢立戰功，也因朮律平對他心懷疑心，心懼而逃走。

朮律平雖然使用血腥的高壓手段，壓制住了反對派，可是耶律突欲已被立太子於前，突然廢掉，師出無名。於是她想出了一個不以法定儲君為原則，改用選舉制度。她對手下諸將說：「我對兩個兒子都愛，可是立哪一個做皇帝好呢？現在看你們的意見了，我讓兩個兒子都乘馬立於帳前，你們可選擇心中認為堪承大寶者一人，假使認為其人可立，即近前執其馬轡。」諸將心裡明白，懾於朮律平的威勢，誰敢忤逆？於是一致爭執耶律德光的馬轡，高呼：「我等願事大元帥。」朮律平立即滿臉掛笑說：「既然是大家一致要立德光，我也不能違反人意。」

皇太子耶律突欲眼睜睜瞅著皇位離他而去，卻似乎並沒有什麼更激烈的反抗，迫於形勢，不得不自認倒楣，打碎鋼牙吞下肚裡，甚至還做出姿態，表示自願讓賢於弟弟耶律德光。

西元九二七年一一月，耶律德光正式登基，群臣上尊號嗣聖皇帝，是為遼太宗，朮律平為應天皇太后。

最為淒慘的要算是耶律突欲，遼太宗耶律德光為了要羈縻這位做不到皇帝的哥哥，數度御駕親臨人皇王府第。突欲提心吊膽地回到東丹國，太宗又派了衛士跟著他，等待動靜。並另建東平為南京，遷突欲居之。突欲忍氣吞聲，做出心甘情願的樣子，起書樓於西宮，作《樂田園詩》以明志，表現出絕無政治企圖的模樣，以防弟弟效法當年唐太宗李世民殺哥哥太子李建成的故伎。

後唐明宗李嗣源知道契丹內部發生皇位爭奪的摩擦，認為正是削弱契丹的機會，便遣使跨海至東丹，遊說突欲奔唐。突欲正愁著沒有地方躲避，難得唐明宗邀納，就留下一首詩而去。詩云：「小山壓大山，大山會無力；羞見故鄉人，從此投外國。」

不知朮律平得知大兒子投奔他國的消息後，是何等的心情，她心底十分清楚，是自己將親生兒子擠兌得走上這條叛國之路的，雖然這並不是她的本意，但即成事實的傷害與無可奈何的事態無可逆轉。作為母親，還有比母子反目更悲慘的嗎？為了契丹的國家社稷，她不但犧牲了一隻左右手，而且還失去了一個兒子。然而，作為一位性格剛毅的女政治家，或許她認為這一切都是值得的。

朮律平自太祖死後，親自執政了一年半的時間，透過殺戮、調整，終於渡過了一次次的政治危機，完成了國家大寶繼承的過渡，如願以償地將二兒子推上了皇帝之位。此後，以應天皇太后的身分退居二線。以後太宗執政的二十年間，朮律平始終以幕後總顧問的面目，對朝綱大政方針施加影響，而太宗對母親也十分尊敬，事必「奏太后」，朮律太后實質上還是契丹國最高的決策人。

朮律平當初棄太子突欲，扶立次子德光為帝的用意，正是要選擇一位崇尚武力，能使契丹繼續發展的「馬背上的皇帝」。而遼太宗耶律德光果然不負母親的殷望，即位後，便繼承太祖的餘威，繼續對外進行了一系列卓有成效的外交、戰略攻勢，將契丹國又領上了一個新的強盛發展的臺階。

2．漢武帝殺絕子孫

西漢王朝進展到武帝劉徹時期，呈現最為強盛的中興局面，但自古以來雄主之朝，子孫多禍，宰相多難善終。漢武帝在位五四年，竟廢十二位丞相，其中三人免職，二人有罪自殺，三人下獄處死，僅四人得以善終。

位極人臣的百官之長宰相命運不過如此，其他臣僚更是可想而知。

武帝前期，丞相府機構龐大，門庭若市，到武帝末年，丞相府門庭冷落，幾成馬廄、停車場所，與從前不可同日而語，這與武帝屈臣伸君擴充中官尚書職掌，削弱相權以加強中央集權有關，但武帝喜怒無常，嗜殺濫殺也給宰相任職帶來極大的影響。大臣視任相為畏途、送命之職守。

武帝太初二年（西元前一〇三年）閏月丁丑，武帝讓公孫賀接替剛剛死去的石慶做丞相。公孫賀深知擔任相職的危險，堅不出仕，拒不接受相印，跪在地上求情，痛哭流涕地說：「臣本邊地之人，一直以鞍馬騎射為官，才能不夠做宰相，難以勝任。」藉口身為武將而不受職。

武帝見他如此傷心害怕，也流淚勸道：「扶起丞相。」此時的帝淚，含有無限的帝威，即使赴湯蹈火，你還得擔任丞相。公孫賀一聽這話，就知道武帝話中有話，流淚之外的真意，十分令人恐懼。現在如果一起身，那麼丞相就做定了，所以仍是跪在地上不停求情，不肯起來。武帝見他這樣不識抬舉，死活不答應，不禁動怒，拂袖而去，公孫賀這才沒辦法，只好接受任命。

公孫賀部下見他如此三番五次，涕淚交流請辭權勢最重的相職，大惑不解，問他原因，公孫賀只是悠悠地說道：「主上聖明，臣才智不足以相稱，恐怕有負重任，從此危險到了。」果然，十多年後，公孫賀因「巫蠱之禍」，被抓下獄，死於獄中，且滿門抄斬，成為武帝時期第四位坐事而死的丞相。

「巫蠱之禍」是武帝晚年製造的一樁政治大獄，前後延續三、四年，株連至皇后、太子、公主、諸多將相，被殺、自殺者數萬人，充分說明「伴君如伴虎」、皇帝神祕叵測、帝威詭祕的特點。

武帝征和元年（西元前九二年），年已六十五歲的武帝接到丞相公孫賀的線報，說抓住了專事傳播流言、誹謗朝政的「大奸」朱安世。沒想到，公孫賀這是自投羅網，朱安世竟上書控告公孫賀之子公孫敬聲與武帝女兒陽石公主私通，指使巫者祭祀求神加禍於武帝，並在往甘泉宮路上埋木偶來暗害武帝，這一下揭開了「巫蠱之禍」的序幕。

武帝自王朝鼎盛後，也步入皇帝的生死、明昏的週期，開始昏聵、荒淫起來。晚年更是後宮妃嬪氾濫，爭寵不已，雖然武帝求盡神仙之藥、方士之術，但仍難面面俱到，反而更激起妃嬪的爭寵欲望。於是後宮祈求巫術，請巫術祭祀或埋木偶詛咒他人，祈禱武帝臨幸的風氣十分流行，延及社會，上行下效，這種迷信巫術的風尚成為達官貴人們互相效仿的流行時尚。

武帝對此風氣深惡痛絕，皇帝越到年老、死期越近，越是害怕死亡，對詛咒之風也越加仇恨，必欲窮追猛打，致使以巫蠱之名打擊政敵的冤獄之禍越演越烈，在朝中與宮中激起巨變。

上有所好，下必甚焉。昏君與暴主，必有奸佞之臣相伴隨，是歷史的鐵律。這時朝中就有一個專事誣告、窮兇極惡而又深得武帝寵信的奸臣江充。江充以誣告武帝子趙太子劉丹起家，漸得武帝寵信，武帝以他為依賴，擴大巫蠱之獄。

武帝時代，多廢太子，諸子地位也岌岌可危。到太子劉據時，老昏的武帝對繼承人並未徹底確定。一次，江充在路上看到劉據派往甘泉宮朝使者在道路上狂奔，就將使者抓了起來。劉據派人向江充討還車馬和使者，並說：「我並非是吝惜車馬，只是不想讓父皇知道。」而且客氣地說：「唯江君寬之。」但江充正想以鐵面無私、執法不阿來博得武帝的寵信，還是報告了武帝，因此武帝讚道：「人臣當如是矣！」

實際上，江充並不清正無私，這樣做只是給皇帝看的，越是在大人物頭上動土，雖然風險很大，但可能的收益也就越大，江充就是這樣「投資」的。其親屬包括他自己也多受賄賂，貪贓不法，不久他也被免職為民，但因朱安世的誣詞興起的巫蠱之獄又給了他機會。

江充見武帝年老多病，壽祚不長，自己與太子劉據曾經結怨，如果太子即位，自己一定難逃懲罰。於是就在征和二年，趁武帝染疾的機會，在拜見時誣告說，武帝之病是太子劉據詛咒的結果。此時的武帝正心煩意亂，在建章宮白日見人卻捕之不獲，甚至還做過數千木頭人持杖擊打他的夢，深信黃老神仙之術的武帝，就派「敢於治官」的江充為使者，專治巫蠱。

江充遂搜羅許多少數民族的胡巫，聲稱他們可以看到地下的偶人。這些胡巫所指之處，就令人挖掘，然後將那些被認為是埋了偶人的人抓來，酷刑逼供，不勝其刑者，被迫招供，相互牽引株連，終成大獄，此案死者達數萬人。

而江充為案的目的並不在一般黎民百姓、地方小吏，而是在太子劉據。於是唆使胡巫檀何對武帝說：「宮中有蠱氣，不除掉它，皇帝就活不了多久了。」驚怒的武帝就忙叫人到宮中查挖偶人。

江充立即帶人衝進宮中，遍地挖掘，甚至皇帝的御座也被挖掉，衛皇后與太子劉據的宮亦不例外，最後江充向外宣揚：「在太子宮挖得木人居多，而且還挖出了帛書，上面寫著許多無禮的言辭。這些都要報告給皇帝。」

太子劉據對此極為恐懼，而劉據師傅石德知道江充醉翁之意不在酒，武帝一定不會輕罪發落，就慫恿太子發動叛亂，捕殺到處抓人的江充。太子見生命危在旦夕，也不惜鋌而走險，於是在秋七月壬午，讓門客詐稱皇帝的使者，逮捕江充，太子劉據親自將其斬殺，然後盡將胡巫殺死。

但武帝卻已得到線報，說太子謀反，於是發兵平叛，兩派在城中血戰九日，太子兵終不敵，兵士四散，太子逃到湖縣鄉間躲藏起來。主人家貧，只能靠賣鞋養活他，劉據想起從前一個朋友很富有，於是就派人去找他，不幸暴露了目標，結果在被捕前夕，自縊而死。

劉據死後，漢武帝又派人收回皇后璽印和綬帶，衛皇后自知難免於死，只得自殺。衛氏一門曾顯赫一時，至此徹底滅絕。同時，武帝又將劉據三子一女以及太子妃、皇孫妃一一誅殺，基本上是滿門抄斬了。

這件冤案發生在武帝晚年，朝政的動盪達到極點，這一切都是因為多疑好殺的武帝喜怒無常，深居禁宮，皇威叵測而引起的。但太子劉據一案後來頗有些戲劇性，在此多記幾筆。

太子案後不到一年，就有人上書為太子鳴冤，武帝也有悔意，就將喪子之痛轉移到帶兵將太子趕盡殺絕的劉丞相身上，藉口李廣利投敵案將劉丞相腰斬、滅族。在劉丞相被殺前，武帝下詔用裝食品的廚車載著丞相示眾，以示侮辱。

一年後，武帝又在首都詔建思子宮、歸來望思臺，以寄託對太子的哀思。而太子劉據竟還留下一線血脈，則更有傳奇性。

劉據之子史皇孫（跟母姓史），有王夫人生下一子，尚不滿一歲，被收入監獄時，為廷尉監丙吉憐憫救下，送到外祖父史家撫養。後來武帝知悉後，將這個小皇太孫收入宮中，派專人教育。到元平元年（西元前七四年）由大將軍霍光輔佐即位，是為宣帝。宣帝給其祖父劉據諡曰戾，所以後世稱劉據為戾太子。

3．馮太后殺戮與恩寵相濟

魏自道武帝拓跋廷開始，有三條宮中條規：立皇后必令皇后候選人手鑄金人，鑄成則立，鑄不成則不得立；立子殺母；漢婦人不得為天下母。當時文成帝後宮，有馮氏、李氏、曹氏、沮渠氏為皇后候選人，其中馮氏最得寵。

馮氏是長樂信都人，父親馮朗，授秦雍二州刺吏、西城郡公。馮朗因罪被殺，家人被沒入宮中。馮氏的姑母受太武帝寵，封馮昭儀。馮氏年幼，被馮昭儀引入宮中撫養，十四歲選入文成帝後宮。馮氏極尊敬皇太后，很得太后的賞識。文成帝也很寵她，封為貴人。

四位女人奉命鑄造金人，另三位不知從何著手。馮氏在宮中長大，熟知宮中的事，只她鑄金人成功。於是在太安元年（西元四五五年），被立為皇后。

文成帝十四歲時臨幸宮女李氏，因而有了一個兒子，名拓跋弘，李氏因之封為夫人。馮氏立皇后時，長子拓跋弘兩歲，次子長樂僅幾個月。馮氏鼓動常太后，冊立拓跋弘為太子。李氏因兒子立儲而被殺，馮氏就免去了憂慮——立子殺母，自己的命算是保住了。馮氏以皇后之尊，由是受命撫養兩歲的太子。

魏國兵強國盛，境內平靜無事。文成帝大修宮室，崇奉佛教。

馮氏做皇后九年。文成帝二十歲，做了十四年皇帝，不幸病死於永安宮。這一年，馮氏二十四歲。

馮氏盛年守寡，又無子嗣，太子又不是自己的骨肉，日後該怎麼辦？馮氏異常哀痛，號哭著，奔下大殿，縱身投入火中。人們頓時大驚失色，呆立在那裡，幸虧一太監反應快，一把抓住馮氏的衣角，馮氏因此躍倒在火堆邊，昏迷過去。馮氏被內監救起，許久方才甦醒，沒有受傷，只燒壞了衣服。

拓跋弘十一歲即位，為獻文帝，尊馮氏為文明太后。乙渾補政，見皇上年少，大權獨攬，事無大小均由他裁決。大臣們表示反對，他便大施淫威，肆意殺戮。

馮太后與獻文帝定議，又說服了殿中將軍元鬱，一舉將乙渾擒服，夷其三族，權力又重回到了皇帝的手中。

馮太后知道了權力的重要，便過問政事。一應大事均須請示太后。獻文帝漸漸長大，十五歲時，生皇子拓跋宏，由馮太后親自撫養。三年後，拓跋宏立為太子，馮太后歸政。

馮太后也是女人，她雖榮尊顯貴，卻盛年寡居，每當春情萌動之時，太后便饑渴難耐，於是她開始淫亂起來。獻文帝極為不滿，他殺了幾個太后的寵臣，馮太后大為憤怒。後來，馮太后希望哥哥太傅馮熙的長女能立為皇后，獻文帝沒有同意。獻文帝想立寵愛的韓貴人。最後不歡而散。

獻文帝厭煩了權力之爭，有意將皇位讓給叔父京兆王拓跋子推。馮太后不同意，只得讓位給太子拓跋宏，太子年方五歲。十八歲的獻文帝做了太上皇。移居北苑崇光宮，建鹿野寺，過上了隱居的生活。六年後，便被馮太后殺了。

太子拓跋宏即位，年五歲。馮太后尊為太皇太后。從此馮太后大開殺戒，朝廷大小事情均由她裁決。由於她敢於用刑，懷恨她的人極多。

為了樹立仁慈的形象，無關痛癢的事情，她會忍受的。有一次文明馮太后身體欠安，宰人黃昏時分送進粥來，馮太后舉匙於粥中發現了一隻蜻蜓，當時獻文帝正在其側，見狀大怒，準備將不謹慎的宰人處以極刑，但文明馮太后卻網開一面，笑而釋之。

太后對衣食一無所求，卻只好一個色字。她貪色成性，縱欲享樂。在後宮亂倫通姦，縱欲無節。但這個女人卻非凡無比，她臨政一絲不苟，法度嚴明，她對自己的男寵也從不驕縱。

可見太后在對待感情和控制男寵方面確實是技高一籌，可說是中國歷史上一位非凡的女人。

南朝齊國使臣到魏國，太后一眼看上了使臣劉績，被他的風度和過人的美色所動，不能自已，竟至於在宮中公然賜宴示愛，收劉績為出入臥內的男寵。劉績當然喜出望外，既出色地完成使命，又添一段風流豔遇。

文明馮太后為政的特點，是無情的殺戮與有情的恩寵相濟而行。無情的殺戳，是文明馮太后政治權術的一個重要特徵。這點從當初大內定計誅乙渾就已表現出來。文明馮太后的邏輯是凡認為具有潛在威脅的政敵，一律格殺勿論。如獻文帝及其李皇后一家的悲劇，即足以說明了這一點。不僅如此，像當年受獻文帝暗示反控李敷、李奕的李訢、太和初也被馮太后所誅，另外一個就是當年獻文帝曾欲禪讓與位的京兆王拓跋子推，在獻文帝駕崩一年後，即被出為育州刺吏，於半路上便死了，很可能是文明馮太后斬絕後患的犧牲品。

文明馮太后政治手腕的另一側面，便是對大臣親信們的不斷示寵及大方的官爵及物質賞賜的給與。尤其是賞賜一項，文明馮太后實在是大方得驚人。在大量地賞賜寵臣們的同時，為了以示無私，還往往附帶加賞那些元老大臣等人。與此相較，馮太后雖然在賞賜親信大臣方面出手闊綽，一擲千金，甚至可以說是糜費，然而她在個人生活上卻絕對不鋪張。

由她所發起的對北魏王朝的政治、經濟、軍事等各方面一系列有計畫的改革，雖然在當時極具冒險性質，但歷史已證明了其深遠重大的意義及效應。

歷史上擅權專制轟轟烈烈的女強人實在不少，但似文明馮太后這等善始善終，下場圓滿的卻不多見。縱觀文明馮太后弄權的一生，似乎一切都處心積慮地設計得十分巧妙圓滿而又獨具風格特性，這當然不止包括她的生前，甚至包括她的身後之事。文明馮太后一次與孝文帝共遊方山（今山西大同北），環顧四周山川壯麗，便起了在此建立自己陵墓的念頭。文明馮太后的已故丈夫文成帝死後葬於雲中的金陵，而文明馮太后對群臣說：「舜葬蒼梧，二妃不從，豈必遠附山陵，然後為貴哉？吾百歲後，神其安此。」於是孝文帝於方山營建壽陵，並造石室，壽陵前還立好了碑，以頌文明馮太后的功德。

太和十四年（西元四九〇年）九月癸丑，隨著一群雄雉在太華殿上空奇怪的出現，年僅四十九歲的文明太皇太后馮氏駕崩了。

4．曹操喜怒無常

喜怒無常，有二層意思：一是指翻臉不認人，昨天把你當朋友，今天就可能把你作為敵人；一是指不可捉摸，揣摩不透。

喜怒無常，常被後人形容為無道昏君的典型性格。事實上，有作為的君主也是喜怒無常，令人不可捉摸的。他們有時把刺殺過他們的仇人任為高官，有時把自己最親密的朋友殘酷殺害，有時你吹捧他他會很高興，有時你讚美他卻可能被殺頭。一切都以他個人當時內心的需要為評判標準，以利於他的統治為最高原則。

君主這種「神祕叵測」的特性，源於對皇權壟斷的特別占有欲，及對這種極端權力所產生的高度的恐懼感。在封建社會君主關係已完全為利害、血淚、仇殺關係所籠罩時，制度化的力量，道德倫理的制約作用，已變得微乎其微，只有依賴這種殘酷、無常的皇權來控制了。

喜怒無常，不僅僅包括臉面上的喜和怒，而且包括他內心的喜和怒，特別是他行事上的喜和怒。這種喜和怒甚至不以喜怒的形式表現，而以不可捉摸表現出來。說穿了是思維方式上的無常，永遠讓人捉摸不透。

對於做大事的人來講，寧讓人憎惡而恐懼，也不讓人誇獎而輕視。

對於專橫跋扈的君主來說，他們將臣屬視為草芥，順我者昌，逆我者亡，難以容忍臣屬擁有自己的獨立人格和個人主見。對於喜怒無常的君主來說，臣屬更是他們濫施淫威、肆意凌辱的對象，臣屬動輒得咎，戰戰兢兢，如履薄冰，「伴君如伴虎」。上述種種情形，不僅表現在古代君臣之間，在官僚政治各個層次的上下級關係中也程度不同地存在。

三國雄才曹操，在民間口碑中是奸詐人物，其原因之一，就是他那句「寧叫我負天下人，不叫天下人負我」的話和他的某些做法造成的。其中誤殺呂伯奢一家的故事更讓世人痛罵。

漢末戰亂，董卓廢嫡立庶，扶陳留王劉協為帝（即漢獻帝）以便挾制，各路諸侯沒有不切齒痛恨，英雄豪士沒有不想殺死董卓的。亳州（今安徽亳州）人曹操以獻寶刀為名，欲藉機刺殺董卓，被董卓識破後，匆匆逃出京城，向家鄉奔走。

董卓見曹操膽敢對自己行刺，大怒，畫圖形、發公文到各州縣，懸賞捕捉。曹操行至中牟（今河南中牟）時，被軍士懷疑捉住，送往縣里。縣令陳宮原先見過曹操，所以命人打入大牢，傳令第二天押往京師請賞。

當天夜裡，陳宮來到大牢，打開枷鎖，與曹操一起逃走，欲跟隨曹操幹一番大事業。曹操沒想到死裡逃生，大喜，同陳宮一同騎了快馬，向家鄉跑去。

晝伏夜行，走了三天，來到成皋（今河南滎陽）一帶。曹操說：「這裡有一富家名呂伯奢，是我父親的至交。我們前去投奔，怎麼樣？」陳宮非常高興。二人來到呂氏莊上，通報姓名，呂伯奢迎出莊來，見了曹操就說：「你已闖下大禍，怎還到處亂闖？」曹操說他打算回家募兵討伐董卓。呂伯奢說：「你父親已外出逃難去了，你回家也是白搭。」說著來到莊里，住下敘談。過了一會兒，呂伯奢說：「家中無好酒款待遠客，待我去鄰莊沽酒，回來暢飲。」說著騎驢走了。

曹操生性多疑，坐了一會兒，對陳宮說：「這呂伯奢非我至親，是否會貪圖賞金，報官來捉我們呢？」陳宮說：「不會吧？」正在這時，堂後傳來「霍霍」的磨刀聲，連陳宮也不由得起了疑心，二人悄悄潛到後面去偷聽，聽到磨刀人問：「綁起來殺，還是不綁就殺？」

二人相視大驚，曹操說：「先下手為強！」於是二人拔劍在手，殺向後堂，將磨刀人和呂伯奢家中老小八口全部殺死。等搜到廚房時，看到一頭豬被綁在地上，才醒悟過來磨刀人說的是要殺豬。陳宮後悔不迭，說：「您太多疑了，錯殺這些無辜之人。」

二人見闖了大禍，馬上騎馬匆匆逃走，剛出莊園，便看到呂伯奢騎驢背酒而來。剛想隱蔽，哪知卻被呂伯奢望見，高喊：「吾侄要去哪兒？」曹操和陳宮只好迎上前去。曹操說：「我有罪在身，不敢久留，怕停留久了連累於您。」但呂伯奢哪裡肯放他們走，執意要拉他們回去。見二人執意要走，只好把酒壺送與二人。陳宮慚愧不已。

出去不遠，曹操忽然拍馬回來，到了呂伯奢面前，說：「老伯看誰追來了？」待呂伯奢回頭時，曹操抽出劍來，將呂伯奢砍下腦袋。

陳宮一見大驚：「剛才已誤殺了人家家人，如今為何又殺了他？」曹操平淡地說：「這老人回到家中，見一家人都死了，必會報官追來，我們不就更危險了？」陳宮氣憤地說：「明知錯了還殺人，真是不義呀！」曹操笑了笑說：「我這人做事，寧肯我對不起天下人，也不能讓天下人對不起我。」

當晚，二人住在店裡，曹操沒事兒似的倒頭便睡，陳宮卻翻來覆去睡不著，他原以為自己找到了明主，哪知投靠的卻是這麼一個不仁不義之人。把這樣的人留在世上，必然成為世人的禍患。想到這裡，他拔出劍來，就要向曹操砍去，但又一轉念，他也曾刺殺過董卓，想為國家幹一番大事業，我殺了他，會落得天下人閒話，不如偷偷離他而去吧！趁曹操正在死睡，陳宮收拾了自己的東西，另投他人去了。曹操一覺醒來，不見了陳宮，又懷疑是陳宮報信讓人來捉自己，於是也趕忙起身離去。

曹操「寧我負人、人勿負我」的行事風格，何人不怕？正因為曹操如此殘忍地對待親戚朋友，他才成其為一代梟雄。

5．朱博善抓把柄

漢代的朱博本是一介武將出生，後來調任左馮翌地方文官，利用一些巧妙的手段，制伏了地方上的惡勢力，被人們傳為美談。

在長陵一帶，有個大戶人家出身的名叫尚方禁的人，年輕時曾強姦別人家的妻子，被人家用刀砍傷了面頰。如此惡棍，本應重重懲治，只因他大大地賄賂了官府的功曹，而沒有被革職查辦，最後還被調升為守尉。

朱博上任後，有人向他告發了此事。朱博覺得豈有此理！就找了個藉口召見尚方禁。尚方禁見新任長官突然召見，心中七上八下沒個底，也只好硬著頭皮來見朱博。朱博仔細看尚方禁的臉，果然發現有疤痕。朱博就將左右退開，假裝十分關心的樣子問尚方禁：「你這臉上的傷痕是怎麼搞的呀？」

尚方禁做賊心虛，知道朱博已經了解了他的情況，心想：這下肯定完蛋了。就像小雞啄米似的接連給朱博叩頭，嘴裡不停地說道：「小人有罪，小人有罪。」

「既然知道自己有罪，那就源源本本地給我講來！」

「是，是。」尚方禁如實地講了事情的經過。朱博將自己聽到的與之相比較，覺得大致差不多。他用兩眼嚴厲地逼著尚方禁，嚇得尚方禁頭也不敢抬，只是一個勁地哀求道：「請大人恕罪，小人今後再也不幹那種傷天害理的事了。」

「哈哈哈……」朱博突然大笑道：「男子漢大丈夫，本是難免會發生這種事體的。本官想為你雪恥，給你個立功的機會，你願意效力嗎？」

尚方禁開始被朱博的笑聲嚇得身上直起雞皮疙瘩，心想：這下要倒大楣了。但聽著聽著，終於緩過氣來。朱博剛說完，他又是「撲通」一下跪倒在地：「小人萬死不辭，一定為大人效勞！」

於是，朱博又用好言安慰了一番，命令尚方禁不得向任何人洩漏今天的談話情況，要他努力幹事，有機會就記錄一些其他官員言論，及時向朱博報告。尚方禁已經儼然成了朱博的親信、耳目了。

自從被朱博寬釋重用之後，尚方禁對朱博的大恩大德時刻銘記在心，所以，幹起事來特別賣命。不久，他就破獲了許多起盜竊、強姦等犯罪活動，工作十分見成效，使地方治安情況大為改觀。朱博遂提升他為連守縣縣令。

又過了相當一段時期，朱博突然傳令召見那個當年受了尚方禁賄賂的功曹，對他進行了獨自的嚴厲訓斥，並拿出紙和筆，要那位功曹把自己受賄的一個錢以上的事，通通全部寫下來，不能有絲毫隱瞞。

那位功曹早已嚇得篩糠一般，只好提起了筆，準備寫下自己的斑斑劣跡。

「記住！如果有半句欺騙的話，當心你的腦袋搬家！」朱博又大吼了一聲。

這一聲不打緊，只聽「咚」的一聲，毛筆從那位功曹的手中滑落了下來。那位功曹早已知道朱博辦事，說到做到，是一位不好惹的上司。連忙躬腰一邊撿筆，一邊說：「小人一定依照大人指示，如實坦白。」

由於朱博早已從尚方禁那裡知道了這位功曹貪污受賄，為奸為賊的事，所以，看了功曹寫的交代材料，覺得大致不差，就對他說：「你先回去好好反省反省，聽候裁決。從今後，一定要改過自新，不許再胡作非為！」說完，就拔出刀來。

那功曹一見朱博要拔刀，嚇得兩腿一軟，又是打躬又是作揖，嘴裡不住地喊：「大人饒命！大人饒命！」

只見朱博將刀晃了一下，一把抓起那位功曹寫下的罪狀材料，三兩下就將其裁成紙屑，扔到紙簍裡去了。

那位功曹早已嚇得魂飛魄散，以為刀已到了脖子上，一看這種情景，他簡直有點不相信自己的眼睛，還伸手朝自己的脖子上摸了一下：腦袋瓜果然還在！

「你出去吧！還是繼續去當功曹。」那位功曹如獲大赦，一步一拜地慢慢退出。

自此之後，那位功曹終日如履薄冰、戰戰兢兢，工作起來盡心盡責，不敢有絲毫懈怠。朱博自然還是繼續重用那位功曹。

6．劉邦鳥盡弓藏誅韓信

韓信，淮陰人，初「貧無行」，不會謀生，「常寄食於人，人多厭之者」。曾有一惡少年侮辱他，逼他從其胯下爬過，「市人皆笑（韓）信，以為怯（懦）」，但「其志與眾異」。他母親死，雖無錢財行殯，卻找一處旁邊「可置萬家」的高敞地方做墳。他是位「忍小忿而就大謀」的「蓋世之才」。他先從項羽，不受重用。又歸劉邦，但犯罪當斬。臨刑，他大喊：「漢王不想統一天下嗎，為何要殺壯士？」執刑的滕公「釋而不斬」。經蕭何數次推薦，得為大將後，破三秦，占關中，拔魏趙，下三齊，為漢的統一大業做出了巨大的貢獻，不愧是卓越的軍事家。

韓信既有戰略眼光又具有實現戰略目標的行動能力。也就是說，他能制定戰略規劃，更能把戰略規劃變成現實。因此，韓信應該是帝王之才，這就是劉邦對韓信不放心的原因，劉邦對韓信是既用之，又防之。

韓信初為大將時，漢軍兵不滿十萬，地不出巴蜀。劉邦採用了韓信的「出關中，定三秦」的戰略計畫，以及「明修棧道，暗渡陳倉」的戰術措施，才得以立足中原與項羽對壘。

漢軍在彭城與楚軍爭戰不利，原已歸漢的魏、趙等國又叛漢歸楚。這給漢軍造成很大壓力。韓信受命北擊魏、趙。他兵臨黃河時，一方面將所有船隻徵集渡口，擺下強渡奪關的架式，誘魏軍主力齊集臨晉。一方面用大腹小口陶瓶繫於木板上做筏，暗渡黃河攻克魏軍老窩安邑（在今山西運城東），從後邊殺向魏軍，生擒了魏王豹。接著引兵三萬擊趙，但等候與他決戰的是比他多五、六倍的二十萬趙軍。韓信一方面派兩千漢兵各持漢旗埋伏在趙營旁邊，一方面又在河邊背水列陣，然後親自陣前叫戰。趙王見韓信親來，急命全軍傾巢出動決戰。韓信卻佯敗回陣。漢軍見趙軍傾巢撲來，想後退無路，只有全力殊死戰鬥抵抗趙軍。趙軍不勝，待回營時，營壘已被伏兵乘虛占領，遍豎漢旗二千，趙軍弄不清有多少漢軍，頓時大亂。

韓信又帶兵追來，前後夾擊。打得趙軍一敗塗地，又生擒了趙王歇。事後部下問他為何背水列陣，他說：「此即兵法所云『陷之死地而後生，置之亡地而後存』也。此三萬軍卒，素無訓練，皆係新集，此所謂『驅市人而戰之』，除非置之死地，人人方能各自為戰，如予生地，皆會臨陣逃亡。」

在攻下魏、趙之後，韓信又攻下齊國。形成了對趙軍的戰略包圍。項羽大驚，忙派大將龍且率精兵二十萬來爭齊地，楚、漢兩軍隔濰水對陣，楚軍來勢洶洶，龍且英勇善戰，硬打很難取勝，韓信乘夜密派士兵用萬餘布袋盛滿沙子堵截住上游。天亮後，領兵涉淺水渡河與龍且交戰，佯敗逃回，龍且持勇渡河追擊，當楚軍一小半渡過濰水時，韓信即命兵士撤開上游沙袋，大水洶湧而下，將楚軍兩邊沖開，韓信乘勢急擊，消滅了登岸楚軍，殺了龍且。對岸楚軍見狀，驚亂逃竄。項羽失去了這二十萬精兵，再難與漢軍抗衡了。最後垓下（今安徽省靈壁縣東南）一戰，韓信等齊力奮戰，終於逼使項羽自刎而死。

韓信在拜將之前，就向劉邦提出——「以天下城邑封功臣，何所不服」的建議，表明他是抱著建立功勳、裂土封王的願望來投奔劉邦。他不懂得分封制度在當時已不合歷史潮流。在這方面就遠遠不如張良有見識。張良本來出身貴族，卻認識到分封制度已不合時宜；而韓信出身貧民，卻滿腦子分封思想。劉邦雖然曾「自以為得（韓）信晚」而任他為大將，但劉邦始終沒有像相信、依靠蕭何、張良那樣把韓信作為心腹對待，這是與他總想裂土為王，使劉邦不放心有關係的。

劉邦既充分利用韓信的軍事指揮才能又時時防備他勢力過大而難以駕馭。韓信襲安邑破魏大獲全勝，劉邦卻「使人收起精兵」，只留給他三萬新卒，令其北擊號稱二十萬的趙軍，逼得韓信不得不冒險背水為陣求僥倖取勝。趙國平定後，劉邦又突然駕臨修武，馳入軍營，趁韓信未起床，「即其臥內奪其印符，以麾召諸將」，自領其軍。另拜韓信為趙相國，只給他一小部分軍隊去攻打齊國。韓信平定三齊後，認為自己功大，竟主動請求劉邦封他為三齊王，劉邦困於當時的危急形勢，勉強封他為王，以暫交其心，但此時的劉邦對韓信已惱怒至極。王夫之所言「未央之誅已伏於此」，是有道理的。

後來劉邦被困，韓信按兵不救，直到劉邦答應將陳以東直到海一帶地方盡封給他，他才發兵垓下會師破楚。項羽一死，劉邦就回到定陶，出其不意地馳入韓信壁壘「襲奪齊王軍」，奪去韓信兵權調離齊地，封為楚王，以削弱他的勢力。韓信到楚國後，多設兵將護衛，有人上書「告楚王信反」，就更引起劉邦懷疑，劉邦此時想起兵攻打韓信，無奈兵不如韓信精，將不如韓信能，於是設計擒獲韓信。由於沒有謀反實證，劉邦把韓信降為淮陰侯，安置在京城，置於自己的控制之下。

在此之前，韓信確無謀反之意。劉邦雖三次襲奪韓信之軍，韓信也未發怨言，仍然為漢出力。定三齊後，有人勸他與楚、漢鼎立，自開基業。韓信猶猶豫豫，最後說：「漢王待我甚厚，載我以其車，衣我以其衣，食我以其食……吾豈可以見利背義乎！」

他由王降為侯之後，日夜怨尤，表現了極大的不滿。他和同僚們處的關係也不好。他看不起周勃、灌嬰等人。他去樊噲家，樊噲對他非常恭敬，甚至「跪拜送迎」，還自稱麾下，說「大王乃肯臨臣」，把他的到來，視為榮幸。但韓信卻表現得非常驕傲，出門竟仰天大笑道：「（想不到我此）生乃與噲等為伍！」劉邦與他論諸將的將兵才能時，問：「如我能將兵幾何？」信曰：「陛下不過能將十萬。」劉邦又問：「於君乃如何？」信曰：「臣多多益善耳。」

劉邦見他如此自傲，就笑說：「多多益善，為何被我所擒？」韓信忙隨機應變道：「陛下不能將兵，而善將將。」聰明而老練的劉邦，當然聽出他韓信的骨子裡是不把自己放在眼裡的。

其實，劉邦明白，打天下時，韓信的功勞比他自己是有過之而無不及的，若論功行賞，也應江山各半，各自為王。而劉邦是不可能這麼做的，韓信自然覺得心理不平衡。

劉邦坐穩了江山之後，看到韓信握有重權，並且深得軍心，不由得食不甘味，輾轉難眠。他宴請群臣，面對臣下的恭賀，也憂心忡忡。張良察顏觀色，明白了是劉邦害怕功高之人今後難以駕馭，就私下對韓信說：「你是否記得勾踐殺文種的故事？自古以來，只可與君主共患難，而不可與其同享福。飛鳥盡，良弓藏；狡兔死，走狗烹。前車之鑑，後車之師啊！我們要好自為之。」於是張良急流勇退，見好就收，他請求回鄉養老。劉邦故作戀戀不捨狀，再三挽留，最後封其為留侯。張良功成身退，終於保身全名，可謂有先見之明。

韓信儘管認為張良的話有道理，但是對劉邦還是抱有幻想：自己當初曾捨命救過他。可是不久，便有奸佞之臣誣告韓信恃功自傲，不把君主放在眼裡。

那是項羽烏江自刎之後，他的一個大將鍾離昧拼死殺出了重圍，逃到韓信那裡避難。因為韓信與鍾離昧是生死之交，就偷偷地把他藏了起來。劉邦知道此事後，認為韓信懷有二心，於是決心除掉他。

可是韓信作為一朝權臣，要除掉他也不是那麼容易。於是劉邦就設了一個圈套，讓韓信自投羅網。他以巡遊為藉口，要到楚地的雲夢（今湖北安陸）去打獵，同時派信使通知諸侯王到陳地會合。這樣就能調虎離山，把韓信從封地中騙出來。一旦他脫離靠山——軍隊和封地，就不愁沒機會下手了。

韓信聽到這個消息後很害怕，明知前面有陷阱，也不得不硬著頭皮前往陳地謁見劉邦。為了保全自己，不讓劉邦找到藉口抓他，他權衡再三，最終還是逼著好友鍾離昧自殺了。然後就提著鍾的首級來見劉邦，想以此來表明他對劉邦的忠誠。

欲加之罪，何患無辭？韓信一走進劉邦的駐地，兩邊的武士就一擁而上，把他五花大綁捆起來，押到劉邦座前。韓信很不服氣，他一邊掙扎一邊大叫：「皇上，我鞍前馬後跟隨您這麼多年，南征北戰，出生入死，才打下漢朝江山，臣下何罪之有？」此時，劉邦也看到給韓信以謀反定罪，確實證據不足，難以服人心。於是他就假惺惺地怒喝著武士，親自下來為他鬆綁。然而，他還是藉機解了韓信的軍權。

至此，韓信終於心灰意冷。他後悔當初不聽張良之勸告而至今日，不禁仰天長歎道：「飛鳥盡，良弓藏；狡兔死，走狗烹；敵國滅，謀臣亡。現在天下大局已定，我也該遭殃了。」不久，又有人藉機落井下石，誣告他要謀反，於是劉邦終於對他下了毒手，了卻他一大心事。

7．朱元璋「削棘」連殺四宰相

朱元璋史稱「雄猜之主」，既野心勃勃又疑心重重、心地險惡。他當上皇帝後，打天下時那種虛心納賢、任人唯賢的作風全拋諸腦後，朝思暮想的維護他的絕對尊嚴和家天下。為此，他以各種卑劣手段，排除異己、殘殺功臣。從四位宰相相繼被殺，可以看出他厚黑的醜惡嘴臉。

當朱元璋年過五十以後，已感體力不支，心跳加速，常做怪夢，他不能不考慮權力交換的問題。他認為太子柔弱，難以駕馭這些桀驁不馴的功臣，於是他掀起一個又一個的冤案，大肆殺戮功臣，為子孫削棘。

有一天，朱元璋要殺宋廉。宋廉早年就追隨朱元璋，功勞很大，明朝建立後官至學士承旨知制誥，很受器重。宋廉還是太子的老師，深受太子和諸王敬重。太子見朱元璋要殺老師，就哭著求情。朱元璋便拿來一根長滿刺的棘杖放在地上，叫皇太子拿起來。太子面有難色。朱元璋教訓太子說：「你不敢拿棘杖，是怕刺扎了手吧！讓我把刺都給你削掉，再交給你好不好？」太子也明白了朱元璋的殺人之意，但並不以為然，婉轉地說：「上有堯舜之君，下有堯舜之民。」這弦外之音就是——「上有殘暴之君，下有不忠之民。」朱元璋聽了十分光火，他拿起椅子朝太子砸了過去。

朱元璋把功臣宿將視為棘刺，他要為子孫留下安穩江山，從而「削棘」，這是歷史的寫照。

朱元璋當政時，共設過四個宰相。開國首相是左、右丞相徐達、李善長。徐達是因常年帶兵在外，離開了相位；李善長是因朱元璋記恨他決事獨斷，藉故讓他退休；三是汪廣祥，因不合他的心意而被貶；胡惟庸是繼後的第四位，也是最後一位宰相，朱元璋首先拿他開刀。

胡惟庸投奔朱元璋後，在李善長手下做事，為人精明，以辦事幹練著稱。汪廣祥被貶後，經李善長推薦任宰相。他在朝中拉攏親信、排除異己、貪賄好利、恣意弄權，引起了朱元璋的不滿和猜疑，遂下定決心除掉他。

一三八〇年，當御史中丞涂節告發胡惟庸竟欲謀反時，對朱元璋來說，機會難得，於是立即下令逮捕了胡惟庸，給胡扣上了「謀反」罪名，將他處決，並對胡全家施以滅族。特別陰險的是，朱元璋還捏造罪證，把告發者涂節也一同斬首，為的是殺人滅口。

尤其毒辣的是，朱元璋把與胡關係密切的人定為「胡黨」，以追查「胡黨」為藉口，把對皇家構成威脅的，不論是文武官員、大族地主，都被當做「胡黨」，或被殺，或抄家滅族。此案前後牽連誅殺的有三萬多人。其中國公、侯爵、大將、御史大夫陳寧、中丞涂節、吉安侯陸仲亨、延安侯唐勝宗、平涼侯費聚、南雄侯趙雄庸、滎陽侯鄭遇春、宜春侯黃彬、河南侯陸聚、宣德侯金朝山、靖寧侯葉星期、中國公鄧鎮、濟寧侯顧敬、臨江侯陳鏞、滎陽侯楊通，淮安侯華中、以及大將毛驤、丁玉等。十年後，李善長也被定為胡黨，全家被殺七十多口。

朱元璋為了掩蓋他殘殺有功之臣的面目，命令他人把上述人員刻成《昭示奸黨錄》

廣為散發，以平息眾怨。

李善長在隨朱元璋征戰中，以多謀善斷著稱。他隨軍參謀策劃、組織指揮作戰和後勤供應，屢建奇勳。開國初，組織制定法規制度、宗廟禮儀，與朱元璋關係如魚水一般，朱元璋將李比之為漢初蕭何，稱他為「功臣之首」，命他為開國後的首任丞相。

朱元璋一旦功成名就，貴為天子，就對李的態度大變。李善長仍按往常慣例，幫助朱元璋處理政事，過去被朱稱讚為「處事果斷」，現在則說他「獨斷專行」。過去朱特許李對疑難大事先處理後奏，稱讚他「為朕分憂」，現在則說他「目無皇上」。朱元璋對李善長功高權大，產生了疑忌之心。但考慮到李善長功高望重，輕舉妄動恐生不測之憂，就採取又打又拉，伺機清除的伎倆。

一、打。深知朱元璋為人的李善長察覺到皇上對他的猜忌。一連幾天，李善長因患病沒有上朝，於是他藉機給朱元璋上了個奏章，一來對不能上朝議政表示歉意，二來提出致仕（退休）察看朱元璋對自己的態度。按慣例朱元璋應下旨慰問、挽留。但是，朱元璋這次卻不這樣，他來個順手推舟，隨即批准了李善長退休。毫不費力地把李善長趕出了相位。

二、拉。削奪了李善長的相權，免除了對他的威脅。但不少人心中暗罵朱元璋寡情毒辣。為了要籠絡人心，並安撫李善長，朱元璋把自己的女兒臨安公主下嫁給李善長的兒子李祺為妻，朱、李兩家又成了國戚。真是又想當婊子，又想立牌坊，充分表現了朱元璋的奸詐。

三、殺。胡案蔓延十多年，誅殺官員一批又一批。朱元璋知道胡惟庸與李善長之弟李存義兩家是姻親，胡、李兩家關係密切。湊巧，在繼續審查胡案中，又發現李存義及其子參與了活動，朱元璋眼前突然一亮：你李善長不會不知道吧，為什麼沒有舉報呢？朱元璋想從這件事入手，除掉李善長。

更湊巧的是，這年是一三九〇年，欽天監報告，天上有星變，占象者說：星變主折大臣，應殺大臣以應災，否則於皇帝不利。

朱元璋心想：李善長啊，看來，不能不殺你了！於是便以李知胡謀反不舉報，「狐疑觀望」、「大逆不道」為名，把李善長妻、女、弟、侄一家七十多人殺害，李善長這位七十七歲的老人，最後以一根繩子結束了生命。

汪廣祥是繼李善長去相後，於洪武四年（西元一三七一年）擔任宰相的。他兩次入相，落了個一貶一殺的下場。

汪廣祥原在朱元璋帥府中任參謀和祕書職務。以謹慎小心、善理繁難事務為朱元璋所讚賞，讓他接替李善長，擔任相職，正是朱元璋利用他的特長。任宰相後，他仰朱元璋之鼻息，竟竭力疏遠李善長，深得朱元璋稱讚。但是，大概是汪廣祥看到了李善長處事專斷招致的後果，所以他辦事分外謹慎，事無巨細皆向朱元璋請示，從不自作主張，朱元璋感到平添了許多麻煩，因而十分煩惱。他甚至又想起了李善長的好處。加上相府辦事人員多是李善長的班底，汪廣祥辦事非常不順利，整整三年政績平平。朱元璋一氣之下，把他貶為廣東參政，由胡惟庸接任宰相。但朱元璋對胡的處事恣肆、專斷很不滿，加上胡、李關係密切，增加了他的猜忌。朱元璋後悔不該趕走汪廣祥。

汪廣祥遭貶後，對胡、李的排擠十分惱火，他細心蒐集材料，與人合作彈劾李善長，這正合朱元璋的心意。為了抑制胡、李勢力，利用汪與胡、李的矛盾，又把汪廣祥調回，再任宰相。

有一天，朱元璋召汪廣祥進宮，詢問關於胡惟庸用藥毒死劉基的傳聞，以及胡、李來往情況，以考驗汪廣祥對他的忠誠。汪廣祥回答說：「對外面傳聞，也有聽說，但多是謠言，沒有確鑿證據！」他還說：「皇上英明，對這些謠言不足輕信！」

朱元璋的如意算盤落了空，他沒想到汪廣祥竟然站在胡、李一邊，為他們辯護，一怒之下，就以庇護同夥、欺騙君主的「朋欺罪」，於一三七九年再次將汪廣祥貶到廣西地區。如此發落之後，朱元璋仍然餘恨未消，想到汪廣祥再次任相兩年來，沒有起到耳目作用，真是忘恩，罪不容誅！想到自己連連換相，目的都沒有達到，真是越想越氣又惱又羞，於是他立即下令，派專使下詔賜汪廣祥以死。專使日夜追趕，汪廣祥被殺死在半路的船上。

徐達是朱元璋同村小時候放牛的夥伴。隨朱元璋數十年征戰，出生入死，立下赫赫戰功，位封左丞相、魏國公。此人有謀略，善用兵，謙恭有禮，很得人心。朱元璋對他貌似尊敬，但實際上很不放心，經常藉機察看他的態度或暗中派人監視他的言行。胡案發生後，徐達正握重兵，鎮守北平。

洪武十七年（西元一三八四年）欽天監報告星變：太陰犯上將，主大將對主不利。朱元璋想到徐達，疑懼之心頓生。他擔心徐達在北平練兵，自己監管不便。又聽特工人員報告說徐達生病。於是，便想以讓徐達回京治病為名，將他調離北平，離開軍隊，在京醫治。朱元璋於是派專使到北平見徐達說：「皇上很關心將軍的病，念你勞苦功高，賜你回南京養病！」徐達本想不回，以謝恩了事，但是又想到這位夥伴從來是說一不二，又疑心太重，不要因此事惹他猜疑。於是他乘船坐車，一路風塵回到了南京，而且背疽又便加嚴重了。朱元璋知道背疽最忌吃蒸鵝，吃了蒸鵝背疽便發，難以救治。但是，朱元璋想除掉他，便命御廚蒸鵝，派專使送給徐達吃。徐達聽說使者奉旨前來，感動得熱淚盈眶，顧不得背疽疼痛，跪下接旨。當他聽到聖上賜他蒸鵝食用時，心一下子都冰涼了。他才明白，朱元璋哪裡是讓他回京養病，是讓他來送死！他回想幾十年隨朱元璋征戰，危難時刻為了救他，自己曾幾次捨出性命。為了幫助朱元璋打江山，經歷了刀叢劍樹，出生入死，如今落了個如此下場，不禁淚流滿面。使者又傳旨，皇上讓看著徐當面把蒸鵝吃下。徐達欲不吃又恐怕再生枝節，仍要殺他。便含著眼淚，當面吃了。徐達吃下蒸鵝，加上日夜氣惱，結果，不幾天背疽復發而死去。

至此，朱元璋把他任命的宰相全部殺死，他下令撤除中書省，永不再設宰相，只設六部，皇帝總攬大權。朱元璋還立下法規：「往後的皇帝，不准再設宰相，臣下有敢奏請設立者，論以極刑。」他把獨裁專制推向了頂峰。

8．當斷則斷，李世民先發制人

唐高祖李淵的皇后生有四子。長子李建成，次子李世民，三子李玄霸（早亡，未及爭位），四子李元吉。在這四個兒子中，長子李建成因居長被封為太子，為人也精明能幹，次子李世民被封為秦王，四子李元吉被封為齊王，也算勇武超人。不過，戰功最多也最有謀略的，當數次子李世民。

早在李淵還在鎮壓農民起義軍的時候，李世民就已看出隋朝的滅亡已不可挽回。他對父親李淵說：「您受隋朝的命令討伐賊寇，難道賊寇真的能徹底消滅嗎？」在促成父親起兵時，李世民又說：「今日破家亡國在於您，化家為國也在於您。」可見李世民的雄才大略。西元前六一八年至六二〇年，李世民打敗了薛仁杲和劉武周兩個強敵，關中和太原基本穩定下來。在西元前六二〇年七月，李世民又開始進攻王世充。此時他才不過二十二歲，但富有政治家的雄才偉略，知人善任，採納正確的意見，採取了正確的策略，一舉擊敗了王世充和竇建德。後來又打敗了劉黑闥等人的起義，終於統一了全國。

太子李建成常隨父親駐守長安，幫助父親處理軍國政務，應當算是一個精明強幹的人。比起較為平庸的父親李淵來，李建成在處理政務上已顯示出了才幹。但與弟弟李世民相比，卻又有很大的不足。李世民南征北戰，為爭得唐朝的天下、統一中國，立下了赫赫的戰功，麾下雲集了一批文臣武將，在軍政各界享有很高的威望。不僅如此，李世民野心很大，他不甘心做一個區區秦王，希望有朝一日能當皇帝。但按照封建宗法制度，繼承皇位的只能是太子李建成，況且李建成也算功績卓著，且聚集了很強的武力。這樣，一場兄弟之間的爭位火拼就是勢不可免的了。

首先是雙方各自積聚自己的勢力。李世民官居唐朝特設的「神策上將」，府中可謂人才濟濟，其中的十八學士，有的就名垂千古。房玄齡、杜如晦多謀善斷，成為一代名相；陸德明、孔穎達精通經學，為後人所敬仰；姚思廉擅長文史，虞世南以書法名世，其餘十二人也都是一時的才俊人傑。至於武將，秦王府的兵精將猛是極其著名的，如尉遲敬德、秦叔寶、程咬金等，且王府中養有許多兵士。太子李建成也不甘示弱，文臣如魏徵，武將如薛萬徹等也很著名，又召集了天下勇士兩千人作為王府衛士，其勢力總的看來要比秦王府為強。齊王李元吉在三兄弟中勢力較為單薄，不足以與兩人爭衡，但他素以驍勇善戰著稱，與李建成聯合，共同對付李世民，大大地增強了李建成的勢力。

還有一個不可忽視的方面，那就是唐高祖李淵支援太子李建成，這在社會輿論上對李世民很不利，但李世民在爭取人心方面又一直比李淵和李建成做得好。如唐高祖武德七年（西元六二四年），頡利可汗從原州（寧夏固原）南侵，直逼關中。當時，頡利可汗的兵勢很盛，李淵、李建成、李元吉等人怕無法阻擋，主張焚毀長安，遷都襄陽，並且準備付諸實施，派人出外查看地形。李世民則力排眾議，堅決主張阻擊外族入侵，反對遷都，制止了李淵、李建成的妥協活動，保住了都城長安，也為唐朝國土的長治久安奠定了基礎。

在具體的賞罰獎懲方面，太子集團和秦王集團也有明顯的區別。例如，李世民在中原打敗王世充以後，因為淮安王李神通卓有戰功，李世民賞罰分明，便以陝東道臺的身分獎賞李神通幾十頃良田。但李淵卻不顧影響，竟答應自己的寵妃張婕妤，讓她拿去了一道命令，交給她的父親，逼著李神通退田給他。這件事雖然不大，但影響卻不小。大大地提高了李世民的威信。

從當時表面的形勢看，太子李建成集團處於優勢地位，具體表現在三個方面：一、李建成是太子，是長子，名正而言順，繼承皇位是理所當然的事，社會輿論也多在他這一邊；二、李建成有李淵的支援，在權力和名義上有可靠的保障；三、李建成有文臣武將，有較秦王府為強的私人武裝。李世民也有有利的條件，那就是李世民本人威望高，群眾基礎好，富有鬥爭經驗，才略出眾，更主要的是他手下人既精明強幹又齊心合力，因而，李世民的力量也是不能忽視的。

兩兄弟勢成水火，李建成認為先下手為強，於是，他布置了第一次害死李世民的陰謀。一天下午，窗外雨聲淅瀝，李世民正臨窗聚精會神地閱讀兵書，忽有衛士進來報告，說太子派人送信來了，李世民拆開信一看，原是請他前去赴宴，要兄弟歡聚。當時，雙方的鬥爭已半公開化，秦王府的人素知太子詭計多端，就勸李世民不要赴宴，以免不測。但李世民認為雙方雖在爭奪皇位，還不致於兄弟相殘，就坦然前往。

等到了太子府中，見太子和李元吉已恭候多時，筵席也準備得極為豐盛，氣氛也無異常，不像要發生什麼事的樣子，就放心地談笑吃喝起來。席間，李建成和李元吉交口稱讚秦王的功績和才能，並頻頻舉杯勸酒，弄得李世民酒足飯飽。但忽然間，李世民覺得兩腿發軟，頭暈目眩，立刻警覺起來，他想掙扎著起來回到自己府中，沒想到竟一下子癱到地上。

此時，窗外雨勢轉大，電閃雷鳴，狂風又吹滅了席上的蠟燭，席間更顯得陰森昏暗。齊王李元吉不明就裡，十分害怕，驚慌地問李建成該怎麼辦。李建成倒很鎮靜，把眼一瞪，喝斥道：「秦王身發暴疾，趕快送回府中。」

不知是李建成的毒藥不中用，還是李世民的抵抗力強，回到秦王府，灌了許多的解毒藥，吐淨了腹內的酒飯，竟然保全了性命。

李世民突發暴疾，雖無確證是李建成下的毒藥，但司馬昭之心，路人皆知，實在是再明白不過的事。李淵知道了這件事，狠狠地訓斥了李建成一頓，但畢竟支援李建成，也未對他做什麼處置。李建成見一計不成，又生一計，只是方式比上一次巧妙一些，但把握也減少了一些。

李建成想方設法說服太祖李淵去郊外打獵，並要幾個兒子一起陪同，李淵同意。父皇有命，李世民只得聽從。李建成特意派人挑選了一匹性情暴烈的馬，該馬稍遇刺激，便狂性大發，他希望李世民騎上此馬，遇驚摔死。在圍獵場上，李世民縱馬操弓，追趕麋鹿，沒想到烈馬狂性大發，控制不住，那馬仰頸狂跳，亂甩亂搖，終於把李世民摔下馬背。李世民雖摔出了一丈多遠，幸好只受了皮肉之傷，並未摔死或受傷致殘。

李建成還採用了釜底抽薪的辦法，這就是分散和瓦解李世民的將領和兵力。凡有調兵遣將派兵出征的機會，李建成都要派給秦王府上的將領，還屢設計謀，讓秦王府的將軍調出外任。程咬金在打敗宋剛和平定王世充的戰役中，勇敢善戰，身先士卒，多次斬將奪旗，建立奇功，被封為宿國公，是秦王府的得力幹將。李建成很怕程咬金，就利用經常同皇帝接近的機會，多次造程咬金的謠，促使李淵下詔把程咬金調出秦王府，任康州刺史。但程咬金是一位剛貞倔強的將領，為了維護李世民的安全，他軟纏硬磨，花樣百出，不斷拖延時間，就是不肯離開秦王府。

對於無法調動的將領，李建成實行收買的政策，尉遲恭是一員驍將，也是李世民一手提拔培養出來的將領，臂力過人，勇猛善戰，李建成曾送給他一車金銀珠寶，但尉遲恭拒收，並向李世民作了報告，李建成後來的一些收買瓦解活動也沒有成功。

李世民也絕非持著人為刀俎、我為魚肉的態度去任人宰割，也積極準備力量。在武德九年（西元六二六年），他曾派將領帶兵一千餘人，拉著許多金銀財寶到東都一帶，私下來結交豪俊之士，引為外援。他也採取收買的手段去拉攏李建成的人，把原來屬於李建成的得力人士常何與敬弘爭取過來，使防守宮城門戶的要職，在暗中轉到了李世民這邊來了。

兄弟火拼已迫在眉睫，李世民再也不敢遲緩，他召集王府的人，召開緊急會議，商量如何對付目前的局勢。武德九年（西元六二六年）六月三日晚，秦王府戒備森嚴，衛士環列王府內外，閒雜人等一律不得通行。殿內燈火通明，諸文臣武將排列兩邊，秦王李世民偕同長孫無忌走進殿內，身後不遠跟著兩個穿道袍的陌生人。衛士剛來阻攔他們，秦王揮揮手，衛士就放他們進去了。

原來，這兩個穿道袍的人是房玄齡和杜如晦化裝的，他們為了不惹太子府上的人注意，才故意掩蓋了自己的本來面目。在會議上，房玄齡先發言說：「太子和齊王已有兩次謀害秦王，秦王也差點被他們害死。目前，他們正在加緊策劃，準備再次加害大王。一旦事變，不僅大王性命危險，社稷也會遭到災難。俗語說得好，『當斷不斷，自取其亂。』現在是箭在弦上，不得不發，在這生死存亡的關頭，大王應該以果斷的措施來消除禍亂。」

房玄齡的話激起了與會者的共鳴，大家紛紛附議。

李世民說：「這樣勸我的人已經有很多了，可我總覺得過於殘酷，難道沒有其他的辦法嗎？最好是能避免流血！」

尉遲恭脾氣暴躁，他怒氣沖沖地對秦王說：「大王身邊的人越來越少，現在就剩我們幾個人了，太子還是不肯罷休，最近太子又在皇上面前耍陰謀，說我會打仗，要我率領精銳部隊跟他出征。如果我真的離開了大王，他就會馬上殺我的頭。先發制人，後發為人所制，請大王快下決心。」

正在這時，衛士報告說東宮的官員王晊求見。等秦王會見過王晊，原來猶豫不決的心情變得堅決了。他對大家說：「看來太子是決意要殺我了。剛才王晊來報告，說太子已和齊王計議好，最近齊王要奉命出征，他們要借替齊王餞行的機會在席間殺掉我。」

長孫無忌說：「王晊素來不但辦事謹慎而且又深明大義，他報告的情況一定不會有錯！」

房玄齡又說：「現在大禍迫在眉睫，不能對太子再抱任何幻想，否則必致覆滅。」李世民還是下不了最後的決心，總希望太子不會如此狠毒，因此一時下不了命令去殺掉太子。

尉遲恭耐不住了，說：「如果大王不下決心，那就讓我離開秦王府吧，我寧願上山落草為寇，也不願被太子抓去殺頭！」

有幾個人也隨聲附和地說：「如果大王不當機立斷，我們情願跟尉遲恭一起去當土匪。」情勢如此，李世民被迫做出決定，他歎了一口氣，對大家說：「既然事已至此，只有按大家的意思去辦了！」

接下來就是部署具體的行動方案，這一次會議直開到下半夜才結束。

當夜，繁星滿天，萬籟俱寂，士兵行動的聲音打破了沉沉的夜空。秦王騎著馬，率領部下進入玄武門，在玄武門內外，共埋伏了一千多秦府衛士。

玄武門是宮城的北門，由於唐朝的宮城在都城的北面，北門也就是保衛皇宮的主要所在，占據了北門，就等於抓住了皇帝，可以假借皇帝的名義發布命令，使自己處於合法之地位。

第二天（也就是六月四日）上午，日上三竿之時，太子和齊王並馬而來，身後跟了許多衛士。李建成根本不知道守衛玄武門的將領常何已投向李世民，還是像往常一樣，毫無戒備地經過玄武門，進入皇宮去見唐高祖。常何等太子和齊王走遠了，立即緊緊關閉玄武門，堵斷了可能出現的外援。

太子和齊王來到臨湖殿前，下馬登殿，太子忽然發現殿角有埋伏的士兵，心知有異，立即警覺起來，他扯了一下齊王的衣袖，飛奔下殿，上馬往玄武門奔逃。這時，伏兵盡起，李世民親手射殺了太子李建成，尉遲恭射殺了齊王李元吉。其餘太子和齊王的衛士也被趕殺淨盡。

這時，太子的東宮和齊王府也得到消息，太子的將領馮翊和馮立率兩千餘騎趕到玄武門。由於玄武門守將常何拒不開門，太子的衛士仗著人多勢眾，就奮力攻打。但由於門既高大，守得又頑強，所以久攻不下。副護軍薛萬徹見攻門無效，就調轉馬頭，想揮兵攻打秦王府。在這危急關頭，尉遲恭用長矛挑著太子的頭跑出玄武門，向太子的將士喊話道：「奉皇上的命令，在此誅殺太子和齊王，現太子和齊王均已伏法，餘者無罪，只要放下武器，不僅保證生命安全，願意歸附者一律保持原職不動。」

太子的將士見到太子的頭顱，無不呆若木雞，大多數人棄戈投降。只有薛萬徹不肯歸附，帶著少數人衝殺，李世民命放他一條生路，讓他奔終南山去了。

謝方叔極其忠於太子，他見太子頭顱高懸，兵眾散盡，便伏地大哭起來。李世民不僅赦他無罪，還嘉其忠誠，好言勸慰。就這樣，太子李建成和齊王李元吉的多次蓄謀化為泡影，在秦王李世民的有力一擊之下，身首異處，煙飛灰滅了。

李淵見事已至此，顯然再去斥責李世民已毫無意義，弄得不好甚至可能自己也身陷險境，就乾脆封秦王李世民為太子，聽憑李世民對建成、元吉斬草除根，抄殺滿門。並且過不多久，便急流勇退，把皇帝大位讓給了李世民。

太子、齊王與秦王之間地位相當，實力各有強弱，實際上誰先動手殺死對手誰便是理所當然的皇權執掌者。在這一點上，李世民與他的謀臣武士都十分清楚，就是太子、齊王也想先發制人，爭取主動權。然李世民的確比他們高明得多，只有他才真正地巧用了「先發制人」之計。「先發制人」靠的是「先」，但「先」往往來自於「密」和「決」。李世民假裝「不忍心」，表面上無所作為，實際一方面是為了師出有名，保全面子，另一方面更是為了行動的「祕密」性。他行動祕密而快捷。相反，太子、齊王口口聲聲要「先發制人」，日日夜夜在不痛不癢地「先發制人」（如抽調秦王府中的猛將精兵等），然而機密外泄，行動遲緩，哪有不被秦王所制之理！

9・武則天以硬對硬、以酷制酷

武則天當上女皇之後，以說一不二、十分強硬的手段培植親信、排斥異己。在唐代皇帝中，她是誅殺大臣最多的一個，就連自己的親生兒女也敢殺敢罰，從不手軟；而對自己的宗戚親信，則往往給以一步到位的提拔重用。尤其是對與自己有曖昧關係的大臣張易之、張昌宗兄弟，不僅任其勢傾朝野，為所欲為，就是在違法當斬時，武則天也敢拚了老臉從公堂、從監獄把他們特赦出來，日夜相伴。

面對武則天的強硬政策，李家宗戚顯得軟弱退讓，毫無反抗的勇氣和決心，結果屢屢成為刀下亡魂。武則天的兒子李顯、李旦，更是懦弱柔順，即使已登皇帝之位，也甘願讓出皇權由武則天執掌，也不敢出一聲為自己辯白。一批效忠於李唐的大臣們，其中雖也偶有個把敢說敢為的人，然而獨木難支，無不死於武則天的硬手腕和眾大臣的軟功夫之中。這樣，本來只想稍稍嘗一嘗女皇滋味的武則天，以硬對軟，一屁股坐在龍椅上面，竟一坐就是十五年穩如泰山。而且她為所欲為、言出必行，其權威更勝於大部分男性皇帝。

武則天嗣聖二十二年（西元七〇五年），以宰相張柬之為首的強硬派，決定以強對強，用強硬的手段逼迫武則天讓位給太子李顯，重新恢復李姓天下。

張柬之沉厚有謀，果斷敢行。年已八十有餘，但復唐雄心須臾不忘。早年任合州刺史時，便與荊州長史楊元琰一同泛舟，相互有約：「他日你我得志，當彼此相助，同圖匡復。」不久張柬之入朝為相，立即推薦楊元琰為御林軍將軍，控制京城軍權。同時又陰結一些要害部門，伺機起事。

當時武則天生病甚篤，張易之、張昌宗兩兄弟怕武則天去世，自己無法生存，所以也在居中用事，暗蓄異謀。張柬之以為時機已至，不能再緩，於是又把同道桓彥範等都安插御林軍中當將軍，直接控制保衛皇宮的禁軍。

諸事安排停當，便率左右御林軍五百餘人，直入玄武門，並派人強行從東宮找來膽怯疑懼的太子李顯，一起斬關突入內殿。二張聽到風聲，慌忙從武則天房裡跑出來探聽情況，恰被張柬之碰上。張柬之毫不遲疑，即令就地處斬。然後直奔武則天的寢室長生殿。殿前侍衛環立拒進，張柬之鬚眉倒豎，大喝一聲「退下」，大踏步帶兵敲響了武則天臥室的大門。

武則天聽到人聲雜沓，料知有變，便竭力支撐起身子，厲聲問道：「何人膽敢作亂？」張柬之帶著太子已擁兵到了床前，齊聲道：「張易之、張昌宗謀反，臣等奉太子令，入誅二逆，恐致洩漏，故不敢預聞……」

武則天仍以一貫的強硬態度，對太子怒目而吼：「汝敢為此嗎？但二子既誅，可速還東宮！」

張柬之等以硬對硬，大聲道：「太子不可再返東宮，以前天皇唐高宗以愛子托給陛下，現太子年齡已長，天意人心，久歸太子，臣等不忘太宗、天皇厚恩，故奉太子誅賊，願陛下即傳位太子，上順天心，下孚民望。」

武則天實不甘心女皇的威風就此熄滅，當然不願馬上傳位，沒料到自己強硬，對手卻更加強硬，大有不成功便成仁之勢。又見人勢洶洶，刀光閃閃，她也就只能一下子軟癱下來，口中說：「罷罷！」身子已重新縮進床裡邊去了。

第二天，張柬之等毫不偷閒，把異己分子或捕或殺，乾淨俐落消除後患，然後讓太平公主直接找武則天，勸迫傳位。

不多時，唐中宗李顯重定，真正掌握了國政。

顯然，對於像武則天這樣敢作敢為、言出不二，尤其是在十五年之中以強硬態度控制朝政而得心應手的女人，如採用軟弱退讓的手法，只能使武則天更加強硬，更加為所欲為。在這場爭取皇位的權力鬥爭中，以張柬之為首的一幫人，一改太子等一味妥協忍讓的做法，果斷用強，絕不手軟、絕不講情面，從而一步到位，取得了復唐的成功。應該說，張柬之「以硬對硬，一步到位」的做法，在當時是最為明智的。

但張柬之的做法尚缺乏徹底性，當時，有人勸他殺掉佞臣武三思，他沒有採納，最後，他死於武三思之手，留下了千古遺憾。

武則天從徐敬業叛亂中吸取了教訓：一是耳目不靈，一是宗室諸王勢力的存在，是對她的潛在威脅。她為了使自己耳聰目明，及時掌握政敵的動向，掃蕩諸王勢力，施用了鼓勵告密和任用酷吏的權宜之計。

武則天下令，無論什麼人，都可以到京城面見皇帝，告發機密，凡是告密之事，任何人不得盤查、阻攔；外地來京告密者，官府供給駿馬，沿途享受五品官的待遇，到京後可住官家客館；告密周實，破格提拔，授給官職，對不實者，也不予追究。於是各地告密者蜂擁而至。有一個叫魚保家的人來獻策，請鑄銅匭，放在朝堂之上，四面各有開口，可進不可出。這樣一來，告密者日益增多，積實如山。武則天從告密者中選拔一批新官，專門負責告密案件的處理。這些人多出身無賴，狡詐殘忍，慣於陷害無辜，是一幫殺人不眨眼的劊子手，使用異常殘酷的手段，幫助武則天鎮壓異己。

武則天藉助於告密，利用酷吏掃蕩了宗室諸勢力。垂拱四年（西元六八八年），越王李貞、琅琊王李沖父子打起「匡復李唐王室」的旗號，自博州起兵反叛，並聯絡諸王起兵相助。因諸王各懷心事而沒有回應，結果李貞父子兵敗身死。武則天藉機派酷吏周興負責追查餘黨。周興羅織罪名，很快就把韓王李元嘉、魯王李靈夔、黃公譔、常樂長公主等拘捕至東都，逼令自盡。高宗之孫東莞公李融及霍王之子江都王李緒，被斬於市。霍王李元軌因有戰功而免死，囚入檻車，流放途中死去。太宗第十子紀王李慎，也死在流放途中。永昌元年（西元六八九年），殺死蔣王李惲、道王李元慶、徐王李元禮、曹王李明。天授元年（西元六九〇年），酷吏周興密告澤王李上金、許王李素節謀反，致使二王及其親信全部被處死。同年又殺了豫王李查。接著又殺了南安王李穎等宗室子弟十二人，原太子李賢的兩個兒子也被打死。至此，唐宗室子弟幾乎被斬盡殺絕，還殺了親戚、同黨數百家。

道路已經掃平，人心已經歸向。天授元年（西元六九〇年）九月，武則天終於登上了皇帝的寶座，改國號為周，自立號為聖神皇帝。

告密和酷吏的橫行肆虐，造成了小人鑽營，世風敗壞，人心惶惶，冤獄遍地，怨聲載道。這說明告密和酷吏的作用已經十分不得人心。武則天由此認識到，這個權宜之計使命既已完成，該是收場的時候了。於是為了安定民心，穩定政局，她下令限制告密，並向酷吏開刀。

酷吏周興，以善於製造「謀反」罪而著名。他草菅人命，殘害無辜，殺人數千，惡貫滿盈，朝野上下無不對他恨之入骨。正在他橫行得意之時，有人告發他「謀反」，武則天令酷吏來俊臣審理此案。

來俊臣深知周興老奸巨猾，詭計多端，難於招供，不好對付，便想出一計，讓他痛痛快快地招認。於是他派人將周興帶至家中飲酒，席間，來俊臣說：「罪犯不肯認罪，應當採取什麼辦法？」周興說：「這事容易，拿來一個大甕，四周燃起炭火，把囚犯裝入甕中，還怕他不認罪嗎？」來俊臣於是叫人抬過一口大甕，按周興說的辦法，用炭火圍住燒烤，然後站起身來對周興說：「有人告你謀反，宮裡命令，叫我審訊老兄，就請老兄入甕吧！」周興恍然大悟，惶恐不安，只好叩頭認罪。來俊臣將周興押至宮中，武則天看在為自己出過力的面上，判處流刑，解送嶺南，剛到半路，就被仇人殺死。

來俊臣同周興一樣，也是一個靠告密起家的酷吏，周興死，並未引起他的警覺，氣焰還很囂張。元壽元年（西元六九二年），他又以「謀反」罪誣陷當朝宰相狄仁傑、御史中亟魏元忠等七位大臣。他哪裡知道這時的武則天，已與登基前大不相同，對告密並不那麼熱中。況且又遇上了足智多謀的狄仁傑，使他的誣陷破了產。於神功元年（西元六九七年），也有人告發來俊臣謀反，武則天將他斬首於西市。消息傳出，人人拍手稱快，仇家蜂擁而至，爭著割他的肉，挖他的眼，掏他的心，踏他的骨。為了爭取民心，武則天下了一道詔書，歷數來俊臣的罪狀，將任用酷吏以來造成的災禍，統統歸於來俊臣身上。

武則天借酷吏之手，為她掃蕩了政敵，借酷吏之手，剷除了酷吏，而今又借用酷吏的頭，穩定了民心，清洗了自身。其權謀手段可謂高明至極。

10．楚懷王以霸制霸

西元前三〇〇年，秦軍攻楚，奪新城。楚懷王將太子橫送至齊國做人質，換取齊國的援助。後來，楚懷王被誆入秦國，客死他鄉。當接到懷王去世的消息，太子就去向齊王辭行請求回國。齊王阻止他回國，齊王說：「把楚國東邊的五百里土地給我，就可以讓你回去，如果你不答應給我土地，就不能回國。」

太子說：「我有位老師，請讓我去問他。」太子的老師慎子聽了太子的話，就說：「給他，土地是用來為自己服務的。如果因為愛土地而不去送死去的父親，那是不孝的行為。所以我說給他為對。」太子進入宮中，向齊王覆命道：「敬獻五百里土地。」齊王才放回楚太子。

太子歸國後，即位為王。不久，齊國派五十輛兵車到楚國接受東邊的土地，楚王問慎子：「齊國派人來要東邊的土地，對這件事怎麼辦好呢？」慎子說：「大王明天朝見群臣，都讓他們獻出自己的計謀。」

第二天，上柱國子良晉見。楚王說：「我之所以能夠返回國家，埋葬先王，再見到各位大臣，使百姓安生，是因為答應了把東邊的五百里土地送給齊國。如今齊國派使臣來要土地，對這件事怎麼辦好呢？」子良說：「大王不可不交出土地。大王的話是金口玉言，已經答應了具有萬輛兵車的強齊，如果不給他，就不能取信於人。以後也沒法再和諸侯結約。所以請先給他們然後再攻他。給他是講信義，攻他是講勇武，所以我說給他土地。」

子良出去後，昭常晉見。楚王說：「齊國派人來要東邊五百里土地，這事怎麼辦？」昭常說：「不能給他。所謂萬乘是因為土地廣大才稱為萬乘，如今若割去東邊五百里土地，那是割去國家的一半，這樣只有萬乘的空名卻連千乘的實力都沒有，不行。因此我說不能給他。請讓我去守衛。」

昭常出去後，景鯉晉見。楚王說：「齊國派人來要東邊的土地，你看這事怎麼辦？」景鯉說：「不能給他。雖然這樣說，但須知道，楚國不能獨自守住。大王的話是金口玉言，答應了具有一萬輛兵車的強大的齊國，如果不給他，必然在天下擔上不講信義的壞名。況且楚國也不能獨自守住。所以，我請求到西邊去向秦國求救兵。」

景鯉出來，慎子才進入宮中。楚王把各位大臣的意見告訴了慎子，說：「子良見到我說：『不能不給土地，給了再攻打他們。』昭常說：『堅絕不給，讓我去守衛。』景鯉說：『不能給他，雖然楚國不能獨自守住，我請求到秦國去求救兵。』對這三個人我該用誰的計謀呢？」慎子回答說：「大王全用！」楚王憤然變了臉色，說道：「這話怎麼講。」慎子說：「請讓我詳細地解釋這種說法，這樣大王將可以看到它的實在性。大王可先派上柱國子良領五十輛兵車北到齊國進獻五百里土地。子良出發的第二天，可派遣昭常為大司馬，讓他去守衛東地。派遣昭常的第二天，再派遣景鯉率五十輛兵車向西到秦國求救兵。」

楚王說：「好。」於是就派遣子良向北到齊國去獻土地。

在派遣子良的第二天，任昭常做大司馬，讓他去守衛東邊的土地。接著又派遣景鯉向西到秦國去求救兵。

子良到了齊國，齊國才派人領著軍隊去接受東邊的土地。昭常應付齊使說：「我主管把守東邊的土地，將準備與它共死生。已經全部徵發從小到老的人共有三十餘萬。雖說只有破敗的甲冑和鏽鈍的兵器，也願意迎接入侵者的煙塵。」齊王聽說之後就對子良說：「子良大夫來獻土地，可是昭常現在守衛它，這是怎麼回事？」子良說：「我是親自接受敝國大王的命令，這一定是昭常假奉聖旨。請大王攻打他。」齊王就立即發大兵進攻東地，攻伐昭常。還沒有進入東地疆界，秦國就以五十萬軍隊迫近齊國左邊。秦將對齊人說道：「阻擋楚太子，不准出境奔喪，是不仁的行為；又想奪取楚國東邊的土地五百里，是不義的行為。如果你們收兵就算了，不然的話我們願意等待這場戰爭。」

齊王害怕發生這種事情，於是就請子良向南返回楚國講和，派人到西邊勸說秦國，這樣才解除齊國的戰禍。但是，真正得利的是楚國沒有用一兵一卒，卻保全了東邊的土地。在當時情勢下，齊國是東邊的霸主，秦國是西邊的霸主。楚懷王新逝，太子剛剛即位，人心未穩，國力不濟，是無法憑一國之力獨抗齊軍的。但如西借救兵於秦，秦國又一直都虎視眈眈，絕不會輕易出兵，必定要楚國割讓大片土地才肯施以援手。在這左右為難之際，策士慎子讓楚王採取如上方法，表面答應履約，割讓東方的五百里土地給齊國，暗裡又派人到秦國求援，利用秦國必定不肯坐視齊國增強勢力，打破均衡的心理，迫使秦國出兵解圍。這樣，既抵擋了齊國的進攻，又無需向秦國搖尾乞憐，就能維護楚國的利益，真可謂妙到毫顛。

慎子此計之所以成功，是因為他看準了戰國時期秦、齊兩個「超級大國」之間的微妙關係，當時秦、齊兩極的力量處於相對均衡的狀態，雙方都十分害怕己方一極失重，擔心對方勢力超過自己。因此當客觀情況或主觀力量不允許己方直接獲取其他國家的土地時，也要千方百計阻止對方占其他國家的便宜，以防打破力量的平衡。慎子正是把握住——「兩極力量越是處於平衡狀態，每一極就越是要提防因己方失重而打破平衡」的規律，透過偽和於齊而調動秦國的主動援助，達到保衛國家的目的。

11．以皇帝「男幸」救太后「情夫」

漢高祖劉邦大半生東殺西討南征北戰，故無暇照顧家中，便託忠謹的同鄉審食其主持家事。這審食其生得面目清秀，為人又善於逢迎，處事周全，頗得劉邦妻子呂雉的歡心。高祖前半生在外奔戰，顧不上妻小，待到天下大定時，呂雉年老色衰，高祖又可擁姬抱妾，自然要冷落原配妻子。呂后難耐寂寞，便和這位審食其暗中偷情，偷成鸞鳳。審食其就成了呂后的情夫，被封為闢陽侯。

正因為有這層關係，所以審食其成了呂后的心腹，乃至於在劉邦死時找的第一個商議大事的就是此人。俗話說：「沒有不透風的牆。」儘管呂后與審食其的事很隱祕，但日子一長就走了風聲。漢惠帝時已弱冠，聽說這種污穢之事，十分惱怒，要處死審食其。可是事關母后，又不好以此事治罪，只好羅織其他罪名把審食其拘捕關進大牢。其實，審食其下獄的根本原因，無論是呂后、惠帝還是他本人都十分清楚，但又不好說破，只能心照不宣。這樣，呂后也就難於啟齒求情了。審食其的處境格外危險。

審食其在獄中尚盼望情婦能為自己求情，過了幾天見沒有動靜，心中很沮喪。他忽然又想到一人，自己曾有恩於他，不如捎信出去，求他代為周旋，等派的人回來後，審食其大失所望，原來那人回話說：「朝廷正嚴辦此案，無法入獄相見，煩為轉報。」審食其見沒了指望，只好束手待斃，等著砍頭了。

審食其所求的人名叫朱建。朱建是楚地人，曾為淮南王英布的門客，英布謀叛時，他曾諫阻。高祖平定叛亂，聽說朱建諫英布之事，親自召見，賜號為平原君。於是他把家也搬進了長安。由於曾受過皇帝嘉獎，又有平原君的美號，朝中權貴多願與之交往，朱建卻清高潔己，不趨勢利。審食其也想結交他，怕無機會。

後來，朱建母親死了，手頭緊張窘迫，連出殯的錢都沒有。有人提醒審食其這是結交朱建的最好機會。審食其畢竟跟高祖多年，亦很有心計，就出百金作為葬禮，一些趨炎附勢的小人，見闢陽侯審食其送厚禮結朱建，也都紛紛效仿，朱建不但擺脫了窘境，反而得了五百金左右，很體面地為老母辦了喪事。事後，自然要去審食其家中拜謝，審食其又設宴盛情款待，朱建很是感激。

朱建畢竟是講信義的有俠氣之人。答覆了審食其的門人之後，表面上毫不聲張，暗中卻開始了行動。他沉思了很長時間，覺得要救審食其出獄，非得說服惠帝點頭，而能說服惠帝的只有閎孺一人。

這閎孺又是何許人也?惠帝嗣位後，見母后控制大權，自己形同傀儡，便乾脆不問政事，沉湎酒色之中。後宮妃嬪宮女數不勝數，自然有些膩煩，為尋求刺激，竟又喜歡上小男孩了。閎孺生得清秀媚人，又特別會巴結逢迎，討人喜歡，居然得到漢惠帝的寵眷，也能參與政事了。

這閎孺早就聽到了朱建的大名，久想與他結識。這天忽聽傳報說朱建求見，忙熱情出迎。客套幾句後，朱建屏退眾人，小聲對閎孺說：「闢陽侯下獄，外面都傳說是您進的讒言，究竟有沒有這件事？」劈頭這一句，使閎孺吃了一驚，忙解釋說：「我與闢陽侯素無怨仇，何必要進讒害他呢？此說究竟從何而來？」朱建說道：「眾口攸攸，本無定論。至於外面怎麼傳說倒無關緊要，只是您要有這個嫌疑，恐怕闢陽侯一死，您也要不免於難了。」閎孺一聽，大吃了一驚，張著嘴怔怔地聽著。朱建又說：「您深受皇帝的寵幸，無人不知；就像闢陽侯得幸太后一樣，也是無人不曉。現在國家的實權在太后手中，這您也知道。只不過是闢陽侯得罪，事關私寵，太后沒法替他講情。如果現在皇帝殺了闢陽侯，過些日子太后一定要藉口殺您進行報復。這樣，母子反目為仇，闢陽侯和您就都成了他們相互泄憤的出氣筒，您不也得死嗎？」這時，閎孺彷彿恍然大悟，著急地說：「據君高見，必須要保住闢陽侯的性命我才能活了？」朱建從容笑道：「這是自然的。您如果能說服皇帝放了闢陽侯，太后聽說後也一定感念您的。您同時討得兩主的歡心，日後的富貴更是沒得比的了。」閎孺連連點頭，朱建告辭回家。

當天晚上，閎孺進宮。也不知他用的是什麼法術，用了多少甜言美色，竟打動了漢惠帝，答應放人。看來封建社會中皇帝男幸人的能量確實很大，大有鬚眉不讓巾幗的情勢，如此棘手的問題讓這麼個小人物用言語就化解了。

闢陽侯審食其在獄中住了數日，見無人營救，暗暗埋怨呂后的寡恩，怨恨朱建的負義。他整天閉目而坐，束手待斃。一天忽然接到特赦的聖旨，不由大喜過望。他以為此番絕處逢生，必是呂后的說項。待回家訪查才知，原來是惠帝的幸臣閎孺起的作用，心中暗暗詫異。自以為與閎孺交往不深，只是見面點頭之交，他為何肯哀請惠帝營救自己呢？但既然如此，就該前去拜謝。見了閎孺之後，經閎孺說明，他才知道是朱建在暗中為自己奔走斡旋的。當即辭別閎孺，又去感謝朱建。朱建卻毫無居功之色，只是向審食其表示道賀。

審食其待罪獄中，惠帝怒不可遏，呂后礙於情面又難於啟齒求情，其他文武大臣或恨審食其淫穢宮闈，非分取寵，皆緘口不言。朱建曾受過審食其的恩惠，又為所託，才出面營救。他一下子就找到了關鍵，直接去找皇帝的幸臣閎孺，並一開口就硬把他扯入此案之中，再陳說利害，終於達到了目的。透過惠帝的「男幸」去解救呂后的「情夫」，亦可謂是「以毒攻毒」之術吧！

12．大略雄才需要陰險狠毒

太宗第九皇子晉王李治，是已故的長孫皇后之子。李治生於貞觀二年（西元六二八年），和武則天同年，是一個喜愛文學，唇紅齒白的文弱少年，因此深受太宗寵愛。

貞觀十七年（西元六四三年），太子承乾因謀反被廢為庶人，立晉王李治為太子。為慶賀立太子一事，太宗召來長孫無忌等重臣，在甘露寺內舉行了小型宴會。李治在中途如廁時，看到如花似玉的武才人。對於這位秀女，李治早有愛慕之心。此刻，自己身為儲君，又是酒後，兩人第一次有了短暫的親昵。李治擁有妃妾，卻對武才人一見鍾情，而武氏身為父皇妃妾，這不可逾越的障礙，更使他的戀情無比熾烈。

貞觀二十三年（西元六四九年）晚春三月，太宗忽然龍體欠安，四月一日遷入終南山翠微宮避暑養病。太子李治日夜伺候在病床邊，能更加頻繁地和武才人見面。終於，他們在設備豪華如寢宮的廁所裡發生了第一次親密的肉體關係。李治在意想不到的時候以意想不到的方式，得到了夢寐已求的名花。

這次偶合，很可能是武才人預感到天子駕崩後自己將依例被送去當尼姑，主動採取的一場攻勢。事後，她依在太子懷中，雙眼閃著神祕妖冶的光輝，請求太子以天下之主的身分發誓不會拋棄她。一向性格懦弱，處處依附於父皇的李治，面對著楚楚依人的心上人，第一次由衷地感到自己即將成為天子的喜悅。他如同昏迷一般向武則天說道：「我發誓，以天子的身分……」

永徽五年（西元六五四年）正月，武昭儀生下一位小公主，但是這位深受皇上喜愛的小公主在剛滿月不久時竟莫名奇妙地死去了。皇上盛怒追查之下，知道皇后王氏曾一個人來看過小公主。高宗憤怒地大叫：「皇后殺了我的女兒。」

武昭儀對公主的死不置一詞，只是哀哀地哭泣。王皇后百口莫辯，此事終於成為廢后的導火線。其實，正如傳言所說的，是武則天親手殺死女兒，嫁禍皇后。

一心想登上皇后寶座的武昭儀，先是拉攏高宗的舅父長孫無忌，甚至高宗也和她一起像夫妻一樣雙雙到長孫家去送禮致意。但禮物被退回，出身高貴的長孫心中暗罵武昭儀是個亂倫的女狐狸精，絲毫不為所動。

武昭儀便另外團結了一批出身寒門的官員向皇上請命，廢王后立武后。凡是這樣上書的都受到皇上的獎賞，而持反對態度的長孫無忌等重臣卻日受冷淡。加上又查出王后在宮中搞巫術活動，王皇后和蕭淑妃終於雙雙被廢為庶人。

永徽六年（西元六五五年）十一月一日，王皇后被廢后的半個多月，在太極殿舉行了冊后大典。打扮得活仙女一般的武則天，身著皇后大禮服在肅儀門的城樓上接受文武百官及外國使節的朝拜。這個史無前例的皇后受朝拜的命令使聞者無不為之震驚。

出身低微的武則天終於實現了她登龍升天的第一步，成為令天下俯首、威儀逼人的大唐皇后，時年二十八歲。

武后又懷孕了。而皇后的懷孕等於使高宗徒有虛名地過上了清心寡欲的生活。就在這時，皇后的姊姊韓國夫人又一次進宮來了。與皇上分別了八年的韓國夫人不愧是武后的姊姊，雖已年過四旬依然楚楚動人。武后立刻知道皇帝和韓國夫人又恢復了關係。不久後，韓國夫人卻神祕地死了。武后則果斷地改變了後宮全部妃嬪的名稱，等於把這些有名無實的妃嬪全部取消，改為侍奉帝后做事的女官。

高宗對此氣得咬牙切齒，卻又無可奈何，連反駁的勇氣也沒有。從此，他深厭武后，並開始對韓國夫人的女兒、武后年輕貌美的甥女魏國夫人感興趣。魏國夫人堅信是姨母害死自己的母親，存心報復，故意挑逗高宗，博取其歡心。

高宗因失去權力而倍感寂寞，終於和年輕美豔的魏國夫人發生了關係。魏國夫人迫切地要求高宗正式封她為貴妃，武后表面上不加阻止，但很快魏國夫人就在武后親自參加的一次武氏家宴上中毒死去。武后誣陷說這是武惟良等親屬投毒欲殺害自己，卻錯殺了魏國夫人。於是，武惟良等人被立刻處死。這些過去曾惡待過武則天母女的武氏親族連同武后的小情敵一起全部死去了。

對於母后專權，欺壓父皇，太子李弘深為不滿。

武后對反對自己的人絕不手軟。蕭淑妃留下的兩個女兒義陽公主和宣城公主自母親死後被幽禁在宮中已長達十九年，太子李弘得知此事後親自向母親以強烈的口吻上奏，要求立刻釋放兩位同父異母姐姐。武后不願和李弘為此爭執，竟破例依允。兩位公主得配良人，不能不感謝太子李弘。

但周王李哲的王妃趙氏卻沒有這種好運。說起來她是武后的親兒媳，母親長樂公主是高宗的姑母。由於她常和母親安慰高宗，難免說出不滿武后的話來，被武后下令廢妃，活活餓死。這時，武后已在咸亨五年（西元六七四年）八月十五日下聖旨，稱高宗為天皇，稱皇后為天后了。

上元二年（西元六七五年）四月十三日，太子李弘與父皇、母后共進午餐時，身體不適。飯後不久，便強烈地抽搐，暴死於合璧宮倚雲殿。時人皆傳為天后所毒殺。李弘死後第二天，高宗提出要退位，因宰相們強烈反對乃罷，天后則廢朝三日。死去了第一個兒子李弘，她心裡的痛苦是可想而知的。

武則天下令，無論什麼人，都可以到京城面見皇帝，告發機密；凡是告密之事，任何人不得盤查、阻攔；外地來京告密者，官府供給驛馬，沿途享受五品官的待遇，到京後可住官家客館；告密屬實，破格提拔，授給官職，對不實者，也不予追究。於是各地告密者蜂擁而至，告密者日益增多，積案如山。

武則天藉助於告密，利用酷吏掃蕩了宗室諸勢力，宗室子弟幾乎被斬盡殺絕，道路已經掃平，人心已經歸向。天授元年（西元六九〇年）九月，武則天終於登上了皇帝的寶座，改國號為周，自立號為聖神皇帝。

武則天踐位稱帝後，銳意圖新，制定和實施了一系列治國安邦的政略。她的第一項政略是廣招賢才。她把此項政略看成治國之本、天子之責。第二項政略是廣開言路，兼聽博採。武則天在太宗身邊生活了十幾年，深受太宗納諫之風的影響，親眼看到太宗的兼聽博採對治世所起的重大作用，因而她也能以政治家的氣魄廣開言路，兼聽博採。第三項政略是繼續推行均田制，發展農業生產。第四項政略是抵禦外患，保衛疆土。

以上各項政略的實施，使女皇執政時期的中國，上承「貞觀之治」，一直保持較為興旺發達的局面，社會安定，經濟發展，人口倍增，邊疆穩固，國家統一，為「開元盛世」奠定了堅實而雄厚的基礎。

神龍元年（西元七〇五年）十二月二十六日，則天女皇病逝，享年八十二歲。終前遺囑：去帝號，稱則天大聖皇后。神龍二年（西元七〇六年），武則天與高宗合葬在乾陵。人們看到在乾陵旁聳立著兩座高大的石碑。一座是「述聖記碑」，記述著高宗的文治武功，碑文是武則天寫成。另一座就是武則天女皇的紀念碑，碑上隻字沒有。據說立無字碑也是女皇的遺囑，讓她的功過留給後人評說。

在武則天柔媚的外表下，掩蓋著的是果敢、狠毒、強硬的性格。她把剛烈和嫵媚、大略雄才與陰險狠毒的手段，完美地結合在了一起。

〈全書終〉

國家圖書館出版品預行編目資料

披著羊皮的狼／方東野　校訂-- 初版--
新北市：新潮社文化事業有限公司，2023. 03
面；　公分
ISBN 978-986-316-869-0（平裝）
1. CST：成功法　2. CST：人際關係

177.2　　112000527

披著羊皮的狼
方東野　校訂

主　　編　林郁
企　　劃　天蠍座文創製作
翻　　譯　林郁工作室
出　　版　新潮社文化事業有限公司
發 行 人　翁天培
電話 02-8666-5711
傳真 02-8666-5833
E-mail：service@xcsbook.com.tw

印前作業　東豪印刷事業有限公司
印刷作業　福霖印刷有限公司

總 經 銷　創智文化有限公司
新北市土城區忠承路 89 號 6F（永寧科技園區）
電話 02-2268-3489
傳真 02-2269-6560

初　　版　2023 年 4 月